Bibliothèque de Philosophie scientifique

PIERRE VILLEY
Agrégé de l'Université

Le Monde des Aveugles

ESSAI DE PSYCHOLOGIE

PARIS
ERNEST FLAMMARION, ÉDITEUR
26, RUE RACINE, 26

Le Monde des Aveugles

ESSAI DE PSYCHOLOGIE

Bibliothèque de Philosophie scientifique

PIERRE VILLEY

AGRÉGÉ DE L'UNIVERSITÉ

Le Monde des Aveugles

ESSAI DE PSYCHOLOGIE

PARIS

ERNEST FLAMMARION, ÉDITEUR

26, RUE RACINE, 26

1914

Tous droits de traduction, d'adaptation et de reproduction réservés pour tous les pays.

Droits de traduction et de reproduction réservés
pour tous les pays
Copyright 1914
by Ernest Flammarion

AVANT-PROPOS

J'ai eu l'occasion de faire sur moi-même et sur beaucoup d'autres aveugles un grand nombre d'observations. D'autre part, des renseignements abondants sur la psychologie des aveugles sont ensevelis dans leurs publications spéciales. Il m'a paru qu'il pouvait être intéressant, à la fois pour le grand public et pour les psychologues, de réunir ces documents.

Cette considération seule pourtant ne m'aurait peut-être pas décidé. Je m'étonne d'écrire aujourd'hui mon nom sous le titre de ce livre; il y a dix ans, je ne m'y serais pas résolu : l'aveugle éprouve une répugnance parfois invincible à entretenir les autres de son infirmité. Pour triompher de cette pudeur, il a fallu le sentiment d'un devoir. Les aveugles sont victimes de l'ignorance où est le public de leur véritable condition. Faire connaître leur psychologie, c'est les défendre contre des préjugés qui sont la principale entrave à leur activité professionnelle.

Le lecteur n'a pas à redouter que ces deux desseins s'empêchent l'un l'autre, qu'un désir d'apologie fausse mes observations. J'espère que le scrupule avec lequel j'ai essayé de marquer les limites de ce que peut l'aveugle, s'il lui vaut peut-être des reproches de la part des intéressés, fera le mérite de ce petit volume. Ma conviction profonde est que la vérité seule peut servir efficacement la cause que je défends.

Une large place a été faite aux opinions erronées qui ont cours sur la cécité. Elles ont été mentionnées parce que, toutes fausses qu'elles sont, elles instruisent le psychologue, en tant qu'elles représentent l'idée de la cécité qui germe spontanément dans le cerveau du voyant, et aussi parce qu'elles comptent parmi les réalités les plus douloureuses auxquelles se heurte l'aveugle.

A bien des reprises il sera question des aveugles-sourds. Mon dessein n'est pas de présenter leur psychologie, et des problèmes intéressants qui les concernent sont peut-être restés dans l'ombre. Mais il m'a paru que pour éclairer les sentiments d'êtres qui sont privés d'un sens, il était instructif de les confronter avec des êtres privés de deux sens, en même temps qu'avec des êtres normaux. Presque dans chaque chapitre, les aveugles-sourds nous offriront un terme de comparaison plein d'enseignements.

Au reste, on voudra bien regarder cet essai comme le résultat d'une collaboration. Bien des aveugles y ont fourni, souvent sans le savoir il est vrai, leur contribution. MM. Papendieck, président du *Verein der deutsch-redenden Blinden;* Stainsby, secrétaire général de la *British and Foreign Blind Association,* de Londres; Siddal, ancien élève du collège de Worcester; Pietro Landriani, président de la *Société Margareta,* à Florence, ont très aimablement facilité ma documentation dans leurs pays respectifs. Plus particulièrement je dois des remerciements à M. Maurice de la Sizeranne qui a si largement mis à ma disposition les ressources de l'*Association Valentin Haüy* et les siennes propres. Il a vu dans ce livre un champion d'une cause à laquelle il a donné sa vie; c'est dire assez quelle bienveillance il lui a témoignée. L'*Association Valentin Haüy pour le bien des aveugles*, qu'il a fondée, et qui a son siège à Paris, 9, rue Duroc, offre à tous les informations les plus riches sur la psychologie des aveugles et les moyens de se rendre compte de tout ce qui concerne la vie des aveugles.

17 février 1913.

Le Monde des Aveugles

ESSAI DE PSYCHOLOGIE

PREMIÈRE PARTIE

L'INTELLIGENCE

CHAPITRE I

Les facultés intellectuelles.

I

Voici un siècle un quart que, pour la première fois le soleil s'est levé sur le petit monde des aveugles. La culture morale et intellectuelle que, l'an 1784, Valentin Haüy les déclara capables de recevoir, n'a pas seulement apporté dans leurs ténèbres la lumière des âmes, et fécondé tant de cœurs et tant d'intelligences jusqu'alors en friche, elle a fait surgir une cité laborieuse qui s'efforce d'assurer de jour en jour davantage à chacun de ses membres, ces déshérités de la veille, avec un développement plus complet de leurs facultés la dignité et les joies d'une activité utile.

Jusqu'alors les aveugles étaient des isolés. Les conquêtes de chacun d'eux étaient perdues pour ses frères d'infortune. En les appelant tous aux bienfaits de l'instruction, Valentin Haüy a créé un lien entre eux. Désormais des intérêts communs les unissent. Ils forment un petit monde. Ils ont leurs écoles spéciales, leurs bibliothèques, leurs journaux, leurs associations. Ce que chacun imagine pour l'amélioration de son propre sort est communiqué à tous. Une solidarité étroite leur permet de perfectionner progressivement leurs procédés de culture et leurs moyens d'action.

Leur vie s'est ainsi complètement transformée. Autrefois, seuls quelques aveugles placés dans des circonstances privilégiées parvenaient, au prix d'efforts que l'on imagine difficilement, à développer leurs facultés. Tous aujourd'hui trouvent un milieu favorable à l'épanouissement de leur personnalité ; tous, au moins en principe, sont appelés à recevoir une culture adaptée à leurs besoins et à mener une existence utile. Mais malgré cette transformation, le préjugé de la cécité subsiste toujours, il ne recule que bien lentement.

Dans presque tous les esprits, toujours le mot *aveugle* évoque la même image pitoyable et fausse. Derrière ces yeux éteints, cette face sans vie, le premier mouvement est de supposer que tout s'est assoupi, l'intelligence, la volonté, les sensations, que les facultés de l'âme se sont engourdies et comme stupéfiées. Et puis, habitués que sont les clairvoyants à ne rien faire sans l'aide de leurs yeux, tout naturellement il leur semble que si la vue venait à leur manquer, ils seraient aussitôt incapables de toute activité, que le cours même de la pensée s'arrêterait en eux.

Ils ne s'imaginent pas aisément que, privés des ressources de la vue, les aveugles trouvent en échange dans les autres sens d'autres ressources, négligées de la plupart des hommes que les largesses de la nature rendent insouciants, mais précieuses à qui sait les faire fructifier. Ils ignorent ou ils oublient que des bienfaiteurs ont inventé des procédés spéciaux, des méthodes qui permettent aux aveugles de diminuer le fossé que la cécité a creusé entre eux et les autres hommes. Pour le monde, l'aveugle reste un être singulier, étranger à la vie commune. La rencontre d'un aveugle adroit et distingué vient parfois contredire cette image sommaire; mais bien vite elle revient, elle triomphe des expériences contraires. Il faut peut-être fréquenter longuement des aveugles pour s'en défaire tout à fait; encore, même à ce prix n'y parvient-on pas toujours.

Ce qui rend si difficile la lutte contre cette erreur psychologique c'est qu'elle a son fondement au plus intime de la conscience. Le clairvoyant juge les aveugles non par ce qu'ils sont, mais par la crainte que la cécité lui inspire. Si son image fausse de la cécité reposait principalement sur l'expérience mal interprétée, si elle venait essentiellement par exemple de la vue de tant de mendiants aveugles rencontrés aux portes de nos églises, d'autres expériences, en s'opposant à celles-là, en corrigeraient l'effet. Mais plus forte que toutes les observations venues du dehors, la révolte de toute sa sensibilité en face de « la plus atroce des infirmités » impose au clairvoyant son préjugé et donne cours à mille légendes. Le clairvoyant s'imagine lui-même frappé de cécité. Comme les moyens d'action de l'aveugle sont très différents des siens, ils sent tout ce qu'il perd, et non ce qu'il retrouve. C'est un abîme qui s'ouvre devant lui. Toute son activité et sa pensée même, organisées autour d'impressions visuelles, lui échappent à la fois, toutes ses facultés enveloppées de ténèbres sont comme percluses et figées; il lui semble surtout que l'aveugle reste écrasé du fardeau qui l'accable, que les sources mêmes de la personnalité en lui sont empoisonnées. C'est là une impression chez le clairvoyant plus qu'un jugement, je le sais, mais aussi nos impressions pèsent-elles plus dans notre conduite que nos jugements.

Puisque cette impression provient des différences psychologiques qui séparent l'aveugle du clairvoyant, de ce que, ayant donné la vue pour base à sa vie il la sent s'effondrer tout entière dans la cécité sans qu'il ait conscience des moyens de la rebâtir sur une base nouvelle, pour la combattre efficacement le meilleur procédé est peut-être d'examiner avec précision la psychologie des aveugles, d'inviter le clairvoyant à se représenter exactement les ressources dont ils disposent. Avant tout il importe de bien établir cette vérité fondamentale que la cécité n'entame pas la personnalité, qu'elle la laisse intacte. Ses sources restent saines; aucune des facultés mentales de l'aveugle n'est atteinte, et toutes, dans des circonstances favorables, sont susceptibles d'un plein épanouissement, du plus haut degré de développement auquel un être normal peut aspirer. Au point de vue physique il sait qu'il ne peut pas prétendre à la même liberté d'action que le clairvoyant. Il peut n'être pas complètement dans la dépendance du clairvoyant, voilà tout. Mais au point de vue intellectuel et moral il a des prétentions plus hautes : il se déclare l'égal des autres hommes.

Maintenant que les aveugles, réunis dans des écoles, sont faciles à observer, maintenant qu'une culture rationnelle, si elle n'a pas encore produit tous les effets désirables, montre du moins aux psychologues ce que l'on peut attendre de leurs facultés, il est aisé d'échapper aux erreurs de Diderot. Même Valentin Haüy, avec toutes ses généreuses ambitions, n'osait pas tant espérer de l'avenir, et il écrivait au roi en 1786 : « Nous ne prétendons pas mettre jamais le plus habile de nos aveugles en concurrence dans aucun genre, même avec le plus médiocre des savants ou des artistes clairvoyants. » Malgré l'expérience qui, si des questions de détail restent obscures, a répondu péremptoirement sur ce point essentiel, l'opinion n'a guère dépassé le point de vue de Valentin Haüy. Les psychologues et les typhlophiles du moins ne peuvent plus s'y tenir.

II

Qu'on veuille bien y réfléchir, la vue n'est pas nécessaire au bon fonctionnement de la pensée. Si le mal qui l'a détruite a été confiné à l'œil et à ses dépendances immédiates, s'il n'a pas atteint le cerveau, l'intégrité de l'intelligence est sauve. Il y a dans l'esprit de l'homme fort peu de notions que l'aveugle (j'entends l'aveugle-né) ne puisse acquérir, parce qu'il y en a fort peu qui nous viennent uniquement par les yeux. Analysez les éléments d'une sensation visuelle : vous verrez que presque tous se retrouvent dans la sensation tactile. Vous regardez une règle auprès de vous sur votre table : la couleur vous frappe d'abord. Voilà une sensation que l'aveugle-né n'aura pas, il aura beau palper la règle sur toutes ses faces, jamais ses doigts ne lui diront qu'elle est noire. Mais tout le reste : longueur, largeur, hauteur, forme des extrémités, rigidité des angles et des arêtes, poli des faces, place occupée sur votre table, distance qui la sépare de vous, toutes ces autres notions lui seront données par sa main qui explore. Toutes en effet se ramènent à des notions élémentaires d'espace, d'étendue, de solidité que le toucher fournit aussi bien, et même plus exactement que la vue.

Il y a sans doute des objets trop éloignés de nous et de dimensions trop considérables pour qu'ils puissent être palpés ; mais toutes les notions que la vue donne aux hommes sur ces objets se ramènent à celles que nous venons d'indiquer ; toutes donc, la notion de couleur exceptée, sont concevables pour l'individu qui est doué du toucher. Il suffira de multiplier et de composer des notions d'espace et d'étendue données par le toucher pour construire l'idée de cet objet et s'en faire une image exacte. La vue est un toucher à longue portée, avec la sensation de couleur en plus ; le toucher est une vue de près avec la couleur en moins, et avec la sensation de rugosité en plus. Les deux sens nous donnent des connaissances du même ordre.

Les clairvoyants ne peuvent pas embrasser la terre d'un seul regard ; ils ne laissent pas cependant de s'en construire une idée d'après les indications que leur donnent les géomètres. De même, pour le sobjets qu'ils ne pourront point toucher les aveugles se formeront des idées d'après les rapport des clairvoyants toujours traduisibles en langage tactile.

Donc l'aveugle-né sera privé de la notion de couleur : c'est une notion élémentaire celle-là, qu'aucun autre sens ne peut donner, qu'aucun langage ne peut faire comprendre, qu'aucune analogie ne peut permettre d'entrevoir à qui n'a pas vu. J'y joins la notion de lumière qui est dans le même cas. Mais ce sont là des notions de peu d'importance au point de vue intellectuel : elle ne concernent que la superficie des objets ; elles n'entrent en aucune façon dans la constitution des idées essentielles à la pensée humaine comme sont les idées d'espace, de temps, de cause, etc...

L'aveugle sera encore privé de ces impressions de plaisir ou de douleur que causent à l'esprit certains rapports entre les formes et les couleurs perçues par l'œil. Il n'aura pas la sensation du beau visuel. Et ici je reconnais que ce qui lui manque est considérable. Beaucoup d'émotions puissantes lui sont refusées. Mais sa perte n'est pas à proprement parler intellectuelle. Ces rapports ne donnent naissance à aucune idée claire et distincte, elles n'éveillent que des impressions subjectives. Quand nous parlerons de l'aveugle artiste, il nous faudra mentionner cette lacune capitale ; pour étudier son intelligence, il y a peu de compte à en tenir.

Lumière, couleur, beau physique, si j'ajoute à cela la perspective, qui concerne manifestement le fonctionnement de la vue seule et qu'aucun aveugle de ma connaissance n'est arrivé à se représenter clairement, je crois bien que j'aurai tout énuméré. Et ces lacunes ne se rencontrent que chez l'aveugle-né et chez l'individu qui a été frappé en très bas âge, ce qui n'est pas le cas ordinaire. Accordez-lui seulement quelques années : il aura acquis toutes ces notions ; et, jusqu'à la fin, sa mémoire les lui représentera dans sa nuit.

III

Soit, presque toutes les idées sont susceptibles de loger dans un cerveau d'aveugle ; mais, dira-t-on, s'il n'y a pas impossibilité pour l'aveugle à les concevoir, à tout le moins il y a une extrême difficulté à les acquérir. L'obstacle n'est plus dans la nature des idées, mais dans l'indigence des moyens dont dispose l'aveugle pour se les assimiler. Le clairvoyant les doit pour la plupart à la vue, et il n'est point de route qui puisse les conduire à l'esprit avec autant de rapidité ni autant de précision. Le mobilier de l'intelligence semble donc devoir toujours rester rudimentaire. C'est l'objection capitale, celle qu'on retrouve au fond de tous les étonnements dont nous parlions. A tous ceux qui me l'expriment, invariablement je pose la même question : connaissez-vous Helen Keller?

Helen Keller est une jeune Américaine qui, à dix-huit mois, à la suite d'une grave maladie, s'est trouvée aveugle et sourde, muette aussi par suite de sa surdité. Sa petite âme semblait donc être presque complètement close aux impressions du dehors. Son bagage intellectuel devait, semble-t-il, se borner à quelques rares idées, les idées des objets qui se trouvaient à la portée de sa main. Encore était-il douteux que dans des ténèbres si épaisses elle pût jamais les concevoir d'une manière distincte. Et pourtant aujourd'hui Helen Keller, toujours sourde et toujours aveugle, âgée de trente-deux ans, est une personne très distinguée, très instruite, qui a suivi les cours d'une université, a brillamment subi ses examens et qui parle plusieurs langues. Il a suffi de lui faire certains signes dans la main tandis qu'elle touchait des objets, pour qu'en vingt jours elle comprit que toute idée était représentée par un signe spécial et que, grâce à cette convention, les hommes pouvaient se communiquer leurs pensées. Un mois et demi plus tard, elle reconnaissait au toucher les caractères de l'alphabet Braille. Après un nouveau mois elle écrivait une lettre à l'une de ses cousines; au bout de trois ans, elle avait acquis une somme d'idées et de mots suffisante pour converser librement, lire avec intelligence et écrire en bon anglais. On eut alors l'idée de lui faire toucher les mouvements du pharynx, des lèvres, de la langue qui accompagnent la parole humaine, et, en imitant ces mouvements, elle reproduisit les sons qu'on articulait en sa présence. Un mois lui suffit pour apprendre à parler correctement l'anglais, et, rien qu'en posant la main sur les lèvres de son interlocuteur, elle commençait à lire avec les doigts les mots qu'elles émettaient. Ainsi, à l'aide du seul toucher, Helen Keller s'est ménagé trois ouvertures sur le monde extérieur, trois routes qui lui apportent les idées du dehors : l'alphabet manuel, la lecture en relief et la parole humaine; et, grâce à ces trois moyens d'acquisition, elle s'est placée dans cette aristocratie intellectuelle si peu nombreuse que forment les hommes très cultivés. Enfin, non contente de parler sa propre langue, elle a étudié l'allemand de manière à avoir aisément accès aux grandes œuvres de la littérature germanique, le français qu'elle écrit correctement, même le latin et autant de grec que ses examens universitaires en requéraient. Outre son *Autobiographie* elle a écrit divers ouvrages qui, traduits dans toutes les langues, ont fait le tour du monde. La vie mentale d'Helen Keller est une vie très active, partagée entre la méditation, la lecture, qu'elle aime par-dessus tout, le commerce de quelques intimes, les soins d'une ample correspondance et le travail de la composition littéraire, une vie pleine qui ne laisse aucune place au désœuvrement et à l'ennui.

Les sceptiques n'ont pas manqué. Ils ont déclaré que le cas d'Helen Keller n'était qu'un roman, le chef-d'œuvre du *bluff* américain. Ils ont démontré, avec un grand cortège de preuves, que nécessairement un aveugle-sourd, frappé de sa double infirmité avant l'achèvement de sa seconde année, ne pouvait se constituer qu'un magasin d'idées très pauvre, tout à fait insuffisant pour alimenter une pensée, une sensibilité, une volonté normales. Fort bien, mais les faits se moquent des argumentations. Helen Keller existe. Elle habite, non dans un lieu inaccessible, mais en l'un des points les plus peuplés du globe, aux environs de Boston, où il est facile de la voir et de l'entretenir, où beaucoup de savants, et notamment le professeur Stern, de Breslau, au récit duquel j'aurai occasion de me référer, sont allés la visiter, constater par eux-mêmes la véracité de récits qui leur semblaient fabuleux. Des témoignages nombreux nous renseignent sur son passé. Les lettres de sa maîtresse, qui ont été retrouvées et publiées, nous font suivre au jour le jour le développement de sa personnalité. Ses écrits sont dans toutes les mains : on ne les supprime pas avec des raisons.

Non seulement le développement d'Helen Keller est un fait incontestable mais il n'est pas un fait isolé. Pour être plus célèbre que les autres, et à juste titre, Helen Keller n'est pas la seule aveugle-sourde qu'on ait arrachée à ses ténèbres. Six écoles actuellement se consacrent à la libération d'âmes ainsi emprisonnées. Le nombre des sauvetages, plus ou moins complets, qu'elles opèrent s'élève rapidement depuis que l'éveil a été donné[1]. Laura Bridgman, la première aveugle-sourde qui ait reçu une éducation méthodique, et Richard Clinton aux Etats-Unis, Marthe Obrecht en France, Inocencio Juncar y Reyes en Espagne, beaucoup d'autres encore ont fourni aux psychologues de tous les pays d'amples sujets d'édification. Eugenio Malossi, de Naples, jeune homme d'une intelligence vive, lit et écrit le français comme l'italien, sa langue maternelle et jouit d'une activité intellectuelle que beaucoup de voyants pourraient envier. Mais Malossi n'a été enveloppé de sa double nuit qu'à l'âge de cinq ans, Helen Keller à dix-huit mois. On pourrait objecter que l'un et l'autre ont été secondés dans leur développement par des souvenirs visuels et auditifs conservés de leur première enfance, et si la chose n'est aucunement vraisemblable pour Helen Keller elle est probable dans le cas de Malossi. Plus significative encore à ce point de vue est l'éducation de Marie Heurtin qui a été entreprise voici une quinzaine d'années à Notre-Dame-de-Larnay, près de Poitiers. Marie Heurtin est sourde et aveugle de naissance. La lumière ne s'en est pas moins faite et bien faite dans son intelligence. Mlle Heurtin qui, à son entrée à l'école, rugissait et se roulait à terre comme un petit animal,

---

1. Il faut observer que ces malheureux sont en petit nombre. Sans doute fréquents sont les cas de surdi-cécité dans lesquels l'une des deux infirmités ou même toutes les deux sont survenues à un âge relativement avancé; mais le problème psychologique qui nous occupe ne se pose que lorsque l'une et l'autre sont congénitales ou remontent à la première enfance. On ne connaît actuellement que huit aveugles-sourds qui le soient de naissance. Le plus souvent, en effet, la surdi-cécité congénitale s'accompagne de lésions cérébrales graves qui entraînent une mort prématurée.

est aujourd'hui une jeune fille de vingt-cinq ans, réfléchie, active, joyeuse, qui raisonne juste. Si l'on s'est contenté pour elle d'une instruction intellectuelle primaire, tout donne à penser que ses facultés lui eussent permis d'aller bien au delà. Son succès confère sa pleine signification psychologique au cas d'Helen Keller; et si l'on rapproche de ces deux exemples celui de Laura Bridgman qui était privée non seulement de la vue et de l'ouïe, mais encore du goût et de l'odorat, la preuve irréfutable est fournie que les seules impressions du tact suffisent à émanciper une âme et à libérer son vol vers les plus hautes cimes que l'esprit humain ait explorées.

Puisque Helen Keller a pu faire ce que nous avons dit, comment s'étonner que des aveugles qui entendent et qui parlent parviennent quotidiennement au développement intégral de leurs facultés intellectuelles? Son exemple nous montre combien nos cerveaux nous viennent riches d'hérédités séculaires, façonnés pour la vie, avides de recevoir les idées et de les faire germer; il nous prouve que parfois un pâle rayon de lumière suffit à faire éclater la croûte de ténèbres qui les entoure et à les féconder. L'intelligence de l'aveugle que nous estimons volontiers toute sombre, est toute pénétrée de la lumière du dehors. Sans parler du goût et de l'odorat qui, riches de sensations, n'apportent que des idées trop élémentaires, elle a le sens de l'ouïe et celui du toucher, le premier pour la pensée parlée, le second pour la pensée écrite, tous les deux précieux pour faire connaître les objets extérieurs. Par ces deux fenêtres grandes ouvertes sur le monde les idées entrent à flots. Qu'importe que devant la troisième un store reste baissé? Le jour pénètre assez abondant à l'intérieur pour y entretenir une pleine activité.

Nous aurons à revenir sur le toucher qui a sa langue propre, ses procédés à lui de lecture et d'écriture et dont la haute valeur intellectuelle nous est suffisamment prouvée par l'exemple des aveugles-sourds. Ce n'est pas par l'œil, c'est par la main qu'au point de vue sensoriel l'homme se distingue de l'animal. Nous aurons à nous demander comment et par quelle éducation elle peut suppléer l'œil dans la représentation des objets, dans la conquête du monde extérieur, et par conséquent dans la constitution du bagage intellectuel nécessaire à la pensée. Je ne veux qu'indiquer combien par l'ouïe l'aveugle entendant est dans une situation incomparablement plus avantageuse que celle d'Helen Keller elle-même, combien ce sens est un prodigieux excitateur pour la pensée.

La faculté d'entendre représente pour l'homme l'acquisition spontanée, involontaire du langage et par suite d'une bonne partie de l'expérience humaine. C'est le langage, en effet, qui hausse nos esprits jusqu'à la conception des idées générales et abstraites. Notre progrès dans l'ordre des abstractions ne peut se faire qu'à la faveur de progrès parallèles dans l'assimilation du langage. Grâce à l'ouïe l'esprit de l'enfant est comme battu dès son premier âge d'idées abstraites élaborées par la conscience commune qui cherchent à l'envahir et à l'enrichir. Ce n'est pas tout. Par le sens de l'ouïe non moins que par celui de la vue, l'homme est comme plongé dans un monde de sensations qui le stimulent : il en est enveloppé. Quelque passif qu'on le suppose, il est arraché à sa torpeur, entraîné dans la vie commune. Incité sans cesse par les propos de ses parents, de ses frères, de ses sœurs qui le mêlent continuellement à la vie extérieure, l'esprit de l'enfant aveugle ne peut demeurer dans l'inaction. Il n'y a aucune raison pour qu'il s'engourdisse dans la paresse. Pourvu qu'on ait quelque soin de lui, qu'on lui explique les choses qui sont hors de la portée de ses sens, il ne restera en arrière d'aucun des enfants de son âge. Plus tard, quand il sera un homme, les conversations des personnes qui l'entoureront le tireront constamment hors de lui-même comme feraient des spectacles, empêcheront que sa pensée ne s'isole, ne se replie sur soi, ne s'enferme dans sa prison. Montaigne, qui s'y entendait, disait : « Je consentirais plutôt de perdre la vue que l'ouïe » et il le disait sans doute parce qu'il aimait la causerie plus que tout autre plaisir ; mais aussi ce curieux, toujours insatiable d'idées nouvelles et qui trouvait tant de délices dans le libre jeu de l'intelligence, savait fort bien qu'en général l'oreille alimente et stimule notre pensée propre plus que l'œil. Il trouvait que la conversation était le plus fructueux des exercices. Est-il paradoxal de penser que le sens de l'ouïe est un sens plus intellectuel, en quelque sorte, que la vue ? L'œil, après tout, ne meuble l'esprit que des images des objets extérieurs, l'oreille y porte les idées, tout le travail de réflexion que la pensée greffe sur ces objets. Aristote disait que de toutes les facultés la plus importante pour les besoins de l'animal, c'est la vue, mais pour l'intelligence, c'est l'ouïe. C'est l'ouïe qui sert de véritable lien entre les esprits. Dans le travail manuel, le sourd-voyant est supérieur à l'aveugle ; au point de vue intellectuel, je suis convaincu que la position de l'aveugle qui entend est préférable à celle du sourd.

IV

De fait, avant même le temps de Valentin Haüy, bon nombre d'aveugles semblent être parvenus à une certaine notoriété par leur culture intellectuelle. Malheureusement nous ignorons en général les conditions dans lesquelles ils se sont développés, les moyens qu'ils ont employés, et nous manquons de données précises sur leur psychologie. Beaucoup ne représentent guère pour nous que des noms. Tels sont quelques anciens Grecs et Romains, comme ce Diodote le stoïcien, et cet Aufidius dont parle Cicéron dans ses *Tusculanes*. Didyme d'Alexandrie, qui vivait au IVe siècle de notre ère, est un peu mieux connu. Vers la fin du Moyen Age, on cite encore quelques savants d'une mémoire remarquable : Nicaise, de Malines ou de Verdun; Fernand, de Bruges; Pierre Dupont, de Paris. Sur Ulrich Schomberg (1601-1648), nous avons un témoignage de Leibniz. « Il a enseigné à Kœnigsberg, dit Leibniz, la philosophie et les mathématiques à l'admiration de tout le monde. » Bien qu'il n'eût perdu la vue qu'à l'âge de deux ans et demi, il n'avait conservé aucun souvenir de la lumière ni des couleurs, si bien que les impressions visuelles ne furent pour rien dans sa formation intellectuelle. Au XVIIIe siècle, le Suisse Huber dut quelque réputation à Voltaire, et, grâce à Diderot, on a connu chez nous l'Anglais Saunderson. Le premier étudia les mœurs de la ruche; mais il convient de remarquer qu'il avait commencé ses travaux comme clairvoyant et qu'il put s'aider sans cesse de l'imagination visuelle. Saunderson, au contraire, devint aveugle dès sa première enfance, et il semble bien néanmoins qu'il poussa fort loin ses études mathématiques. Comme Saunderson, qui professa à l'Université d'Oxford, comme l'Ecossais Moyses qui, à la fin du XVIIIe siècle, fut professeur de physique et de chimie, beaucoup des aveugles que je viens de nommer ont enseigné à des clairvoyants. Il en est de même de Penjon qui, au début du XIXe siècle, fut professeur de mathématiques au lycée d'Angers. Comme on le voit, les mathématiques et la philosophie prédominent. Comme poètes, si nous laissons de côté les Grecs de l'époque légendaire, les Homère et les Tirésias, et quelques Arabes dont nous ne connaissons que les noms, on ne peut guère citer que Malaval en France et Blacklock en Angleterre qui soient parvenus à une certaine notoriété. Nous ne pouvons pas, en effet, nommer le grand Milton qui n'a perdu la vue qu'après la quarantaine[1].

Ces noms ont beau ne pas briller d'un grand éclat, ils suffisent à prouver que la cécité n'entrave pas le plein développement des facultés intellectuelles. D'ailleurs, quiconque voudra s'en assurer par lui-même n'aura qu'à visiter un milieu d'aveugles instruits : on en trouve dans tous les pays, en particulier dans les grandes institutions d'aveugles. Dans tous les pays aussi on rencontre des étudiants aveugles qui fréquentent les Universités et qui se livrent avec succès à des travaux variés. En France, nous connaissons un docteur en philosophie, un docteur ès lettres, deux licenciés ès lettres, un docteur en droit et divers bacheliers ès lettres. Les progrès en ce sens ont été si marqués depuis une vingtaine d'années, depuis que les procédés spéciaux de travail ont été perfectionnés et rendus plus accessibles à tous, que le besoin s'est fait sentir de grouper dans une union internationale tous les aveugles se livrant à des études supérieures. L'*Association des étudiants aveugles*, qui a son siège à Genève, favorise les échanges de livres en relief, toujours trop rares, et les relations de toutes sortes entre les étudiants, écrivains et professeurs de diverses nationalités. Les soixante membres qu'elle groupe actuellement ne donnent qu'une idée très insuffisante de l'activité intellectuelle qui se

---

[1]. Je ne parle pas d'Augustin Thierry, de William Prescot, l'historien américain, de Mgr de Ségur, de Victor Brochard, professeur à la Sorbonne, de Henry Fawcet, ministre des postes en Angleterre, de Georges V, roi de Hanovre, de tant d'autres qui, frappés de cécité, continuèrent dans des voies très diverses à étonner leurs contemporains par leur activité. Le problème psychologique essentiel, en effet, est ici celui de l'éducation. Ils ont montré néanmoins par leur exemple qu'en perdant la vue ils n'ont perdu qu'un outil, à la vérité très précieux, mais que leur intelligence était restée intacte.

déploie aujourd'hui dans le monde des aveugles. Certains pays, en effet, comme l'Angleterre et les États-Unis, n'y ont pas encore adhéré, et pourtant, en Angleterre, beaucoup d'aveugles font des études élevées pour entrer dans le clergé anglican, le seul clergé qui ouvre ses rangs aux aveugles.

Pour donner sa juste signification à ce mouvement ascensionnel des aveugles vers les études supérieures, il importe de mettre en ligne de compte qu'il se fait malgré les avis des prudents et à l'encontre des exigences pratiques. La plupart des aveugles, en effet, ont besoin de travailler pour vivre : la cécité sévit particulièrement dans la classe indigente. Or, sauf dans quelques cas exceptionnels, les études libérales n'ont pas encore donné de gagne-pain aux aveugles. La musique et le commerce attirent presque irrésistiblement à eux les meilleures intelligences et les esprits prévoyants. La haute culture, pour eux, est un luxe, une débauche, et tant qu'il en sera ainsi la proportion des aveugles qui s'y livrent restera relativement faible. Nul doute que dans des circonstances différentes il n'en doive être autrement.

Puisque d'ailleurs, dans le passé, tant d'aveugles que nous venons de nommer, et beaucoup d'autres encore que nous ne connaissons pas, livrés à leurs seules forces, sans le secours d'aucune méthode, d'aucune tradition, sont arrivés à cultiver leur intelligence, comment s'étonner, aujourd'hui qu'ils trouvent des maisons prêtes à les recevoir et à les instruire, aujourd'hui qu'on a imaginé toute une pédagogie à leur usage et des procédés de travail adaptés à leurs besoins, s'ils parviennent en grand nombre au même résultat?

V

Remarquons, au reste, que ces aveugles s'orientent dans toutes les directions du monde intellectuel philosophie, théologie, mathématiques, philologie, histoire de la littérature, belles-lettres, droit; les goûts les plus divers sont représentés. Seules sont désertes les branches du savoir où la vue est nécessairement requise, comme la médecine et les diverses spécialités de l'histoire naturelle. L'obstacle à redouter est donc non dans les facultés intellectuelles de l'aveugle, mais dans les conditions matérielles du travail; il vient du dehors, non du dedans. L'expérience nous prouve par là, et par bien d'autres signes encore, que l'intelligence de l'aveugle n'est pas seulement égale à celle du clairvoyant, mais qu'elle n'en diffère pas en nature, qu'elle ne se distingue pas par des caractères particuliers. Diderot ne pouvait pas croire qu'il en fût ainsi. Il voyait dans l'intelligence la résultante des sensations, et dès lors, à ses yeux, la perte d'un sens devait nécessairement modifier l'essence même de l'intelligence. Il estimait que l'aveugle avait une métaphysique différente de celle des autres hommes, une morale aussi qui lui était propre. Il nous a bâti de toutes pièces la morale de l'aveugle et sa métaphysique. Sans aller jusque-là, beaucoup de bons esprits émettent volontiers dans la conversation et dans leurs écrits mêmes des jugements dogmatiques, et d'ailleurs contradictoires, sur les dispositions naturelles des aveugles. J'ai lu en quelque endroit qu'ils sont particulièrement doués pour la pensée abstraite, et en quelque autre que la pensée abstraite leur est inaccessible. L'expérience fait table rase de toutes ces belles constructions logiques, étayées d'ailleurs sur des raisonnements fort séduisants. En fait, l'observation montre que non seulement chez l'aveugle entendant, mais même chez l'aveugle sourd[1], la

1. Dans son étude sur Helen Keller (1905), M. le professeur Stern, de Breslau, a montré que l'acquisition du langage et des idées s'est faite chez Helen Keller dans le même ordre que chez les enfants normaux. La seule différence à signaler est dans la

pensée ne présente pas de caractères spéciaux déterminés par les infirmités du corps, qu'elle n'est pas conduite par ces infirmités à des conclusions qu'un observateur du dehors peut prévoir. A savoir égal, elle jouit du même degré de liberté que dans un corps intact.

Pour ceux-là cependant qui veulent établir des distinctions, j'avouerai qu'on peut noter quelques particularités qui, sans se retrouver le moins du monde chez tous les aveugles et sans leur être imposées nécessairement, se rencontrent fréquemment dans leur petit monde. Je dirai donc que souvent la distraction intellectuelle est exceptionnellement chère à l'aveugle. Cela se conçoit. C'est par les yeux que le commun des hommes reçoit la majeure partie de ses plaisirs. Privés de ces plaisirs-là, en échange les aveugles en demandent à leurs autres facultés. Ils prétendent n'être point frustrés de leur part. Ici comme ailleurs, nous retrouvons la substitution des fonctions actives à celle qui refuse le service. Ils demandent des compensations surtout au sens de l'ouïe, et l'on sait combien les aveugles musiciens sont nombreux; ils en demandent aussi et beaucoup au jeu de l'intelligence et de la réflexion. « Je suis si heureuse, écrit Helen Keller, que je voudrais vivre toujours, *parce qu'il y a tant de belles choses à apprendre.* » D'une façon générale, les aveugles aiment beaucoup la lecture, beaucoup plus en moyenne que ne font les clairvoyants de même niveau intellectuel. Dans les écoles d'aveugles, les heures de lecture en commun sont des récréations fort goûtées.

rapidité de ses progrès. Malgré les obstacles particuliers qu'elle avait à vaincre, comme Helen Keller, épelant ses premiers mots à sept ans, était de six années en retard sur les autres enfants, elle s'est développée beaucoup plus vite. Elle faisait en un mois des progrès qui demandent trois mois à un enfant d'un à deux ans.

Je sais des aveugles occupés tout le jour, des accordeurs, des rempailleurs de chaises, qui donnent aux livres une partie de leurs nuits.

Ce goût de la lecture, ce besoin de distractions de l'esprit constituent, si je ne me trompe, un avantage intellectuel de quelque poids pour les aveugles et favorisent leur développement. Ils sont en outre souvent bien doués sous le rapport de la mémoire. A vrai dire, elle semble avoir tendance à baisser chez les aveugles depuis qu'ils écrivent plus facilement ; elle reste pourtant bonne en moyenne.

Mais si nous accordons à l'aveugle quelques avantages au point de vue intellectuel, le principal sera, je crois, une tendance à la réflexion, à la concentration qui se remarque chez un grand nombre d'entre eux. Ici non plus, n'exagérons rien : chez les aveugles comme chez les clairvoyants, il existe autant de formes d'intelligence que d'individus. Il y en a de dissipés ; il y en a de capricieux et de prime-sautiers. Chez les mieux doués, cependant, une certaine pondération se reconnaît souvent. A culture intellectuelle égale, il y a souvent, je crois, plus d'équilibre et de jugement chez l'aveugle bien doué que chez le clairvoyant. Et cela n'est pas pour nous étonner ; la vue, disions-nous tout à l'heure, est le sens des distractions. Moins on est distrait, moins le rêve intérieur est interrompu par les accidents du dehors, plus on se concentre sur soi-même, plus on prend le temps de mûrir ses réflexions, de peser le pour et le contre de ses délibérations.

J'ai rencontré, dans le monde des aveugles, quelques-unes des intelligences les plus sympathiques qu'il m'ait été donné de connaître. Il ne s'agit pas ici de savants éminents ; je parle d'hommes vivant sagement, intelligemment, d'hommes qui remplissent avec tact leur tâche quotidienne, quelle qu'elle soit, et qui, constamment, dans la pratique de la vie, font preuve de bon sens et de sagesse. Parfois leur intelligence, à une grande fermeté, joint une extrême souplesse. Ne nommons personne parmi les vivants. Voici peu de temps, un homme mourait qui a laissé un souvenir ineffaçable chez tous ceux qui l'ont fréquenté. Ferdinand Bernus était professeur de grammaire et de littérature à l'Institution des Jeunes Aveugles de Paris. Très jeune il avait perdu la vue. Élève de cette institution où il devait plus tard enseigner, il y avait reçu une instruction sommaire, très insuffisante pour les besoins de son esprit. Aussi fut-il saisi de cette soif de lecture dont je parlais. Il se fit lire avec avidité, et se développa par lui-même. Nommé professeur au sortir de l'école et presque sans préparation, il dut à ses lectures la solidité et l'originalité d'un enseignement très personnel. Il avait un goût littéraire singulièrement délicat. Il n'a rien écrit, moitié par modestie, moitié parce que chez lui l'exécution était très inférieure à la conception. Simplement, courageusement, il a fait une classe primaire pendant trente-cinq ans, jusqu'à la veille de sa mort. Un peu lent d'esprit comme de corps, tout d'abord il réagissait faiblement aux impressions du dehors, mais il était singulièrement concentré, et sa méditation était intense. Quand on avait réussi à percer l'écorce un peu froide chez lui, on rencontrait une pensée très active, un homme d'une grande pénétration et d'une réflexion originale. Il était d'excellent conseil. J'insiste sur cet exemple, parce que Ferdinand Bernus, que tant d'aveugles, ses élèves, ont aimé, paraît avoir réuni en lui quelques-uns des caractères les plus saillants qui se retrouvent dans l'intelligence de l'aveugle.

Il est clair que cette concentration a sa contrepartie. Elle provient d'une facilité particulière qu'a l'aveugle de s'abstraire du monde extérieur, mais à cette facilité correspond une difficulté plus grande à scruter ce monde extérieur, difficulté de documentation, de notation des documents aussi, de tout ce qu'on peut appeler les à-côtés matériels du travail intellectuel. C'est aussi sur ce point-là qu'a porté l'effort des inventeurs modernes. Certes, ils n'ont pas établi l'égalité; les clairvoyants ignorent pourtant, en général, de combien a été réduite par eux l'infériorité de l'aveugle, combien surtout la merveilleuse invention de Louis Braille a contribué, par des bienfaits multiples à libérer leurs esprits. Elle mérite de nous retenir car elle a vraiment transformé les conditions du travail intellectuel dans le monde des aveugles.

Au reste, il est clair qu'aucune invention, qu'aucun prodige du génie humain n'empêchera qu'il faille compter avec un lamentable déchet, si l'on peut ainsi parler, que beaucoup d'aveugles soient incapables d'un développement normal et fassent grand tort à la réputation de leurs compagnons d'infortune. La cécité n'en est pas cause, l'expérience le démontre; ce sont les maladies qui souvent accompagnent la cécité. Bien plus, ce déchet augmentera peut-être encore à l'avenir. En quelques endroits déjà on a cru reconnaître (peut-être à tort d'ailleurs) que le niveau intellectuel moyen paraît fléchir chez les aveugles. C'est que, dans ces dernières années, les progrès réalisés par la prophylaxie de la cécité ont permis de sauver certains malades qui, autrefois, n'auraient probablement pas échappé au mal. Ils en sauveront bien davantage dans la suite. Tout le terrain ainsi gagné sera reconquis sur des affections bien localisées qui n'intéressent que l'œil, en particulier sur l'horrible ophtalmie des enfants. Aussi dans les générations d'aveugles qui monteront à la vie intellectuelle, on trouvera sans doute une proportion de plus en plus forte de malheureux dont la vue aura sombré dans quelqu'une de ces maladies profondes qui affectent le cerveau et le système nerveux. Dieu nous garde de nous plaindre jamais de ce fléchissement intellectuel si telle en est la cause. De tous nos vœux, nous appelons le temps, hélas lointain ! où les oculistes ne permettront qu'aux idiots seuls de perdre la vue. Si jamais ce jour-là venait, encore faudrait-il bien savoir que ce n'est pas la cécité qui engendre l'imbécillité, mais que cécité et imbécillité procèdent l'une et l'autre d'une cause plus profonde. Dès aujourd'hui, il importe de ne pas l'oublier, et, si l'on rencontre quelque aveugle d'une pauvre mentalité, de résister à la tentation si commune de juger les autres aveugles par lui.

CHAPITRE II

La culture intellectuelle et l'alphabet Braille.

I

Le 4 janvier 1909, le petit monde des aveugles était en fête. On célébrait le centenaire de la naissance de Louis Braille. Des représentants aveugles étaient venus de tous les pays du monde. Un élan de vénération et de reconnaissance soulevait les cœurs à la mémoire de cet homme dont, même en France, presque tout le monde ignore jusqu'au nom : c'était leur émancipation intellectuelle que fêtaient les enténébrés en honorant le souvenir de leur bienfaiteur.

Aveugle lui-même depuis l'âge de trois ans, professeur depuis 1828 à l'Institution nationale des Jeunes Aveugles de Paris où il avait été élevé, et où il mourut en 1852, Braille a consacré toutes ses pensées à améliorer le sort de ses compagnons d'infortune, et c'est lui qui les a dotés du procédé de lecture et d'écriture qui est aujourd'hui employé dans l'univers entier. Sa mémoire n'est pas moins chère que celle de Valentin Haüy : si Valentin Haüy a eu l'idée d'instruire les aveugles, Louis Braille a découvert les moyens qui ont permis à cette instruction de porter tous ses fruits.

Il est parti d'un principe très simple, d'un principe qui nous semble aujourd'hui élémentaire, mais qui était à lui seul toute une révolution dans la pédagogie des aveugles. Valentin Haüy (et c'était un point de départ bien naturel) s'était contenté d'adapter à l'usage des aveugles les procédés des clairvoyants. Pour la lecture, il avait conservé l'alphabet vulgaire; il le traçait seulement en relief afin que les lettres pussent être perçues par le doigt de l'aveugle. N'était-ce pas ainsi qu'avaient procédé la plupart des aveugles qui, avant lui, étaient parvenus à lire et à écrire? Saunderson, l'aveugle du Puiseaux dont Diderot avait fait connaître les procédés, Mlle de Salignac dont Grimm parle dans sa *Correspondance*, Marie-Thérèse de Paradies et Weissembourg avec lesquels il était en relation, d'autres encore dont la mémoire était venue jusqu'à lui. Ils faisaient sculpter en bois ou fondre en métal des caractères romains qu'ils disposaient ensuite dans des cases appropriées, ou bien ils traçaient les lettres sur du papier fort à l'aide d'un stylet. Valentin Haüy enseigna à ses élèves à écrire au stylet; il fit fondre lui aussi des caractères en métal, et à l'aide d'une presse il imprima des livres en relief.

Vite on constata que les résultats étaient médiocres : l'aveugle parvenait à déchiffrer sans doute quelques phrases, mais avec une telle lenteur que fort peu pouvaient lire d'une manière acceptable. De petites dimensions, les caractères étaient confus sous le doigt; de grandes dimensions, il était trop long de les suivre dans tous leurs contours. Les aveugles avaient quelques livres, mais ils ne lisaient pas. L'écriture donnait des résultats plus insuffisants encore : on n'en tirait aucun profit dans la pratique, elle servait seulement à piquer la curiosité du public. L'éducation de l'aveugle, et, si l'on peut ainsi parler, sa vie tout entière restaient orales. Alors des tentatives de tout genre ont été faites dans bien des pays pour simplifier le dessin de la lettre vulgaire, la rendre plus facile à tracer et à percevoir. Ces simplifications amenèrent de grands progrès, sans doute; la situation restait cependant mauvaise. On lisait un peu plus, mais on n'écrivait toujours pas.

C'est qu'on parlait au doigt la langue de l'œil. Il y avait là une erreur psychologique fondamentale. Le doigt est différent de l'œil. Les moyens les plus rapides pour aller à l'intelligence par le doigt ne sont pas les moyens qui permettent d'aller le plus aisément par l'œil à l'intelligence. L'alphabet vulgaire est une convention imaginée pour l'œil, par des voyants et pour des voyants; pourquoi ne pas imaginer une convention destinée au doigt et accommodée aux conditions physiologiques du toucher?

Le trait convient à l'œil; il n'est perçu par le doigt qu'avec lenteur, et, au contraire, le doigt perçoit très aisément le point[1] qui déroute l'œil. Il faut donc faire un alphabet en points pour les aveugles. Et, sans doute on peut tracer en points les lettres vulgaires, mais ces lettres sont trop complexes; elles exigent un nombre de points trop long à tracer et à percevoir. La variété de leurs contours nécessite de leur donner des dimensions qui excèdent la surface de la pulpe du doigt. Résolument il convient d'adopter un système de signes différents dans lequel chaque caractère ne comportera qu'un nombre peu élevé de points, et par sa forme sera très exactement adapté à la forme du doigt.

Cette idée de rompre avec la tradition et de construire un alphabet tactile de toutes pièces n'avait pas pu ne pas venir à d'autres aveugles avant Braille tant

---

1. Depuis longtemps les psychologues ont observé que si l'on touche deux lignes égales, de petite dimension, l'une formée de points et l'autre d'un trait continu, la première paraît plus longue que la seconde. S'il s'agit de lignes de grande dimension, de plus de cinq à six centimètres, par exemple, c'est l'illusion inverse qui se produit, en règle générale.

elle était suggérée en quelque sorte par la nature même du toucher. On a conservé le souvenir de plusieurs tentatives de ce genre. Un aveugle figurait les lettres le long d'un fil au moyen de nœuds variant en forme, en grandeur et en nombre. Il entretint par ce moyen une correspondance prolongée avec un de ses amis. L'interlocuteur n'avait qu'à promener ses doigts le long du fil pour y recueillir la pensée dont il était dépositaire. Dans le même ordre d'idées, un autre aveugle, un musicien, le violoniste Dumas, écrivait sa musique au moyen de morceaux de liège, de pièces de cuir et de métal qu'il enfilait sur des cordons.

Ces essais n'ont pas eu de lendemain, et leur unique intérêt est de nous montrer que le doigt réclamait autre chose que les signes des voyants. Ils n'ont été d'aucun secours à Braille qui probablement ne les a pas même connus. Braille n'est pas redevable non plus des principes de son alphabet aux suggestions des psychologues. Il les a dues aux leçons de l'expérience, à une intuition de génie. Il n'est que juste de remarquer cependant que son intuition a été préparée dans une large mesure par ses devanciers.

Je ne parle pas du système de Klein qui avait imaginé à Vienne un alphabet vulgaire simplifié et tracé à l'aide de points saillants, car il est bien probable qu'il n'en a pas entendu parler; mais il a connu et utilisé le système de Barbier. Charles Barbier, dans le procédé qu'il présenta à l'Académie des sciences en 1821 et qui ne fut que peu de temps pratiqué, non seulement adoptait le point, mais, plus hardi que Klein, pour hâter la lecture et l'écriture, imaginait un jeu de signes absolument nouveau. Seulement, les caractères de Barbier avaient cette particularité, qu'on jugea être un défaut, de représenter des sons et non des lettres ; surtout ils présentaient le grave inconvénient d'être trop grands pour que le doigt les perçût rapidement. Ainsi, peu à peu, les exigences du toucher se faisaient entendre. Un pas pourtant restait à faire, et un pas essentiel. Peut-être fallait-il un aveugle pour le franchir, peut-être fallait-il un homme vivant par le toucher pour donner exactement à la lettre les dimensions que le doigt requérait.

Le prodige de l'alphabet de Braille c'est que son signe générateur n'est composé que de six points : trois en hauteur, deux en largeur. Voilà qui n'excède pas le champ de tactilité — en sorte que la perception est rapide — et qui pourtant le remplit si bien que toutes ses ressources sont utilisées[1]. Et, avec ce maximum de six points Braille dispose de soixante-trois signes : il a de quoi tracer toutes les lettres de l'alphabet, et non seulement les lettres simples, mais encore les voyelles accentuées et les ponctuations. Des signes même restent encore disponibles pour constituer une sténographie.

Ce n'est pas tout : Braille a voulu que son alphabet fût aisément assimilable, et il est parvenu à ce résultat, grâce à une disposition très ingénieuse : il a fait en sorte que les signes fussent déduits logiquement les uns des autres. Suivant un principe rationnel il a constitué une première ligne de dix signes qui représentent les dix premières lettres de l'alphabet ; de ces dix signes, par la simple adjonction d'un point, sont déduits les dix suivants qui forment la seconde

---

1. L'écartement de ces points peut varier. Le *sens du lieu de la peau* en effet, comme nous le verrons dans un des chapitres qui suivent, varie avec les individus, et aussi avec l'âge des individus. On écrit donc avec des lettres de dimensions différentes. En général, l'écartement de deux millimètres et demi a été adopté parce qu'il répond aux sensibilités normales l'index perçoit comme distinct, d'ordinaire, deux points distants l'un de l'autre de deux millimètres), parce qu'il favorise mieux que tout autre en moyenne une lecture rapide, et parce qu'il permet d'apprendre le Braille même aux personnes âgées. Devenu aveugle à soixante et un ans, le Dr Javal, l'oculiste bien connu, se mit aisément à la lecture du Braille ; il est vrai pourtant qu'il ne le lut jamais que lentement.

ligne ; l'adjonction d'un nouveau point donne la troisième ligne, et ainsi de suite. Cette ordonnance n'est pas seulement une satisfaction pour l'esprit, elle présente de très notables avantages pratiques.

D'abord, comme la logique est de tous les pays, l'alphabet Braille pouvait devenir un alphabet universel. Ensuite, l'apprentissage de la lecture coûte peu d'effort à l'enfant aveugle, moins qu'à l'enfant clairvoyant l'étude de l'alphabet vulgaire. Enfin et surtout, pour un clairvoyant adulte, qui désire entrer en relation avec un aveugle, l'initiation est un véritable jeu[1] : je sais des aveugles auxquels il est arrivé de correspondre en Braille avec des clairvoyants qui n'avaient aucune notion du système ; ils avaient soin de joindre un alphabet à leur lettre, et celle-ci était lue sans difficulté[2].

---

[1]. Une expérience significative à ce point de vue est rapportée dans le *Valentin Haüy*, le principal organe français des aveugles et des typhlophyles. Dans une école de clairvoyants on a fait lire une lettre de deux pages en Braille à deux élèves d'intelligence moyenne, choisis dans la classe qui prépare au certificat d'études. Il leur a suffi d'une demi-heure pour déchiffrer le texte proposé. Les cinq premières lignes leur ont coûté une dizaine de minutes environ ; puis la rapidité de lecture a grandi très vite. Il va sans dire qu'ils lisaient avec leurs yeux et non avec leurs doigts.

[2]. Pour se rendre compte de l'extrême multiplicité des procédés qui ont été imaginés pour faire lire et écrire les aveugles, et pour mieux apprécier la simplicité de celui de Braille, il est bien instructif de visiter le musée Valentin Haüy de Paris, ou encore les musées de Vienne et de Steglitz.

ALPHABET DES AVEUGLES

Procédé Louis Braille.

LETTRES ET SIGNES DE PONCTUATION*

a b c d e f g h i j

k l m n o p q r s t

u v x y z ç é à è ù

â ê î ô û ë ï ü œ w

, ; : . ? ! () « * »

Apostrophe' ou abréviatif — î ô ou § œ numérique majuscule

CHIFFRES ET SIGNES MATHÉMATIQUES

1 2 3 4 5 6 7 8 9 0

: :: + — × / = > < √

* Les gros points représentant les caractères sont en relief; les petits points ne servent ici qu'à indiquer la position relative des gros dans chaque groupe de six.

II

La pédagogie des aveugles allait enfin pouvoir sortir de l'impasse où elle se débattait.

Sans doute le Braille coupait les communications entre l'aveugle et le clairvoyant, il isolait l'aveugle dans l'emploi d'un système spécial. Si de tout temps les livres des voyants ont été indéchiffrables à l'aveugle, en revanche, à l'époque de Valentin Haüy et de ses successeurs, ce que l'aveugle écrivait était lisible aux clairvoyants. Il était par là en relation avec le monde des clairvoyants. On ne pouvait renoncer à ces relations, et, par conséquent, il fallait, tout en leur apprenant le Braille, donner aux aveugles les moyens de correspondre avec les voyants en leur langue. Le problème que se posait Valentin Haüy n'était donc pas supprimé, et l'on devait chercher encore des procédés de plus en plus pratiques pour écrire les lettres vulgaires. Il était pourtant simplifié, et considérablement simplifié : l'aveugle n'avait plus besoin que d'écrire les lettres vulgaires, il n'avait plus à les lire. Le relief cessait donc d'être indispensable.

Braille ne négligea pas non plus cette partie de sa tâche : les procédés qu'il imagina, perfectionnés dans une direction par son ami Foucauld qui construisit un appareil analogue à nos machines dactylographiques, dans une autre par son élève Ballu qui trouva un moyen excellent de tracer en points des lettres romaines simples et claires, ont rendu de réels services. Toutefois de ce côté-là Braille n'a pas clos la question. D'autres procédés sont venus dans la suite détrôner le sien. Aujourd'hui bien des types de guide-main et bien des appareils permettent aux aveugles de tracer des caractères soit en reliefs pointillés, soit en reliefs lisses, soit en traits simplement colorés. Pour les points en relief, ils usent d'un poinçon qui s'enfonce dans les sillons d'une pièce métallique disposée à cet effet ou bien de caractères pointés analogues aux caractères d'imprimerie qui se gravent dans le papier. Pour les traits en relief, ils se servent d'un stylet qu'ils dirigent à la manière d'une plume, mais d'une plume qui gaufrerait le papier à la faveur d'une pièce de drap placée au-dessous. Ils tracent les traits colorés quelquefois à l'aide de caractères d'imprimerie imbibés d'encre, beaucoup plus souvent au moyen d'un crayon qui parfois écrit à l'intérieur de petites cases destinées à recevoir chacune une lettre, et parfois circule librement dans des lignes dont le haut et le bas sont repérés. Mais les machines dactylographiques à clavier sont d'un usage beaucoup plus pratique encore. Devant le crayon et devant la machine l'écriture saillante sous ses deux formes, en points et en traits, a reculé rapidement. Elle est de plus en plus abandonnée à cause de sa lenteur. L'aveugle ne l'emploie plus que lorsqu'il lui est absolument indispensable de relire ce qu'il écrit à des correspondants clairvoyants, c'est-à-dire dans des cas très exceptionnels[1].

Rien ne montre mieux que cet abandon combien Braille avait simplifié le problème de l'écriture vulgaire. C'était un inconvénient incontestable que d'imposer l'étude de deux systèmes. Mais tous les deux étaient très simples et puis de combien d'avantages inestimables il était surpayé ! Les lettres Braille sont faciles à former : tout se ramène en effet à un mouvement élémentaire très simple, le choc nécessaire pour faire un point. Aussi, d'un apprentissage très aisé, l'écriture est de cinq à dix fois plus rapide que l'écriture vulgaire en relief. Un voyant qui écrit à la plume en moyenne vingt à vingt-cinq mots à la

---

[1]. Quelques aveugles s'en servent pour adresser leur correspondance. Actuellement c'est peut-être là son principal usage.

minute pourra bien la trouver désespérément lente, puisqu'elle ne permet guère en moyenne d'écrire que dix à quinze mots dans le même temps[1]. Elle n'en apportait pas moins la possibilité de prendre des notes, de secourir et de décharger la mémoire avec une feuille de papier, d'agrandir indéfiniment ses magasins.

Pour la lecture, les progrès réalisés par le Braille sont moins frappants peut-être, car on lisait en lettres vulgaires tandis qu'on n'écrivait pas; mais ils ne sont pas moins précieux. Sans doute l'aveugle ne connaît pas la merveilleuse rapidité de la lecture par les yeux[2] qui permet de parcourir cinq cents mots et plus à la minute, de dévorer les pages, mais il n'en est plus réduit à épeler comme les enfants; c'est une lecture suffisante pour être tout à fait agréable à voix basse, souvent même elle est très supportable à voix haute. Beaucoup lisent de cent à cent vingt mots à la minute. J'en sais un qui dépasse deux cents mots, c'est-à-dire que son débit est très sensiblement plus rapide que celui des orateurs, qui rarement excède cent cinquante à cent soixante mots.

La supériorité du Braille au point de vue de la lecture dépend de cette propriété que, la lettre Braille étant d'une forme très simple et ne dépassant pas le champ de tactilité, est perçue dans toutes ses parties à la fois sans que le doigt soit obligé d'exécuter des mouvements de bas en haut. Sans doute si nous

---

[1]. En appliquant le Braille aux machines à écrire, on l'a depuis rendu plus rapide; mais l'usage de ces machines n'est pas encore très répandu.

[2]. D'après Javal, auquel j'emprunte la plupart de ces chiffres, l'œil perçoit en moyenne dix lettres à la fois; or le doigt n'en recouvre qu'une. En ce qui concerne le Braille, j'ai rectifié un peu les chiffres donnés par Javal qui, trompé par la lenteur avec laquelle lui-même lisait et écrivait le Braille, a donné des moyennes inférieures à celles que nous constatons couramment.

observons un débutant nous constatons que son doigt s'agite en tous sens; il semble frotter la lettre avec impatience. Mais chez les lecteurs expérimentés le seul mouvement qu'on perçoive est un mouvement de gauche à droite, destiné à suivre la ligne. Même dans le système Klein, le meilleur peut-être des procédés à caractères vulgaires, et qui participe à l'un des avantages du Braille puisqu'il fait usage de points, le même résultat n'est pas atteint. Le doigt au repos ne perçoit pas avec netteté la lettre entière, ou plutôt il ne perçoit avec netteté que les lettres au dessin le plus simple, telles que I, O et quelques autres. Pour la plupart un léger frottement est nécessaire. Il en résulte une dépense de temps et de force mentale plus grande que dans la lecture du Braille.

Aussi dans le Braille non seulement la main droite court avec plus d'agilité sur les lignes, mais la main gauche prend souvent une part plus active à la lecture. Pour les apprentis le rôle de la main gauche est de se tenir au début de la ligne que la main droite parcourt seule, de manière à indiquer à cette main droite le commencement de la ligne qu'elle devra entamer ensuite. Mais peu à peu elle s'habitue à déchiffrer les premières lettres de chaque ligne et à décharger d'autant sa compagne. Les progrès qu'elle fait en ce sens sont tout à fait variables avec les individus. Ils sont d'autant plus grands naturellement que le travail de la main droite absorbe moins l'attention du lecteur, et un système qui, comme le Braille, ne demande qu'une contention d'esprit relativement faible, les favorise évidemment. Aussi chez certains lecteurs la main gauche s'avance-t-elle jusqu'à la moitié de la ligne ou à peu près. Les deux mains alors travaillent presque également. On les voit, dans un mouvement d'une régularité parfaite et d'une rapidité qui stupéfie les spectateurs non initiés, se joindre au milieu de la ligne, puis s'écarter chacune vers une extrémité, pour se retrouver ensuite au milieu de la ligne suivante, et poursuivre ainsi, comme mues par un ressort, leur mouvement de va et vient du haut en bas de la page.

Pour ces raisons, la lecture n'est pas seulement devenue beaucoup plus rapide; à rapidité égale elle est encore devenue plus agréable et plus instructive, parce que l'attention, moins distraite par le travail matériel, a pu se porter davantage sur la pensée. Avec une lecture plus facile et plus rémunératrice, le goût des livres a pu se répandre davantage chez les aveugles et occuper plus de place dans leur vie. A l'instruction orale succédait enfin l'instruction par le livre, et cela non seulement à l'école, mais pour la vie tout entière. On conçoit de combien la culture intellectuelle sous toutes ses formes en devenait plus accessible.

A Vienne, où le système Klein n'a cédé que lentement devant le système Braille et a continué pendant longtemps d'être en usage dans les classes parallèlement avec lui, M. Heller a pu, voici quelques années, instituer une expérience. Il a fait concourir entre eux les élèves les plus habiles dans la lecture de chaque système. Les résultats de cette comparaison disent très insuffisamment le progrès que le Braille a réalisé en France, d'abord parce que, le Klein n'ayant pas pénétré chez nous, ce n'était pas avec le Klein qu'il entrait en rivalité; ensuite parce que les lecteurs du Braille qui ont pris part au concours étaient de médiocres champions. Ils sont instructifs pourtant, et d'autant plus intéressants à signaler que les pays de langue allemande, où ils ont été constatés, ont fait au Braille une longue opposition. Des textes de poésie et de prose ont été successivement proposés aux concurrents. En prose, tandis qu'en deux minutes les champions du Braille lisaient cent cinquante-huit mots, les champions du Klein n'en lisaient que cent six. En poésie l'écart fut plus grand encore : cent quarante-six mots dans le même temps contre soixante-dix-sept [1].

Une autre expérience a montré combien la lecture du Braille laisse plus libre le jeu de l'intelligence que ne fait la lecture du Klein. M. Heller a eu l'idée de proposer à ses lecteurs des textes composés de mots dissyllabiques, l'un de mots réellement existants, l'autre de mots imaginaires et vides de sens. Les deux textes en Klein furent lus avec une vitesse sensiblement égale : quarante-trois mots contre trente-neuf. Au contraire, en Braille, tandis qu'en deux minutes quatre-vingt-douze mots du premier étaient lus, le second, celui des mots dissyllabiques sans signification, n'était déchiffré qu'à la vitesse de soixante-huit mots. C'est dire que dans la lecture du Braille l'intelligence collabore davantage avec le doigt, qu'elle est moins paralysée par le travail mécanique.

III

Les bienfaits du Braille se sont progressivement étendus grâce à des applications qui ont révélé peu à peu toutes les ressources qu'il portait en lui. Rapidement divers procédés d'imprimerie ont été imaginés qui ont permis la multiplication des livres. Puis par divers moyens on a rendu l'écriture à la fois moins lente et moins spacieuse : deux sténographies, l'une orthographique et l'autre phonétique, permettent de réaliser respectivement des bénéfices : en temps de 30,46 % et de 57,75 % ; en espace de 31,91 % et de 44,86 % ; en second lieu, l'impression à la fois sur le recto et sur le verso des pages a été obtenue grâce

[1]. Il convient de rappeler, pour apprécier ces nombres, qu'en allemand les mots sont en moyenne sensiblement plus longs qu'en français. D'ailleurs, c'est ici le rapport entre les nombres qui est intéressant.

à des appareils d'une grande précision qui permettent d'intercaler les points du recto entre ceux du verso ; enfin divers types de machines à clavier permettent de faire simultanément les points d'un même signe au lieu de les écrire successivement au poinçon.

Le Braille s'est encore plié aux besoins des études mathématiques : non seulement il a fourni un jeu de signes suffisant pour représenter les équations arithmétiques et algébriques les plus compliquées, mais en utilisant les chiffres de Braille on a pu construire divers appareils à calculer qui ont permis à l'aveugle de disposer les opérations mathématiques de tout genre et de les exécuter rapidement[1], d'échapper ainsi à la servitude du calcul mental.

La plus précieuse de ces applications du Braille est la musicographie en points saillants. Les soixante-trois caractères que fournit le signe générateur ont suffi à tous les besoins et aujourd'hui un morceau de musique quelconque peut être transcrit sans omission du moindre signe. Sans doute cette musicographie n'a pas donné au pianiste aveugle la faculté de déchiffrer : ses mains captives sur le clavier ne peuvent suivre les pages de son morceau. Du moins le déchiffrage est-il possible dans le chant où les mains sont inoccupées, et dans une large mesure aussi sur l'orgue où la main gauche suit la musique tandis que la droite l'exécute secondée par les pédales. Et puis, puisque aussi bien apprendre par cœur est la loi de l'aveugle, la musicographie en points saillants lui a donné du moins la possibillité d'apprendre par cœur autrement

---

1. Le principal d'entre ces appareils est le *cubarithme*. Grâce à la propriété que possèdent les caractères Braille de donner, par simple changement de position, des signes différents, on a pu, sur les six faces d'un seul cube, représenter non seulement les dix chiffres mais tous les signes nécessaires aux opérations mathématiques simples, en tout dix-neuf figures. Il suffit de placer ces cubes dans les petits casiers d'une plaquette construite à cet effet pour disposer toutes les opérations.

que par l'oreille, sans secours étranger et alors qu'il n'est pas doué d'une audition exceptionnelle. C'est elle qui a permis aux aveugles d'occuper dans le monde musical la place qu'ils y ont prise depuis longtemps déjà.

Malgré tant d'avantages le Braille n'a conquis que lentement le monde. L'histoire de ses victoires progressives est l'histoire d'une longue lutte, la lutte du doigt contre l'œil. Les intérêts du doigt furent représentés naturellement par les aveugles, ceux de l'œil par les professeurs et directeurs d'écoles spéciales qui le plus souvent étaient voyants. Ceux-ci répugnaient à l'adoption d'un alphabet rébarbatif pour la vue, parce que, ne lisant jamais avec leurs doigts, ils n'en sentaient pas les inappréciables mérites. Leurs élèves, au contraire, quand ils avaient goûté aux points du Braille, ne pouvaient plus s'en détacher. Parfois ils continuaient dans les classes à faire usage du procédé que les règlements prescrivaient, alors que toutes leurs notes personnelles étaient en Braille. Il avait fallu un aveugle pour imaginer l'alphabet tactile; il a fallu presque partout, en Angleterre et en Allemagne comme en France, l'effort persévérant des aveugles pour en imposer l'usage. Aujourd'hui des divergences ne subsistent plus guère qu'aux Etats-Unis, mais les différents systèmes qui là disputent encore au Braille la prééminence sont tous issus du Braille; tous témoignent combien l'alphabet génial que Paris a donné au monde des aveugles repose sur de solides fondements psychologiques[1].

---

1. Il faut observer toutefois que, dans les pays anglo-saxons, l'alphabet Moon, qui n'est que l'alphabet vulgaire très simplifié, est encore très en usage, mais il est employé exclusivement pour des aveugles tard venus à la cécité qui ont reculé devant l'apprentissage d'un alphabet nouveau.

IV

Dans tout le domaine ainsi conquis on a organisé à peu près de la même manière la mise en œuvre de l'alphabet Braille. Il ne suffisait pas de l'enseigner dans des écoles; il fallait encore donner par lui aux aveugles la nourriture intellectuelle et morale qui leur est nécessaire. Plusieurs presses y travaillent dans chacun des grands pays civilisés, et des copistes complètent leur œuvre au moyen de transcriptions manuscrites.

En France, nous avons trois imprimeries pour aveugles, pour ne parler que de celles qui sont vraiment actives. Elles impriment d'abord des périodiques en points saillants comme il en existe aujourd'hui, en nombre variable dans tous les grands pays[1]. Le *Daily Mail* a une édition hebdomadaire en Braille. Nous possédons en France actuellement huit petites revues de cette sorte, mensuelles, bimensuelles ou hebdomadaires. Deux d'entre elles, le *Louis Braille* et la *Revue Braille*, ont franchi leur trentième anniversaire et forment ensemble une collection de plus de 150 volumes. Le *Louis Braille* renseigne les aveugles sur les événements de leur petit monde spécial, tandis que la *Revue Braille* les tient au courant des grandes nouvelles littéraires, scientifiques, musicales, même politiques que nul ne doit ignorer.

L'impression des livres est assurément d'un profit plus considérable. Mais cette impression est coûteuse, et d'autre part les acheteurs sont peu nombreux. Leur volume d'ailleurs oppose un obstacle sérieux à la constitution de bibliothèques privées vraiment riches. Pour ces raisons on a dû se contenter longtemps des ouvrages classiques et de

---

[1]. Il existe actuellement 63 périodiques en Braille, dont 20 en anglais, 19 en allemand, 10 en français.

ceux qui sont absolument nécessaires à l'exercice des professions ordinairement exercées par les aveugles.

L'invention de Braille ne pouvait donc pas porter tous les fruits qu'on était en droit d'en attendre. Elle facilitait l'instruction de l'aveugle, mais elle ne lui donnait pas la distraction quotidienne qui lui est si nécessaire, et la possibilité de meubler richement son esprit, d'étendre ses connaissances en tout sens en dehors de sa sphère spéciale d'activité. C'est pourquoi M. Maurice de la Sizeranne, un aveugle qui a donné sa vie aux aveugles, a fondé pour continuer l'œuvre de Braille une bibliothèque de volumes manuscrits qui sont prêtés à tous les aveugles de France.

Elle n'a que vingt-cinq ans d'existence, notre Bibliothèque Braille, et déjà elle compte plus de trente mille volumes. Elle est un des chefs-d'œuvre les plus touchants de la solidarité humaine. Presque tous ces trente mille volumes ont été transcrits par des personnes du monde, des dames et des jeunes filles surtout qui chaque semaine, parfois chaque jour, consacrent quelques heures de leurs loisirs à préparer des distractions et des enseignements pour les aveugles. Chacun de ces millions et de ces milliards de petits points qui emplissent les volumes entassés sur nos rayons, et dont la multitude confond l'imagination, est un acte de charité et collabore, pour sa part, à la grande œuvre de Braille.

Dans tous les pays on a dû fonder des bibliothèques semblables. Mais, si elle a de nombreuses émules, notre Bibliothèque Braille n'a pas sa pareille dans le monde. Aucune n'approche d'elle en importance. C'est une bibliothèque originale à visiter. Sur les travées où les gros volumes s'entassent en rangs serrés, toutes les indications et les points de repère sont en Braille. Les bibliothécaires qui, pour servir le public, circulent dans ce dédale de petits chemins sans cesse entrecoupés, étroits, resserrés entre les rangées de livres, sont tous des bibliothécaires aveugles. Pour eux, tout ici est écrit en relief : les catalogues où l'on cherche les livres demandés, toutes les fiches de la bibliothèque; les registres de prêts, les cotes mêmes qui sont inscrites sur la couverture de chacun des volumes. Si vous demandez au bibliothécaire en chef de vous lire quelque chose, ses doigts vous étonneront par leur agilité à courir à travers les lignes. Vivant sans cesse au milieu de ses chers livres, il est devenu un merveilleux lecteur. Un jour chaque semaine, le mercredi, les salles s'emplissent d'aveugles qui déposent de gros ballots de livres sur les tables : ce sont les habitués qui rapportent les volumes qui les ont distraits pendant la semaine. Des amis se retrouvent là; ils causent de leurs affaires et de leurs lectures. Puis ils repartent aussi chargés qu'ils étaient venus : ils emportent des provisions nouvelles pour huit jours. C'est la journée des Parisiens. Les jours suivants on servira la province. Dans toutes les directions on expédie des colis de volumes qui reviendront après avoir passé sous bien des doigts, plus ou moins vite selon la curiosité des lecteurs. Dans les grands centres, où les aveugles sont nombreux, on expédie de grosses caisses chargées d'une quarantaine de volumes. Elles séjournent trois mois dans chaque ville, et les intéressés y viendront puiser librement. Elles passeront de ville en ville, de l'Ouest à l'Est et du Nord au Midi et ne rentreront à Paris qu'après avoir fait leur tour de France[1].

Suivons-les par la pensée : à toutes les étapes de leur pèlerinage elles sont accueillies avec des trans-

---

1. Le chiffre du mouvement annuel des volumes atteindra bientôt 50.000.

ports de joie. Nous pénétrerons avec elles dans bien des réduits misérables où, sans ces volumes sauveurs, des aveugles vivraient, repliés sur eux-mêmes, dans le découragement et la détresse morale. Ils font glisser partout un rayon de bonheur et de lumière, de la seule lumière qui puisse aller jusqu'à l'âme de l'aveugle. Les lettres de remerciement, pleines d'une reconnaissance et d'une émotion débordantes, qui parviennent fréquemment à la Bibliothèque, disent assez combien leur apostolat est fécond. Il faut entendre parler d'eux surtout les aveugles-sourds dont ils sont parfois toute la vie, l'unique lien qui les rattache au reste du monde. « La Bibliothèque Braille, disait l'un d'eux, est pour moi un vrai sauvetage intellectuel ». Et un autre : « Avec mes livres il me semble n'être plus aveugle... J'oublie mon malheur, je me sens revivre. Ce n'est plus cet affreux isolement, cette longue nuit décourageante, ce silence de mort voisin du tombeau, mais c'est la résurrection, c'est le retour à la vie, à la lumière, à la liberté de l'intelligence, c'est la joie du captif qui voit tomber ses fers ».

Une section importante de la Bibliothèque Braille est réservée à la musique. Constamment des lettres de demandes y parviennent. C'est un organiste aux abois auquel son curé réclame telle messe déterminée pour le dimanche suivant. C'est un professeur de musique dont l'élève veut exécuter tel morceau de piano que le maître ne possède pas. S'il est hors d'état de le faire jouer son crédit est ébranlé, car son concurrent clairvoyant peut se procurer ce même morceau dans le premier magasin rencontré et satisfaire tous les caprices de sa clientèle. La Bibliothèque Braille intervient. Elle prête le livre demandé et consolide les situations. Et je ne parle ici que de ses bienfaits matériels, immédiatement tangibles. Son action diffuse et la sourde infiltration de son influence ne sont pas moins précieuses : elle tend à hausser sans cesse le niveau de la culture des musiciens, non seulement en ce qui concerne la technique de leur art, mais dans les sujets connexes comme l'histoire de la musique, et même dans les sujets qui ne s'y rapportent point du tout, mais dont la connaissance est nécessaire à un homme qui prétend tenir une place dans le monde.

Avant elle, le temps de l'école achevé, ne pouvaient continuer à lire quotidiennement que ceux qui disposaient d'un lecteur. Or, bien rares étaient les fortunés qui pouvaient s'offrir un luxe aussi dispendieux. On ne lisait pas. Aujourd'hui, à la sortie de l'école, on est invité à entretenir ses connaissances acquises, à enrichir son esprit. Un fait caractéristique témoigne du progrès accompli : les aveugles qui ont plus de quarante-cinq ans lisent presque tous fort mal ; à peu près tous les bons lecteurs ont moins de quarante-cinq ans : ils appartiennent à la génération qui a profité de la Bibliothèque Braille. Les premiers se font lire quand ils en ont les moyens ; les seconds se font lire encore sans doute, mais ils lisent aussi par eux-mêmes, et par suite ils lisent mieux et bien davantage.

Sans doute, quelque admirable qu'elle soit, la Bibliothèque Braille ne suffit pas encore à sa tâche. D'importants ouvrages y manquent encore. Tous les niveaux intellectuels, tous les goûts sont représentés chez les aveugles. Comment trente mille volumes, qui peuvent constituer environ cinq ou six mille ouvrages, suffiraient-ils à tant de besoins ? Mais le passé nous répond de l'avenir et l'on a compris, je pense, combien déjà dans le présent la bibliothèque qui à si juste titre porte le nom de Braille apporte un couronnement magnifique à l'œuvre du génial inventeur. Elle rend possible la culture de l'intelligence par le toucher.

CHAPITRE III

Le travail intellectuel. — Une expérience.

Un académicien disait encore récemment : « Il faut à un aveugle dix fois plus de temps pour apprendre dix fois moins de choses qu'un clairvoyant. » Nous venons de voir que les faits contredisent une pareille opinion. Elle est infirmée à la fois par ce que nous savons de l'intelligence de l'aveugle et par les progrès considérables que l'alphabet Braille a fait réaliser à ses procédés de culture.

Sans doute, la documentation oppose toujours beaucoup plus de difficultés à l'aveugle qu'au clairvoyant. Les livres sont moins à sa disposition. Ils le sollicitent moins à la lecture. Beaucoup ne lui sont accessibles que par l'intermédiaire d'un clairvoyant. Dans les conditions moyennes le mal n'est pas grave, et nos musiciens et nos ouvriers sont, au point de vue de la culture générale, au moins les égaux de leurs concurrents. Mais on a peine à croire qu'il n'y ait pas là un insurmontable obstacle pour ceux qui peuvent prétendre à un développement intellectuel plus grand.

Un exemple nous montrera que, dans des circonstances favorables, même les travaux d'érudition qui exigent les recherches les plus minutieuses et le maniement de matériaux considérables ne sont pas interdits aux aveugles. On y verra les merveilleux services que nous pouvons tirer de l'invention de Louis Braille, et sa souplesse à se plier à tous les besoins. Je m'excuse de parler ici de moi-même et des livres que j'ai publiés sur Montaigne. Un savant critique[1] m'y a convié en demandant, dans un article où il a parlé avec beaucoup de bienveillance de mes ouvrages, de quels procédés de travail dispose un aveugle pour se livrer à de semblables études. Et puis, je suis ici moins en cause que Braille, car c'est Braille qui m'a permis d'agir et qui l'a permis à d'autres comme à moi-même. Aussi bien, au point de vue de la psychologie de l'aveugle, l'intérêt que présentent mes livres sur Montaigne est de faire voir que, grâce à nos méthodes spéciales, les recherches philologiques, les travaux d'érudition nous sont parfaitement accessibles.

I

J'ai perdu la vue à quatre ans et demi. De mes premières années, il ne me reste aucun souvenir visuel qui soit net, soit parce que l'insouciante enfance ne fixe guère son attention, soit plutôt parce que, dans la nuit complète où je vis désormais, aucune impression visuelle ne peut venir réveiller des souvenirs endormis. Dans une grande Histoire Sainte qu'on ouvrait devant moi, j'ai bien quelque idée d'un Abraham immolant son fils, tandis qu'un ange descend du ciel pour arrêter son bras. Peut-être les ailes de l'ange qui avaient frappé mon imagination d'enfant ont-elles laissé quelques traces dans ma mémoire ? Mais tout cela est si vague que j'ose à peine y croire, et pour peu que je cherche à presser mon souvenir, tout s'évanouit aussitôt. C'est plutôt un souvenir de vision qu'une image visuelle. J'ai des idées assez précises des cou-

1. M. Victor Giraud, dans la *Revue des Deux Mondes*. Je reproduis ici en partie, avec quelques modifications, la réponse que cette même revue a bien voulu publier dans son numéro du 1er mars 1909.

leurs, mais, faute de pouvoir les contrôler, j'ignore si elles sont exactes. Quand mes yeux se sont fermés, je ne savais pas lire. Mon éducation a donc été entièrement une éducation d'aveugle.

Je pris mes premières leçons en écoutant mes frères lire à haute voix. On me trouvait une bonne mémoire. A huit ans, à l'âge où le toucher est encore très sensible, je commençai à étudier l'alphabet Braille. Ainsi, très jeune je me familiarisai avec les deux procédés essentiels de travail dont je devais faire usage dans la suite, la lecture à haute voix et la lecture tactile.

Un séjour à l'Institution nationale des Jeunes Aveugles de Paris m'initia plus complètement à toutes les méthodes spéciales de la pédagogie des aveugles, mieux enseignées dans cette école que dans la plupart des autres, et me prépara ainsi aux études que je devais faire dans différents lycées de Paris.

Là, pour le latin, pour le grec, bien souvent même pour le français, les livres en relief me faisaient défaut. Je transcrivis et fis transcrire ceux qui m'étaient indispensables. Des amis dévoués m'ont aidé dans cette tâche. La Bibliothèque Braille m'a prêté de nombreux volumes. Mais le plus souvent, comme autrefois, j'apprenais mes leçons avec un secrétaire ou avec un camarade qui me les lisait. J'usais constamment du système Braille pour noter tout ce que je désirais conserver, pour écrire les brouillons de mes devoirs, surtout pour prendre des notes aux cours qui nous étaient faits en classe. Par suite de cet exercice continuel, je maniais le poinçon avec rapidité, et, grâce à une sténographie que j'enrichissais peu à peu de signes nouveaux, aucune phrase des cours ne m'échappait. Quant aux devoirs que je devais remettre à mes professeurs, je les écrivais avec une machine à écrire, celle-là même dont je me sers en cet instant. C'est une Dactyle qui ne diffère en rien du modèle ordinaire : et sans doute je ne vois pas les lettres inscrites sur les touches que je frappe, mais la mémoire supplée fort aisément à ce défaut. Aussi bien, les dactylographes voyants écrivent toujours sans regarder leur clavier. La seule difficulté consistait en ce que je ne pouvais pas me relire. Pour cet office, j'étais obligé de faire appel à un clairvoyant.

Grâce à ces procédés, grâce aussi à la bienveillance de maîtres excellents dont quelques-uns ont fait preuve envers moi d'un dévouement sans limite, je n'ai eu aucune difficulté à suivre mes camarades, et j'ai fait mes classes avec succès. En même temps, je m'habituais de plus en plus à tirer le meilleur parti possible des conditions de travail qui m'étaient faites : à profiter d'une lecture entendue comme d'une lecture que j'aurais faite moi-même, à multiplier mes notes en Braille, à les classer d'une manière à la fois méthodique et pratique. Tout cela devait me servir dans la suite.

Quand j'entrai à l'Ecole Normale Supérieure, je sentis tout de suite qu'un changement se produisait dans mes études : au travail d'assimilation, qui est celui de l'enseignement secondaire, succédait le travail de production, le travail scientifique. J'avoue qu'au début une inquiétude me troubla. Il fallait aller aux sources, manier une foule de livres sans aucun guide. Mes goûts m'avaient porté vers l'histoire littéraire, et, dans aucun genre d'études la documentation ne présente autant de difficultés que dans l'histoire. Je regrettais parfois de n'être pas philosophe, car je me disais (je n'en suis plus aussi sûr aujourd'hui) qu'un philosophe demande moins aux livres, et tire plus de son propre fonds. La nécessité s'imposait à moi d'apprendre à user aussi méthodiquement que possible des instruments bibliographiques, afin de guider sûrement dans leur maquis un secrétaire qui, désormais, devenait inséparable de ma personne, qui me prêtait constamment ses yeux, mais des yeux de plus en plus passifs à mesure que la besogne se faisait plus personnelle et plus compliquée. Avant ma sortie de l'Ecole, je m'étais attaché à l'étude de Montaigne.

II

Pour qu'on puisse comprendre en quoi ma tâche a consisté, je me vois dans la nécessité (et j'en demande pardon au lecteur) de rappeler brièvement le point où en était l'étude de Montaigne quand je l'ai abordée, et le but que je me suis proposé.

On avait coutume de lire les *Essais* de Montaigne comme une œuvre homogène et formant bloc. Dans sa philosophie on cherchait une idée une, presque un système, et, comme on y rencontrait beaucoup de jugements contradictoires, les uns le prétendaient stoïcien, tandis que d'autres le faisaient épicurien : les uns le déclaraient sceptique, pendant que d'autres lui attribuaient presque du dogmatisme; ceux-ci le voulaient religieux, ceux-là l'affirmaient athée. Dans son art, on ne se heurtait pas à moins de contrastes : à côté de chapitres étriqués, vides d'originalité, on trouvait les admirables *Essais* si personnels, si riches, que tout le monde connaît. Il m'a paru que toutes ces contradictions apparentes et ces oppositions pouvaient s'expliquer, qu'elles correspondaient à des différences de dates dans la composition des *Essais*, et que la pensée de Montaigne avait varié d'époque à époque comme sa manière d'artiste avait changé. Retrouver autant que possible les étapes successives que sa pensée a traversées, les couches qui se sont l'une sur l'autre déposées dans son esprit par les transformations de son œuvre, en un mot retracer l'évolution de Montaigne comme philosophe et comme artiste, tel a donc été mon dessein.

Pour le réaliser, la première chose à faire était de

déterminer la chronologie des *Essais*. Il fallait y rechercher les allusions qu'ils contiennent à des événements contemporains, identifier ces événements souvent obscurs, et en déterminer la date parfois au prix de longues recherches. Sans chronologie solidement établie, il n'y a pas d'études historiques.

Mais, pour fixer cette chronologie, et pour éclairer l'évolution qu'elle devait nous faire connaître, il était très important de retrouver les lectures de Montaigne. En effet, plusieurs chapitres inspirés par un même livre avaient chance d'être contemporains. La série des lectures pouvait révéler beaucoup sur la série des compositions. Je dus donc commencer par reconstituer ce que l'on pouvait retrouver de la bibliothèque de Montaigne, et, à mesure que je replaçais les livres sur les rayons, rechercher pour chacun les emprunts qui lui avaient été faits.

Cette enquête, délicate et fort étendue, était donc le point de départ nécessaire de ma tâche, et elle en constitua la plus lourde partie. Pour comprendre comment elle avait été possible, et comment elle pouvait promettre une base solide à l'édifice que je voulais construire, il importe de se rappeler que Montaigne citait volontiers avec beaucoup de fidélité les auteurs dont il s'inspirait. On trouve dans les *Essais* des phrases presque textuellement copiées des livres qu'il aimait; ailleurs ce ne sont que des allusions, mais des allusions si précises qu'on peut quelquefois indiquer la source avec certitude. Comme en outre Montaigne parlait avec plaisir de ses lectures et nous a donné ses impressions sur beaucoup d'entre elles, une semblable entreprise avait des chances sérieuses d'aboutir. Elle avait été commencée, et bien commencée par des annotateurs comme Coste et Victor Leclerc; il ne fallait que la continuer avec plus de précision et plus de patience.

Mon premier soin a donc été de transcrire intégralement en Braille l'œuvre de Montaigne. Ma collection des *Essais* comporte une vingtaine de volumes. J'ai pu dès lors très aisément et sans aucun secours étranger les étudier en eux-mêmes, m'en pénétrer, les mettre en fiches. Mes fiches, rédigées en Braille, bien entendu, se distinguaient en trois catégories : sur celles du premier groupe s'inscrivaient toutes les idées qui sont exprimées dans les *Essais;* sur celles du second groupe, toutes les images, les expressions caractéristiques, les figures, en un mot, toutes les particularités de style ; au dernier groupe étaient réservés les exemples historiques, les anecdotes et les récits de tout genre qui pullulent dans les *Essais*. Puis ces trois amas de fiches ont été classés, chacun séparément suivant l'ordre alphabétique et placés dans une caisse volumineuse qui, pendant plusieurs années, est restée constamment à la portée de ma main.

Le mot caractéristique de chacune de ces fiches, celui qui servait à lui assigner une place dans le classement alphabétique, était inscrit à l'extrémité inférieure, et ainsi, toutes étant disposées la tête en bas, il me suffisait de promener rapidement les doigts sur la tranche qu'elles me présentaient pour découvrir immédiatement dans ces piles considérables la fiche dont j'avais besoin. La recherche ne me prenait pas plus de temps, je crois, qu'elle n'en eût demandé à un œil exercé. Placé devant mes casiers je n'avais plus, dès lors, qu'à relire les livres que Montaigne avait pu connaître. Chaque fois que j'étais frappé par une idée, une image, un exemple que j'avais rencontré dans les *Essais*, j'étendais la main vers la fiche où ce détail était inscrit. Celle-ci découverte me renvoyait à la page exacte de Montaigne, me permettait de contrôler mon souvenir. Si comme je l'avais présumé, il y avait emprunt ou allusion, j'inscrivais ma trouvaille, toujours en Braille, sur la fiche où quelques lignes avaient été ménagées à cet effet.

Je devais lire ainsi, pour que mon enquête fût fructueuse, presque tout ce qui avait eu chance d'intéresser Montaigne, et son esprit était d'une insatiable curiosité. De son temps, les littératures latine et grecque étaient presque entièrement vulgarisées, et son éducation l'invitait à puiser tout particulièrement chez les Anciens. Il lisait, en outre, beaucoup de livres français et italiens. C'est donc dans les ouvrages grecs, latins, français et italiens alors publiés que j'ai dû faire mon enquête. Le premier soin a été de retrouver leurs titres, grâce aux instruments bibliographiques que j'ai dépouillés; le second, de rechercher dans les bibliothèques publiques les livres qui pouvaient m'intéresser, car ces livres sont souvent extrêmement rares. Beaucoup d'entre eux n'ont pas été réimprimés depuis le xvie siècle; pour ceux même qui l'ont été, il fallait recourir aux éditions du temps, qui diffèrent parfois sensiblement de celles qu'on a données depuis.

Il va sans dire que rien de tout cela n'a été transcrit en Braille. J'ai donc dû, non pas lire ces ouvrages, mais me les faire lire à haute voix. L'habitude m'avait, comme je l'ai dit, rendu ce procédé de travail si familier que, pour les ouvrages qui n'ont pas un caractère artistique, je préfère la lecture à haute voix à la lecture tactile.

Et cependant, pour de pareilles enquêtes, elle présentait de réels inconvénients que je ne chercherai pas à dissimuler. D'abord et avant tout, c'est l'impossibilité de parcourir qui est la grande infériorité de la lecture à haute voix. L'œil a vite fait d'éliminer un chapitre inutile, de scruter une page et de s'assurer qu'elle ne contient rien d'intéressant. Rien ne peut le remplacer dans cet office. Il fallait se résoudre à écouter bien des développements inutiles, de peur de sauter imprudemment par-dessus une idée importante. Quand je me hasardais à faire des coupures, il les fallait courtes : il était en effet nécessaire de connaître à tout le moins toutes les orientations successives que prenait le raisonnement ; quand une direction était stérile, on pouvait l'abandonner, mais il importait de ne pas laisser passer le point précis où la pensée s'engageait dans une voie nouvelle. Parfois, je convenais d'un signe (un coup de règle sur la table, par exemple), qui faisait interrompre la phrase entamée, et il était entendu que mon lecteur devait reprendre plus loin, suivant la nature du livre : ou au début de la phrase suivante, ou au prochain alinéa, ou cinq ou six lignes plus bas. Mais ces remèdes étaient médiocres, et ils demandaient à être employés avec beaucoup de réserve. Une autre difficulté est que des yeux d'emprunt n'ont jamais la docilité de ceux qui sont directement gouvernés par notre volonté. Un secrétaire, quelque dévoué soit-il, se lasse d'une besogne infiniment monotone et dont l'intérêt lui échappe. Je ne cherche donc pas à diminuer les difficultés qu'un aveugle rencontre dans de pareils travaux. Mais à tout prendre, ce ne sont que des difficultés, non des obstacles infranchissables. Pour en venir à bout, il suffit d'un peu plus de patience, d'un peu plus de persévérance, et voilà tout.

Les recherches de chronologie ont pu se faire de la même manière, et, quand les enquêtes de sources et de chronologie ont été achevées, il ne restait plus qu'à concentrer tous ces résultats, à les ramasser, à les condenser pour en tirer les conclusions qu'ils comportaient et éclairer à leur lumière l'évolution de la pensée de Montaigne. Ce n'était plus qu'une affaire de réflexion, besogne agréable entre toutes parce qu'elle se passait de livres et de tout secours étranger, parce qu'elle était tout intérieure.

Pour sa lente maturation les fiches de Braille étaient l'aliment nécessaire et suffisant, et j'ai dit combien le maniement m'en était aisé. Ici, je crois bien que l'aveugle ne souffre d'aucune infériorité, et plus sa faculté de concentration est exercée, plus sa tâche est facile.

Vient enfin le travail de rédaction. Tant d'aveugles ont publié et publient des articles et des travaux remarqués, que je n'ai rien de bien nouveau à dire à ce sujet. La rédaction dans un ouvrage d'érudition ne présente guère plus de difficultés que pour un ouvrage de vulgarisation. Elle exige seulement plus de précision; elle comporte des nombres, des dates en quantité, toutes choses qui réclament un soin méticuleux. Elle suppose surtout une masse de notes dans le bas des pages, de références aux textes, de pièces justificatives. Grâce aux notes en Braille, il est toujours possible de parvenir sans trop de peine à une exactitude rigoureuse. Mes trois volumes sont criblés de chiffres et de renvois précis. Mes dépouillements ayant été méthodiquement conduits, et leurs résultats rigoureusement consignés avec toutes les indications voulues au fur et à mesure des circonstances, il m'a été facile d'accompagner mes assertions de l'appareil scientifique qu'elles réclamaient.

Quant à l'exécution matérielle, à la composition proprement dite, deux méthodes s'offraient à moi. Je pouvais rédiger en Braille de manière à me relire moi-même et à me corriger quitte à dactylographier ensuite ma rédaction pour la remettre à l'imprimeur; je pouvais encore rédiger du premier jet sur ma machine à dactylographier. J'ai usé des deux méthodes, préférant tantôt l'une et tantôt l'autre, selon les circonstances. Quand il s'agissait de pages particulièrement délicates, exigeant une précision spéciale, il me paraissait plus sûr de faire un brouillon en relief afin de le peser à loisir; pour les parties plus aisées j'aimais mieux dactylographier tout d'abord.

On s'étonnera que les brouillons en Braille ne

soient pas toujours préférés. Ils ont de réels inconvénients : l'écriture, malgré l'emploi de nombreuses abréviations, reste un peu lente; surtout elle exige une certaine dépense de forces physiques. Ces deux circonstances brisent l'élan de l'esprit et détachent l'attention de l'effort de la composition pour la détourner vers les détails de l'exécution matérielle. Certains aveugles, je ne l'ignore pas, sont moins sensibles à ces inconvénients, mais je sais qu'il en est d'autres qui comme moi s'en trouvent gênés.

La dactylographie, au contraire, est rapide et douce; elle côtoie, sans l'arrêter, le cours de la pensée qui semble avoir à peine conscience de son mécanisme très souple. Sans doute un clairvoyant conçoit difficilement qu'on puisse écrire sans avoir la possibilité de relire les phrases qu'on vient d'achever. J'ai éprouvé que l'habitude triomphe de cette difficulté : au moins chez moi elle en a triomphé sans peine. Le souci d'une composition méthodique, un peu raide, mais qui convient peut-être aux travaux d'érudition, en est un peu la cause. Quand on tient dans l'esprit son plan bien formé, arrêté jusque dans les détails, pour peu que la mémoire soit précise, on ne perd pas le fil du développement. Il est très rare qu'il me faille faire appel à des yeux bienveillants pour me remettre en route, ou pour me remémorer la forme que j'ai donnée à quelque phrase antérieure. Bien souvent je coupe mon travail de rédaction au milieu d'un développement; je laisse ma feuille fixée sur ma machine, et parfois, après quarante-huit heures d'interruption ou même davantage, sans hésitation je reprends l'idée où je l'avais laissée. D'ailleurs, je ne me privais pas pour cela du droit de corriger : la rédaction ainsi achevée, je me la faisais relire et relire autant de fois qu'il était nécessaire, dictant à mon secrétaire des modifications et des additions parfois très nombreuses, apportant partout mille retouches de détail. Au reste, je crois pouvoir affirmer que ma forme n'est pas moins imparfaite lorsque j'écris du premier jet en Braille : au contraire, si elle est peut-être un peu plus ferme, en revanche elle a plus de raideur.

En somme, et c'est toujours là qu'il m'en faut revenir, la mise en œuvre de ces 1.250 pages très compactes ne coûte pas du tout à un aveugle l'effort prodigieux qu'on suppose volontiers. Si leur préparation lointaine, si le travail de documentation qui leur sert de fondement présentait plus de difficultés, j'en ai assez dit pour montrer que les procédés de travail dont un aveugle dispose aujourd'hui permettaient de l'entreprendre sans témérité. Ils m'ont donné, je crois, le moyen de me conformer exactement à la méthode que tout clairvoyant désireux de traiter avec précision le même sujet aurait été contraint de suivre. Car en tout cela je n'ai rien inventé : tout clairvoyant aurait dû, je pense, faire usage de quelque jeu de fiches analogue au mien. Je n'ai fait qu'adapter la méthode commune, je dirais presque la méthode nécessaire, aux conditions spéciales des aveugles. Et cette adaptation était très simple, elle ne demandait pas un grand effort d'imagination. Elle s'est faite petit à petit, au fur et à mesure des besoins, par tâtonnements successifs. Elle a jailli en quelque sorte des circonstances.

Mon dessein n'est pas, on le conçoit, d'engager les aveugles à faire des travaux d'érudition. Pour y réussir, il faut de toute nécessité avoir le goût, la passion de l'érudition, et, fort heureusement, peu de personnes sont atteintes de cette maladie. Fort heureusement aussi il y a d'autres travaux plus accessibles aux aveugles, et dans lesquels ils ont moins de peine à rivaliser avec les clairvoyants. Dans tout ce que je viens de rapporter, il faut voir non un exemple, mais une expérience : une expérience qui, certes, n'étonnera pas les aveugles (eux du moins verront bien que tout ici est fort simple), mais qui leur suggérera peut-être quelques observations utiles sur certaines applications qu'ils peuvent faire de leurs procédés propres de travail. C'est aux clairvoyants surtout qu'elle s'adresse : avec tant d'autres expériences qui se renouvellent tous les jours, elle contribuera peut-être, pour sa petite part, à leur inspirer des jugements plus équitables sur les aveugles. Il faut tant et tant de faits sans cesse répétés pour lutter contre un préjugé, pour le faire reculer pied à pied, que nous n'en aurons jamais assez.

Le Moi (celui de Montaigne excepté) est presque toujours haïssable, je le sais. Mon lecteur voudra bien remarquer que, en dépit des apparences, je l'ai entretenu beaucoup moins de mes travaux personnels que du travail des aveugles en général. J'ai voulu, par un exemple, montrer la souplesse de nos procédés de travail. Peut-être, après m'avoir lu, comprendra-t-on mieux notre reconnaissance à tous pour l'inventeur d'un alphabet auquel nous devons la libération de nos intelligences.

DEUXIÈME PARTIE

LA SUPPLÉANCE DES SENS ET L'ACTIVITÉ DE L'AVEUGLE

CHAPITRE IV

La suppléance des sens. — Sa nature et son mécanisme.

I

Si l'intelligence de l'aveugle n'est pas amoindrie par son infirmité, sa capacité d'agir est grandement diminuée. L'homme est essentiellement un visuel. Lui ôter la vue, c'est le priver de son principal instrument d'action. Un chien qui devient aveugle continue à mener sa vie normale. Son odorat et son ouïe suffisent à ses besognes ordinaires. La cécité n'est pas rare dans l'espèce canine. Nous en avons tous connu de ces pauvres chiens vieillissants dont la vue s'éteint progressivement. A peine s'aperçoit-on de leur infirmité. Ils ne cessent point de se conduire, de chasser, de garder en bon ordre leurs moutons ou leurs vaches, de mordre au jarret ceux qui s'écartent du rang, de courir avec l'agilité que leurs muscles leur permettent encore. Il en va de même du cheval, au moins du cheval domestique qui, sans la vue, continue fort bien son service. La chauve-souris, devenue aveugle, pourvoit à sa subsistance. L'homme, parce qu'il est beaucoup moins doué que nombre de bêtes du côté de l'odorat, mais surtout parce que son activité est beaucoup plus riche et variée, est diminué et désemparé par la perte de la vue bien plus que la plupart des animaux.

Ce n'est pas que l'aveugle ne puisse se livrer à bien des occupations dont à première vue on serait tenté de le croire incapable. La nature semble s'efforcer de réparer le tort qu'elle lui a causé. On sait que le principe de cette réparation est dans la suppléance des sens, que les sens restés intacts se substituent à la vue absente dans quelques-unes de ses fonctions. Mais de quelle nature est cette suppléance et comment se fait-elle, voilà ce que les clairvoyants se représentent bien souvent d'une manière fort erronée. De là tant de légendes qui ont cours sur les aveugles et la difficulté qu'éprouve le public à se faire sur eux une opinion exacte, à se représenter leurs moyens d'action, et à accorder par conséquent à ceux qui demandent du travail le juste degré de confiance qu'ils méritent.

La plus commune de ces légendes est celle qui nous présente les aveugles comme discernant les couleurs au toucher. Le simple bon sens suffit à en montrer la puérilité. Jamais le toucher ne donnera des informations sur la lumière et sur la couleur, qui sont le domaine propre du nerf optique, pas plus qu'il n'en donnera sur les parfums. Si des aveugles parviennent fort bien à tricoter avec des laines de couleurs différentes et à distinguer ces laines entre elles de manière à les employer à propos, ils les distinguent non pas par la couleur, mais par quelque autre différence sensible au toucher, différence d'épaisseur, de poli, de grain, de densité, de rigidité, que sais-je. S'ils les nomment ensuite, comme les voyants eux-mêmes, laine rouge, laine noire, laine blanche, c'est qu'ils adoptent le langage de ceux qui les entourent afin de se faire comprendre d'eux. Rien de plus. Cette puérilité pourtant est souvent répétée. Diderot, auquel on a parlé « d'un aveugle qui connaissait au toucher quelle était la couleur des étoffes », n'ose pas la critiquer. « J'ai lu dans un livre de classe », écrit M. Kunz, directeur de l'Institution des aveugles à Illzach, en Alsace, « que jadis un aveugle devint le tailleur ordinaire d'un roi parce qu'il avait su lui faire les plus beaux vêtements et les mieux choisis comme couleur, ayant appris à distinguer à l'aide du toucher les plus fines différences de nuances. » Et encore : « Un savant très distingué a assuré en ma présence avoir connu un aveugle qui reconnaissait les couleurs à l'aide du toucher. » En vain M. Kunz s'efforça-t-il de faire naître un doute dans l'esprit de son interlocuteur; il ne put que jeter le discrédit sur son école où l'on n'enseignait point une science aussi nécessaire.

Le P. Regnault dans ses *Entretiens physiques* se chargeait de fournir une explication scientifique de cette faculté des aveugles dont l'existence ne lui semblait pouvoir être révoquée en doute, et à ce sujet il renvoyait ses lecteurs au *Journal des savants*.

J'extrais les lignes que voici d'un livre qui a fait autorité au siècle dernier, le *Traité des facultés de l'âme*, de Garnier :

On fait mention, dit Bayle, d'un organiste aveugle, qui était fort habile dans son métier, et discernait fort bien toutes sortes de monnaies et de couleurs. Il jouait même aux cartes et gagnait beaucoup, surtout quand c'était à lui à faire, parce qu'il connaissait au toucher quelles cartes il donnait à chaque joueur. Aldrovand dit qu'un certain Jean Ganibasius de Volterre, bon sculpteur, étant devenu aveugle à l'âge de vingt ans, s'avisa, après un repos de dix années, d'essayer ce qu'il pourrait faire dans son métier. Il toucha fort exactement une statue de marbre qui représentait Cosme Ier, grand-duc de Toscane, et en fit après cela une d'argile, qui ressemblait si bien à Cosme que tout le monde en fut étonné. Le grand-duc Ferdinand envoya ce sculpteur à Rome, où il fit une statue d'argile qui ressemblait parfaitement à Urbain VIII.

Abercrombie dans ses célèbres *Recherches sur les facultés intellectuelles*, et Taine, ensuite, dans son traité *De l'Intelligence*, répètent, après Diderot, que « Saunderson, le mathématicien aveugle, pouvait distinguer avec la main, dans une série de médailles romaines, celles qui étaient vraies et celles qui étaient fausses[1] », que « deux aveugles pouvaient dire les noms de plusieurs pigeons apprivoisés avec lesquels ils s'amusaient dans un petit jardin, rien qu'à les entendre voler au-dessus de leurs têtes ».

Sans chercher à démêler la part de vérité que peut contenir chacun des exemples précédents, tâche fort délicate, il suffit de considérer quelles autorités nous les allèguent pour nous assurer qu'une grande incertitude règne dans les esprits sur les facultés des aveugles. Quiconque se plaît à cette psychologie de fantaisie lira avec satisfaction le livre que James Wilson a publié au siècle dernier sous le titre de : *Biographie des aveugles*. C'est le rendez-vous de toutes les légendes abracadabrantes qui ont eu cours sur ces sujets. On y voit les prétendus miracles que l'ouïe et le toucher accomplissent quand la perte de la vue leur a donné une puissance magique. On y rencontre des aveugles qui tiennent le rôle de cochers; d'autres découvrent, au bruit de son trot, la cécité d'un cheval

---

[1]. Dans leur pensée, comme dans la pensée de Diderot, ce serait d'après le dessin de ces médailles, et non d'après le poli des arêtes, que Saunderson aurait jugé de leur authenticité; et pourtant, ajoute Diderot, les médailles fausses soumises à son examen étaient si parfaitement imitées qu'elles trompaient les plus habiles connaisseurs voyants.

et la révèlent à des clairvoyants qui, malgré le plus minutieux examen, ne l'avaient pas soupçonnée. La critique aux hésitations chagrines n'a pas effleuré ces récits, et c'est ce qui les rend instructifs : ils nous renseignent non certes sur ce que peuvent les sens, mais sur ce que peuvent la crédulité et l'imagination des hommes.

Dans toutes ces légendes, et dans certaines allégations trop légèrement reçues par des psychologues, il faut voir les restes d'une croyance vivace chez certains peuples primitifs. L'étonnement qu'on éprouvait à voir certains aveugles agir et participer à la vie commune leur faisait attribuer des facultés surnaturelles. Dans l'ancienne Grèce, non seulement Homère, qui connaissait les destinées des dieux, mais Tirésias et la plupart des devins avec lui étaient aveugles. En Corée les aveugles sont encore aujourd'hui entourés de respect parce qu'ils ont le don de double vue. Ils gagnent leur vie, et très largement nous assure-t-on, en dévoilant aux malheureux mortels les mystères de leurs destinées. En échange de la vue dans l'espace, une vue dans l'avenir, infiniment plus précieuse leur a été donnée. Ils développent parfois cette faculté naturelle dans des écoles où on leur enseigne les pratiques de l'art magique. On les emploie à exorciser les âmes et à guérir les malades. En Turquie on les utilise surtout à réciter le Coran. Ils le débitent sans le comprendre et leurs prières passent pour être à la divinité plus agréables que celles des autres hommes. Aussi les recherche-t-on dans les funérailles et dans toutes les cérémonies religieuses. En Russie un dicton populaire assure « que c'est Dieu qui instruit les aveugles et que c'est surtout en eux que ses œuvres se manifestent ».

On ne croit plus dans les pays civilisés que l'aveugle possède le don de la divination ou un pouvoir particulier auprès des puissances célestes, mais il arrive encore qu'on accorde à ses sens une acuité miraculeuse. Comment concilier ces exagérations avec les exagérations en sens inverse de ceux (et ils sont légion) qui regardent les aveugles comme de véritables impotents? Ceux-ci sont les esprits massifs. Tant de faits constatés depuis cent vingt-cinq ans que l'on instruit méthodiquement les aveugles, tant de musiciens de mérite et d'ouvriers habiles n'ont rien pu pour les convaincre. Rencontrent-ils un aveugle adroit, ils s'étonnent d'abord, *a priori* ils le regardent comme un phénomène, le classent à part de ses congénères, puis vite le souvenir même de leur étonnement s'efface. Ils traiteront toujours l'aveugle comme un être étrange, qui ne jouit que d'une vie très réduite, un être paralysé et presque anesthésié. Ils verront en lui jusqu'au bout un meuble inutile et encombrant.

Une notion juste de la suppléance des sens et des effets qu'elle est susceptible de produire, pourrait seule prévenir ces jugements extrêmes, aussi néfastes les uns que les autres. L'admiration sans mesure n'est guère moins funeste aux travailleurs aveugles que la pitié méprisante. Elle procède de la même ignorance. Elle a pour effet elle aussi de les tenir à l'écart du commerce des hommes. Tant qu'une connaissance exacte des moyens d'action dont il dispose et des effets qu'on en peut normalement attendre ne se substituera point à ces impressions confuses, l'aveugle souffrira d'être un incompris parmi ses semblables.

II

On croit volontiers que chez l'aveugle les sens survivants ont une finesse plus grande que ceux des clairvoyants, qu'ils sont capables de percevoir des excitations plus faibles. C'est ainsi qu'on interprète en général la suppléance des sens. Plusieurs psychologues ont défendu ce point de vue qui est presque universellement admis.

MM. Griesbach et Kunz ont fait à ce sujet quelques milliers d'observations. Ils en ont conclu que cette opinion commune est erronée [1].

A l'aide de l'esthésiomètre, ils ont comparé le toucher de nombreux sujets aveugles avec celui de sujets

---

[1]. On trouvera les articles de Griesbach dans Pflüger's Archiv, t. LXXIV, pp. 577 à 638; t. LXXV, pp. 365 à 426 et 523 à 573, sous le titre : *Vergleichende Untersuchungen über die Sinnesschärfe Blinder und Sehender*. En voici les principales conclusions, d'après *l'Année psychologique*, t. VI, p. 518 :

« 1° Le pouvoir de distinction pour les impressions tactiles est le même, au repos, chez les aveugles et chez les clairvoyants; la différence de perceptivité serait plutôt en faveur des clairvoyants;

« 2° Chez les aveugles-nés, l'acuité tactile est un peu moindre que chez les voyants; dans quelques cas, chez les aveugles-nés, toutes les sensibilités sont défectueuses;

« 3° Les aveugles sentent moins bien à la pointe de l'index que les voyants; il y a souvent chez eux une différence dans le pouvoir perceptif des deux index;

« 4° Chez les aveugles, il faut une plus forte excitation que chez les voyants, pour provoquer, surtout à la main, une sensation tactile nette;

« 5° et 8° Il n'y a aucune différence entre aveugles et voyants, ni sous le rapport de la localisation des sons, ni sous celui de la finesse de l'ouïe (pour les sons produits à distance);

« 6° Le pouvoir de localiser les sons varie autant chez les aveugles que chez les voyants, et est tout à fait individuel;

« 7° En général, la localisation binauriculaire est plus précise que n'est la localisation monoauriculaire;

« 9° Il n'y a pas de rapport défini, ni chez les aveugles, ni chez les voyants, entre la faculté de localisation et l'acuité auditive;

« 10° Il n'y a aucune différence entre aveugles et voyants sous le rapport de l'acuité olfactive. »

J'aurai lieu de contester plus loin, sur des points de détail, ces conclusions de Griesbach. Du moins il a solidement établi cette vérité, que les sens des aveugles ne sont pas supérieurs en acuité à ceux du clairvoyant. Les recherches de M. Marcel Foucault ont sur ce point confirmé entièrement son opinion.

clairvoyants. On sait en quoi consiste l'esthésiomètre : c'est une sorte de compas dont les pointes sont appliquées à l'endroit de la peau dont on veut mesurer la sensibilité tactile; quand elles sont très rapprochées l'une de l'autre, elles ne provoquent qu'une sensation unique. On les écarte jusqu'au moment où elles sont perçues séparément, et produisent par conséquent deux sensations distinctes. L'écartement mesure la sensibilité du sujet qui croît en raison inverse de la distance qui sépare les pointes. Or, chez les aveugles il n'a pas été moindre que chez les clairvoyants. Chose singulière même, l'index des aveugles, le doigt lecteur, celui qui est le plus exercé, s'est montré moins sensible que les autres doigts. De même, un bruit donné n'est pas perçu par un aveugle à une distance plus grande que par un clairvoyant.

L'opinion contraire était si bien reçue comme un axiome que pendant longtemps les expérimentations les plus consciencieuses ne manquaient pas de la vérifier. Czermak, Goltz, Gaertner, Hocheisen, Stern l'ont tour à tour corroborée par leurs observations. Nos appareils de laboratoire pensent; ils partagent nos préjugés[1]. L'esthésiomètre a souvent proclamé la supériorité du sens du lieu de la peau chez l'aveugle. En bonne logique cette supériorité, chez un aveugle-sourd, devenait écrasante. Chez Laura Bridgman qui était privée de quatre sens on se devait de constater, et on a constaté en effet, une sensibilité tactile esthésiométrique deux ou trois fois plus grande que celle des personnes normales. Malheureusement des mesures ont été prises depuis sur d'autres aveugles-sourds, et elles n'ont pas du tout confirmé ces résultats. Même chez Helen Keller la sensibilité tactile

---

[1]. Suivant la manière dont l'expérimentation est conduite, suivant la matière dont les pointes de l'esthésiomètre sont constituées et suivant leur acuité, l'examen esthésiométrique donne des résultats très variables.

n'a pas paru à M. Jastrow être notablement supérieure à la normale.

C'est là une constatation instructive. Nous savions sans aucun doute qu'il ne suffit pas de devenir aveugle pour qu'aussitôt l'acuité des autres sens se trouve doublée. Nous savions que la suppléance ne cache aucun miracle, qu'elle n'est pas une sorte de compensation providentielle et mystérieuse par laquelle la Nature dédommagerait ses victimes. Nous tenions pour certain qu'elle est due exclusivement à l'exercice intense auquel les sens survivants sont soumis. Mais on pouvait croire que l'effet de cet exercice était de rendre les organes sensibles à des impressions moindres. A considérer l'acuité singulière que, dans le somnambulisme et dans certaines maladies, chacun des sens, l'ouïe et le toucher principalement, sont susceptibles d'acquérir, une pareille hypothèse n'avait rien d'invraisemblable. En fait elle ne se vérifie pas. Bien que les limites de l'acuité sensorielle ne soient pas marquées par des bornes immuables, il ne semble pas que l'acquisition se fasse de ce côté. L'excitation minimum nécessaire pour provoquer une sensation tactile ou auditive n'est pas moindre chez l'aveugle que chez le clairvoyant[1].

N'allons pas dire cependant avec MM. Griesbach et Kunz qu'elle est plus grande. Le paradoxe a des séductions dangereuses. Les tables d'observations qu'ils ont dressées sont étrangement constantes à proclamer contre toute attente l'infériorité sensorielle des aveugles. Non seulement leur toucher et leur ouïe, mais leur odorat aurait perdu de son acuité. L'olfactomètre de Zwaardemaker consiste essentiellement

---

[1]. Des observations analogues faites sur les sourds-muets par M. Ferrari semblent nous autoriser à généraliser cette conclusion et à dire que la perte d'un sens ne rend pas les autres sens susceptibles d'être impressionnés par des excitations plus faibles.

en un tuyau de caoutchouc que l'on bouche au moyen d'un tube de verre et que l'on recouvre entièrement à l'aide d'un second tube également en verre. Quand le caoutchouc est recouvert sur toute sa surface il ne laisse échapper aucune émanation susceptible d'impressionner l'odorat, mais plus on le fait sortir de sa gaine et plus ses émanations se font abondantes. Pour impressionner l'odorat des aveugles il faudrait en moyenne, nous assure-t-on, découvrir le caoutchouc de l'olfactomètre davantage que pour impressionner l'odorat des clairvoyants.

Il ne faut pas conclure de ces observations que chez les aveugles la puissance de perception est diminuée et que, quand un sens se perd, les autres tendent par cela même à s'émousser. Ce serait, je crois, partager une erreur dans laquelle les psychophysiciens tombent trop souvent lorsqu'ils expérimentent sur les aveugles. Nous ne saurions trop leur rappeler qu'il y a aveugle et aveugle, qu'à ne pas distinguer entre les différentes catégories on s'expose à de graves mécomptes. Beaucoup d'aveugles doivent leur infirmité à une constitution débile, à des tares profondes telles que la tuberculose, la syphilis ou l'alcoolisme, à une hérédité de parents consanguins. D'autres ont perdu la vue par suite de quelque maladie qui a gravement affecté des organes essentiels, le cerveau, la moelle épinière, le système nerveux tout entier. Tous ceux-là sont des aveugles sans doute, mais d'autres infirmités se joignent chez eux à la cécité. La cécité n'est pas la cause de ces infirmités. Nous ne pouvons pas la rendre responsable de la déchéance qu'elles entraînent. Si nous voulons mesurer ses effets, qui ne voit que nous devons les étudier chez les aveugles sains, chez des aveugles qui ne sont qu'aveugles ?

Quand M. Binet nous assure que chez nombre d'aveugles il a trouvé un crâne moins développé que le crâne moyen des clairvoyants, je suis persuadé que ses mesures sont exactes, mais aussi qu'elles ne prouvent rien et je n'en conclus pas avec lui que la cécité est une cause de dégénérescence cérébrale; il faudrait savoir si ses sujets ne sont pas aveugles parce que dégénérés, et non dégénérés parce qu'aveugles. Il eût fallu écarter avec soin les anormaux de tout degré pour ne pas fausser nos résultats. Il eût fallu examiner non des aveugles pris au hasard, mais des sujets qu'un accident, qu'une blessure eût privés de la vue, des aveugles traumatiques comme on dit quelquefois.

Si les tables de Griesbach sont si défavorables aux aveugles, c'est parce que, sans doute, dans un souci mal compris d'impartialité scientifique, on a évité de faire un choix parmi les sujets examinés, on a reçu sinon des dégénérés complets, du moins des demi-dégénérés, des êtres incomplets, plus ou moins endommagés par des misères individuelles ou des tares ataviques. Voilà pourquoi la prétendue infériorité des aveugles sous le rapport des sens n'apparaît que lorsqu'on considère les moyennes. A regarder non plus des groupes mais les individus, tel aveugle rivalise fort bien en acuité de sensation avec n'importe quel voyant. Cela aussi les tables de Griesbach le montrent fort bien. Donc la cécité ici n'est pas en cause, et c'est ne voir qu'un côté du problème que de dire avec MM. Griesbach et Kunz que, lorsqu'un sens disparaît, les autres s'émoussent par sympathie.

III

Les deux théories se réfutent l'une l'autre : il semble bien que la perte de la vue soit sans influence directe sur l'acuité des autres sens. La doctrine du vicariat des sens, qui en dernière analyse voudrait nous faire admettre qu'un individu doué du seul sens du goût parviendrait à une vie aussi riche que les êtres normaux, paraît aussi peu justifiée que la doctrine opposée en vertu de laquelle Laura Bridgman, qui n'avait que le seul sens du toucher, n'aurait pu tirer de ce sens unique que des informations négligeables. En revanche, la cécité peut placer l'individu dans des conditions favorables ou défavorables à la culture de tel ou tel sens. C'est alors d'une suppléance d'ordre purement psychologique qu'il peut être question.

Beaucoup d'enfants aveugles sont lamentablement négligés par leurs parents. Je sais une fillette qui, à près de quatre ans, n'a pour ainsi dire pas encore quitté sa petite chaise. Chaque matin le père et la mère, obligés d'aller gagner le pain de la famille, l'y attachent solidement afin de la mettre à l'abri des heurts. De la sorte ils s'assurent que la petite infirme ne se fera pas de mal. Une sœur de quelques années plus âgée a la charge de veiller sur elle. Mais l'enfant, on le conçoit, ne songe qu'à s'amuser : à peine ses parents ont-ils quitté la maison qu'elle court le village avec ses camarades. Le soir, quand tous se retrouvent, on détache la petite aveugle pour la porter au lit. Ai-je besoin de dire que, malgré ses quatre ans, elle n'a encore nulle notion de propreté, qu'elle n'a appris à se servir ni de ses jambes, ni presque de ses mains ? Il est clair que si l'on n'y met ordre tous ses sens s'assoupiront dans une sorte de léthargie. La cécité en sera-t-elle la cause? Oui, sans doute, mais la cause tout à fait indirecte. Elle a ôté aux sens de cette enfant l'occasion de s'exercer, et partant de se développer. Mais supposez qu'au lieu de la tenir ainsi à la chaîne on se soit efforcé de la mêler le plus possible à la vie, qu'on l'ait obligée à se rendre compte de tout, à tenir son rôle dans les jeux de ses sœurs, à faire mille choses par elle-même. Alors, tout au contraire, la cécité l'aurait contrainte à exercer d'une manière exceptionnelle son toucher et son ouïe, et elle aurait ainsi favorisé leur développement.

Car la cécité peut parfaitement favoriser le développement de l'ouïe et surtout du toucher. Heureusement même, elle est pour eux une occasion de se développer beaucoup plus souvent qu'une occasion de s'émousser. Dire que chez l'aveugle le toucher ne devient pas sensible à des excitations plus faibles, ce n'est pas dire qu'il ne se perfectionne pas. Il y a d'autres manières pour lui de se perfectionner. Je ne sais si MM. Griesbach et Kunz n'ont point trop oublié cette distinction. Ils semblent trop soucieux de démontrer que le toucher de l'aveugle est inférieur à celui du clairvoyant. Que l'aveugle ne perçoive, en général, qu'une seule sensation quand les deux branches de l'esthésiomètre sont écartées d'un millimètre et demi, il est possible; cela n'empêche pas qu'il est capable de tirer de son toucher des services exceptionnels. Que son index réclame même un écartement plus grand que les autres doigts, je le veux encore. Cela n'empêche pas que ce même index ne parvienne à percevoir jusqu'à deux mille et deux mille cinq cents points de Braille à la minute, à les percevoir avec assez de netteté pour en bâtir des lettres, des mots et des phrases, tandis que l'index d'un clairvoyant inexpérimenté distingue à grand'peine le nombre de points dont une lettre est composée. L'esthésiomètre donne de précieuses informations, mais il ne faut lui faire dire que ce qu'il peut dire. La psychophysique nous renseigne avec exactitude sur les opérations les plus simples, mais les plus complexes échappent le plus souvent à ses moyens d'investigation et à ses mesures. Quand l'entendement s'applique aux données simples des sens, il les enrichit de sa substance, il les combine avec des éléments multiples, il leur donne une signification et une portée nouvelles. C'est par la manière dont elles sont interprétées par l'entendement de l'aveugle que ces perceptions de l'ouïe et du toucher, identiques en substance à celles du clairvoyant, l'emportent pourtant en général de beaucoup sur elles.

Un officier, qui voit évoluer à la fois sous ses yeux un nombre d'hommes souvent très élevé, aperçoit parfois dès le premier regard jeté sur cette foule d'uniformes une irrégularité même insignifiante dans la tenue d'un soldat, un bouton qui manque, des chaussures de fantaisie, des cheveux trop longs, que sais-je encore. Elle a échappé pourtant au promeneur qui, depuis une heure, concentre son attention à suivre tous les mouvements des hommes. Serait-ce que la vue de l'officier est plus perçante? Mesurez-la, vous constaterez qu'il n'en est rien. Peut-être même est-elle plus faible. Mais, grâce à une éducation spéciale, sa conscience sait mettre en relief, parmi les données des sens, celles qui intéressent l'exercice de sa profession. Pour un blanc qui débarque en Chine, tous les jaunes se ressemblent d'abord; au bout de quelques jours la pratique lui a appris déjà à les distinguer. Est-ce à dire qu'en ce peu de temps sa vue s'est affinée?

Cette supériorité de l'aveugle, bien entendu, est tout accidentelle. Elle vient des conditions de vie qui lui sont faites, et il suffirait que le clairvoyant se soumît aux mêmes exercices pour se l'assurer. Jean-Jacques Rousseau voulait que son Emile fût aussi adroit qu'un aveugle dans l'obscurité, et qu'il conduisît tous ses sens au plus haut degré de perfectionnement dont ils sont capables. Ce que les circonstances font, la volonté peut le faire. Elle y parvient pourtant moins aisément : toute la vie, en effet, jusque dans ses moindres actions, contribue à développer le toucher de l'aveugle. Un clairvoyant devrait se condamner à une existence bien artificielle pour se mettre dans des conditions aussi favorables. Que dirions-nous d'un homme qui jouirait de ses deux yeux et qui s'obligerait néanmoins à ne lire que des livres en système Braille? En principe du moins, le clairvoyant peut s'assurer indubitablement toutes les conquêtes de l'aveugle.

Il n'y faut pas voir, comme on le fait trop souvent, une sorte d'héritage que, à la mort d'un de leurs frères, les sens survivants viendraient à se partager. J'y vois plutôt l'image d'un atelier que viendrait de quitter subitement l'un de ses ouvriers, le plus actif de tous et le plus intelligent, un de ces travailleurs d'élite qui, par le seul ascendant de leur supériorité, réduisent à presque rien l'initiative de leurs compagnons et accaparent peu à peu la direction effective de la maison. Sans doute devant l'énorme surcroît de besogne qui leur incombe, les ouvriers restants peuvent, par découragement, se laisser aller à travailler moins que par le passé, et à réduire d'autant, avec la production commune, le salaire de chacun d'eux, mais, s'ils sont vaillants, ils peuvent, en revanche, redoubler d'efforts et profiter du besoin impérieux où le patron est de leurs services pour améliorer leur situation matérielle. Que leur camarade, au reste, au lieu de se retirer, eût seulement renoncé en leur faveur à une partie de la tâche qui lui était confiée, et le résultat pour eux eût été identique.

En dernière analyse, cette faculté d'interprétation qui permet aux sensations tactiles de l'aveugle de suppléer, dans une certaine mesure, les sensations visuelles, se réduit, je crois, à trois particularités essentielles : l'art de toucher, une faculté plus grande d'associer des éléments psychiques très variés avec les impressions tactiles, et une mémoire plus développée de ces impressions.

IV

Il y a voir et regarder, entendre et écouter. Il y a de même toucher et palper. Le médecin palpe l'estomac de son malade, le drapier palpe ses étoffes. Mais en dehors de quelques cas particuliers, le clairvoyant ne palpe pas. Il n'est pas habitué à demander aux impressions tactiles les renseignements qui lui sont nécessaires, ou il ne leur en demande qu'un minimum.

L'aveugle, au contraire, palpe sans cesse, et c'est du toucher qu'il attend les informations d'où dépend sa préservation, et qui dirigeront son activité. Il lui demande non seulement des masses de connaissances que l'œil donne aux autres plus aisément et plus sûrement, mais encore des renseignements que l'œil semble seul pouvoir fournir. C'est à la chaleur de l'ampoule qu'il jugera si l'électricité est allumée. D'après le grain des laines qu'elle emploie, la tricoteuse aveugle en distinguera les couleurs et les assortira dans son travail.

Inversement les clairvoyants sont portés à juger par la vue même des qualités sensibles qui ressortissent directement au toucher, dont le toucher seul est juge compétent. Entre un papier fin et une mousseline de même couleur la différence est tactile beaucoup plus que visuelle, et néanmoins c'est par la vue qu'ils les distinguent le plus souvent. Une simple inspection les avertit si une étoffe est rugueuse, si un corps est dur, même parfois s'il est lourd ou léger. Un effet d'ombre et de lumière, des représentations visuelles généralement associées aux impressions tactiles de rugosité ou de pesanteur leur épargnent la peine de tendre la main.

Voilà pourquoi, même lorsqu'ils les touchent, la vue empêche les clairvoyants de recueillir des objets toutes les impressions tactiles qu'ils seraient susceptibles d'en recevoir. L'aveugle ne perçoit rien par le toucher, en maniant une pièce de monnaie, que le clairvoyant ne puisse percevoir de même, mais, pour distinguer cette pièce des pièces d'autre valeur, il a besoin d'en observer les moindres caractères tactiles. Le clairvoyant n'a que faire d'y attacher son attention puisqu'un regard rapide suffit à le renseigner. L'impression visuelle cache et, en quelque sorte, annule l'impression tactile.

Le même phénomène se remarque encore, au second degré si je puis dire, chez les aveugles-sourds. On dirait que la suppléance des sens, dont le rôle est, non de créer sans doute, mais de mettre en lumière des ressources de plus en plus cachées à mesure que nous descendons l'échelle des infirmités, s'ingénie à leur trouver de nouvelles compensations. Derrière les sons et masquées par eux à la conscience des entendants, elle découvre des impressions tactiles nouvelles, comme elle en découvre pour les aveugles-entendants derrière les objets de la vue. Les aveugles-sourds tirent des vibrations mille indications précieuses. Par les vibrations seules ils percevront que la porte de l'appartement s'ouvre ou se ferme, qu'un tambour bat à quelques mètres devant eux. Ils reconnaissent non seulement qu'une troupe de soldats passe dans la rue, mais qu'une personne s'avance vers eux. Au mouvement particulier qu'elle imprime au parquet, les plus habiles distinguent même quelle est cette personne pour peu qu'elle soit de leurs familiers.

M. Malossi, aveugle-sourd depuis l'âge de six ans, est mécanicien à l'Institut des aveugles de Naples, et c'est d'après les vibrations tactilement perçues qu'il dirige les mouvements de ses machines. A poser la main simplement sur la nuque d'un de ses compagnons, son toucher lui apprend s'il parle ou garde le silence, s'il rit ou pleure. M. Guégan, bien que sa surdité soit complète, m'assure qu'il est parfois arraché brusquement à son sommeil par les pas d'un visiteur qui pénètre dans sa chambre; il n'est pourtant alors en communication avec le plancher, sans doute un peu mobile, que par les pieds de son lit.

A toucher légèrement les organes extérieurs de la parole chez leurs interlocuteurs, on sait que certains aveugles-sourds parviennent fort bien à suivre une conversation. Helen Keller, à cet effet, pose simplement le pouce sur le larynx, l'index sur les lèvres et le troisième doigt sur le rebord de l'une des narines. M. le professeur Stern, dans la visite qu'il lui a rendue, s'est ainsi parfaitement fait comprendre d'elle, bien que sa barbe et sa prononciation imparfaite de la langue anglaise fussent des obstacles sérieux, et bien que plusieurs noms propres se fussent glissés dans le dialogue. Il a assisté à une conversation aisée et rapide entretenue par Helen Keller au moyen de ce procédé avec l'une de ses amies.

Elle connaît et distingue au toucher les bruits de diverses machines et les cris des différents animaux, comme nous les distinguons à l'audition. Bien plus, dans les cris d'un même animal elle démêle bien des nuances différentes : du miaulement au ronronnement le chat a pour elle aussi diverses manières de s'exprimer, et l'aboiement de colère ne se confond pas pour ses muscles sensibles avec le jappement de caresse. Il va de soi qu'elle touche de même les vibrations musicales en posant simplement la main sur un instrument, piano ou violon, faculté qu'elle partage d'ailleurs avec beaucoup d'autres aveugles-sourds.

Un contact direct avec le corps en vibration n'est pas nécessaire. Quand M. Stern fut reçu chez Helen Keller, deux coups frappés sur la rampe avertirent l'aveugle-sourde de la présence d'un visiteur. Au cours de l'entretien, elle remarqua le passage d'un train qu'on entendait dans le voisinage.

De même, lorsque les aveugles-sourds sont doués d'un odorat fin, les besoins de la pratique leur font discerner dans les parfums des nuances subtiles qui échappent aussi bien aux aveugles-entendants qu'aux clairvoyants. Pour Helen Keller, chaque personne a son parfum particulier qui la fait reconnaître. Il en va de même pour Yves Guégan et pour Marie Heurtin. De cette dernière, M. Félix Thomas nous dit, par exemple :

> Son odorat est si subtil qu'il lui fait reconnaître les personnes bien avant qu'elle ait eu le temps de les toucher. Il semble même que chacune ait pour elle une odeur particulière, un signe distinctif comme chaque fleur a son parfum qui ne la trompe jamais. La prie-t-on, par exemple, de se rendre à l'ouvroir pour transmettre un avis à quelqu'une de ses compagnes, vivement elle se dirige vers la place habituelle occupée par son amie, et, si elle ne l'y trouve point, on la voit aussitôt qui s'arrête, tourne la tête lentement et cherche, en respirant, un indice qui la renseigne. Il est bien rare alors qu'elle cherche longtemps.

Toutes ces nuances subtiles des parfums et toutes ces vibrations, l'aveugle-entendant les percevrait sans doute lui aussi si les bruits qui emplissent ses oreilles ne le dispensaient pas, bien plus ne le détournaient pas de les remarquer. Comme ceux qui n'entendent pas il distinguerait sans doute ses amis au contact de leur main s'il ne trouvait dans leur voix un guide plus sûr. Nécessairement il doit trouver des ressources plus grandes encore dans les déchets de sensations que méprise le trop riche et dissipateur clairvoyant.

Et puis, en vertu du même principe, lorsqu'il s'agit non plus d'apprécier l'écartement de deux pointes mais de percevoir simultanément trois sensations ou davantage, de démêler au toucher les divers éléments d'un relief, l'aveugle reprend l'avantage sur le clairvoyant. Le professeur Cesare Colucci de Naples a mis cette supériorité en pleine lumière au moyen de ses expériences. Sitôt que nous passons de la sensation simple à des sensations plus complexes le rôle de l'esprit intervient dont la fonction première est de synthétiser les données des sens. Il bâtit ainsi les représentations des objets qui sont nécessaires à ses opérations. Il semble communiquer au doigt son avidité de savoir.

A son commandement, voyez comme l'index et le médius activent et coordonnent leurs mouvements d'investigation. Ils explorent l'objet dans tous les sens pour s'en faire une idée d'ensemble. Puis les voilà qui s'attachent aux différentes parties ; là effleurant seulement la surface, ici la pressant avec insistance, la frottant à diverses reprises, allant et revenant sur eux-mêmes, détaillant les moindres reliefs et se glissant dans toutes les sinuosités. Voyez, en revanche, à l'approche des objets dangereux ou fragiles, combien ses mouvements se font mesurés, sûrs, maîtres d'eux-mêmes. Vous tremblez de suivre l'index au bord d'une lame aussi tranchante ; il ne court aucun risque. Il a la précision d'un scalpel. L'œil du peintre tâte avec les mêmes alternatives de minutie et d'impatiente avidité le modèle dont il veut imprégner son imagination, mais jamais le doigt du voyant ne se fait à ce point le prolongement de son cerveau.

V

L'attention a donc pour rôle, en stimulant l'activité du doigt, de procurer à l'aveugle des sensations tactiles plus complexes, et surtout de conduire dans le plein jour de la conscience des sensations tactiles qui d'ordinaire passent inaperçues. Le rôle de l'association sera de donner à ces sensations tactiles une riche signification.

La faculté qu'a l'aveugle d'associer très richement les données du toucher entre elles et avec des éléments psychiques de toute nature, est à la fois la conséquence et le principe de cette avidité avec laquelle il palpe les objets. C'est parce que le doigt enquête avec précision que les éléments de connaissance fournis par lui sont propres à s'associer en vue de la pratique, et c'est, en revanche, parce que l'esprit a besoin d'éléments tactiles pour bâtir ses idées au moyen d'associations, que le doigt travaille avec tant d'activité.

L'esprit néglige bien souvent chez les voyants les matériaux fournis par le toucher. Ce n'est pas que le rôle du toucher soit médiocre dans leur formation intellectuelle. Les psychologues ont montré que c'est lui qui fait l'éducation de la vue et que nous lui devons les connaissances des propriétés essentielles des corps. Mais si sa part est grande dans le développement de l'intelligence, une fois que l'intelligence est arrivée à maturité, son activité se réduit en général, et les renseignements qu'il apporte, relativement en petit nombre, restent dans le demi-jour de la subconscience. L'esprit n'en tire presque rien parce qu'il trouve dans les données de la vue tous les matériaux dont il a besoin pour construire ses idées.

Chez l'aveugle, au contraire, où les matériaux visuels font défaut, l'esprit amasse les éléments fournis par le toucher, les éclaire les uns par les autres, les combine et les associe de mille manières. Des doigts lui viennent ses aliments les plus substantiels, il n'a garde de les négliger. Si le clairvoyant heurte son genou contre la muraille, s'il touche son fauteuil de la main, immédiatement les images visuelles de son genou et de son fauteuil se dressent dans son cerveau. Il en voit la couleur et la forme. C'est dire assez que les images tactiles sont pour lui sans prix; elles ne font qu'évoquer les images visuelles, celles dont il fait constamment usage. Bien mieux, supposez-le dans l'obscurité. Il se lève la nuit, il cherche son bougeoir sur sa table. Cette fois, au moins, pensez-vous, il n'a plus que le toucher pour se guider. Vous vous trompez. C'est encore la vue qui le secondera surtout. Immédiatement l'image de la table et des objets avoisinants se présente devant ses yeux dans les ténèbres, et c'est d'après cette image, d'après les objets qu'elle lui montre qu'il coordonne tous ses mouvements. Heurte-t-il son pouce sur l'encrier, l'image de l'encrier se détache dans sa vision, groupant autour de lui la statuette de Tanagra, le buvard, le classeur, le bougeoir, dans les positions respectives qu'ils occupaient la veille au soir, et lui fournit ainsi un utile point de repère. Chez l'aveugle il en est tout autrement. Même dans la veille c'est au moyen de représentations dont tous les éléments ont été fournis par le toucher qu'il coordonne ses mouvements. Les données qu'il lui doit sont tenues de s'agréger en systèmes de plus en plus complexes, et de ces systèmes elles forment le noyau de même que les données visuelles forment le noyau de toutes les représentations du clairvoyant.

C'est par cette faculté d'association que s'explique ce que l'on appelle volontiers le miracle de la lecture chez les aveugles. La lecture des aveugles n'a rien de plus prodigieux que la lecture des clairvoyants ; seulement, comme elle nous est moins familière, nous l'admirons davantage. Sans nul doute, s'il fallait que chacun des points fût perçu distinctement et dans la pleine lumière de la conscience, les mots se succéderaient avec une singulière lenteur et il faudrait bien du temps pour arriver au bas d'une de ces pages toutes criblées de petites bosses comme les feuilles où nos vers à soie déposent leurs œufs. Il n'en est rien, ni les points, ni les lettres, ni même les mots, je dirais presque ni les phrases dans leur contenu ne sont distinctement perçus. L'esprit va droit au sens, à la pensée qui seule l'intéresse. Toute lecture rapide suppose une somme prodigieuse d'associations grâce auxquelles un petit nombre de ses éléments suffit à suggérer la lettre, un petit nombre de lettres à suggerer le mot, un petit nombre de mots à suggérer la phrase ; l'esprit tirant de son propre magasin et suppléant tout ce qui, dans cette opération, reste dans l'ombre de la subconscience. Et les choses ne se passent point pour l'aveugle autrement que pour le clairvoyant : lui aussi va droit au sens et ne s'attarde pas à percevoir chacun des signes qui, par l'intermédiaire des yeux, l'évoquent dans la pensée.

VI

Dire que les données du toucher sont combinées dans de multiples associations, c'est dire qu'elles tiennent une grande place dans la mémoire de l'aveugle. Plus est grand le nombre des éléments de conscience auxquels une impression est agglutinée, plus aussi elle a de chances de revivre. Tout ce qui est isolé dans la conscience périt, et dans la vie psychique aussi il est vrai de dire que l'union fait la force.

On sait combien est imprécise l'expression vulgaire « avoir de la mémoire ». Il y a non une mémoire, mais des mémoires, autant de mémoires, disent certains psychologues que nous avons de sens. La mémoire auditive et la mémoire des mouvements du larynx sont souvent assez développées chez l'aveugle, mais surtout la mémoire tactile chez lui est caractéristique. Il est des aveugles qui retiennent avec une singulière précision les moindres accidents du terrain, et ils en tirent grand parti pour se diriger. Le profit escompté explique et la multiplicité des associations dans lesquelles ces impressions s'intègrent, et leurs facultés de reviviscence.

M. le Dr Desruelles a étudié récemment un cas intéressant de mémoire tactile chez un aveugle-né, le jeune Fleury, qui, sans être à proprement parler un calculateur prodige, présente des aptitudes notables pour le calcul mental. Presque inculte, médiocrement intelligent, présentant des signes de dégénérescence, il ne se distingue, comme la plupart des calculateurs de son espèce, et en particulier comme Inaudi, le plus célèbre d'entre eux, que par cette faculté de compter mentalement. Elle suppose une hypertrophie de la mémoire. Mais tandis que chez les autres la mémoire hypertrophiée est ou la mémoire visuelle, ou la mémoire auditive, ou la mémoire motrice-laryngée, chez notre aveugle la mémoire tactile plus que toute autre semble être utilisée. En calculant, il touche ses chiffres comme d'autres les voient ou les entendent. Ce n'est pas antérieurement à toute instruction, comme Inaudi, que Fleury s'est découvert son talent naturel de calculateur, mais seulement lorsqu'on lui a appris à connaître les chiffres tactiles de Braille. Il se représente, nous assure-t-on, pendant qu'il opère, les petits cubes qui servent à les figurer. Encore aujourd'hui il retient mieux les nombres quand il les a lus que quand il les a entendu énoncer.

L'interrogatoire de Fleury, dit M. Desruelles, nous donne en outre des renseignements précieux sur sa mémoire, et son attitude bizarre pendant qu'il calcule ne peut s'expliquer que par cette mémoire tactile. Il nous dit que, lorsqu'il calcule, il se représente l'appareil Braille[1] (composé de carrés de plomb), qu'il compte sur ses doigts, et, en effet, son attitude s'explique par ses déclarations. Lorsqu'il fait une opération ses doigts remuent avec une extrême rapidité. Avec la main droite il tient les doigts de la main gauche les uns après les autres, l'un représente les centaines, un autre les dizaines, un troisième les unités. Fébrilement, il promène les doigts sur le bord de sa veste, et il est curieux de le voir suppléer à ses images tactiles par des sensations qui correspondent à celles qu'il aurait en touchant ses

1. Il s'agit évidemment ici de l'appareil appelé *cubarithme*, qui est dû non à Braille, mais à MM. Oury, Matteï et Émile Martin. et dans lequel les chiffres sont représentés au moyen de petits cubes.

cubes. Il ne paraît pas écouter, comme le faisait Inaudi en calculant ; toute son attention est fixée aux mouvements de ses doigts et aux souvenirs éveillés et avivés par les sensations qu'il a en les touchant. Il semble donc bien que ce sont les images tactiles qui dominent pendant ces opérations et que sa mémoire est à type tactile prépondérant.

Miss Helen Keller semble nous présenter un autre cas bien remarquable de mémoire tactile. Étant sourde et aveugle, elle se sert coutumièrement de l'alphabet manuel des sourds, et c'est par la main qu'elle entend les conversations, qu'elle participe à la vie ambiante et que la plupart de ses idées lui sont venues. « Quand un passage de ses livres l'intéresse, nous dit-on, ou qu'elle désire le fixer dans sa mémoire, elle se le répète rapidement sur les doigts de la main droite, quelquefois aussi ce jeu des doigts est inconscient, elle se parle à elle-même dans l'alphabet manuel. Souvent, quand elle se promène dans le hall ou la véranda, on peut voir ses mains se livrer à une mimique effrénée, et les mouvements rapides de ses doigts forment comme un multiple battement d'ailes d'oiseau. » Cette particularité se retrouve même chez son institutrice, qui a contracté une grande habitude de converser avec elle. « Miss Sullivan déclare que son élève et elle se souviennent *dans leurs doigts* de ce qu'elles ont dit. » Comme dans le cas de Fleury, nous constatons ici une grande mémoire motrice en même temps qu'une mémoire tactile exceptionnelle.

VII

Tout ce que nous venons de dire pour le toucher, nous pourrions le répéter pour le sens de l'ouïe et nous avons lieu de remarquer qu'en ce qui le concerne, les choses se passent de même. Nous verrons l'aveugle observer et utiliser, pour se conduire, des impressions sonores extrêmement ténues que le clairvoyant perçoit lui aussi mais qu'il néglige. Nous verrons ces impressions, grâce à des associations multiples, lui fournir des renseignements que le clairvoyant demande habituellement à la vue. C'est ainsi que, pour apprécier les dimensions d'une salle il écoute le bruit de ses pas sur le plancher et leur répercussion sur les parois. Le clairvoyant lui aussi a observé bien évidemment que les bruits résonnent tout autrement à l'air libre et dans un puits resserré. Il ne lui faut pas un grand effort d'imagination pour comprendre qu'entre ces deux termes extrêmes il doit exister une échelle ininterrompue de sonorités qui, par d'insensibles variations, vont de l'un à l'autre. Mais il n'a pas eu besoin d'observer les sonorités diverses et leur relation aux dimensions des pièces closes où elles se produisent, parce qu'immédiatement et sans effort sa vue mesure l'horizon. Aussi ne les connaît-il point.

Pour l'ouïe, comme pour le toucher, le progrès est incontestablement dû au même principe, à l'activité de l'esprit qui interprète, enregistre et organise avec une économie plus parfaite les données sensorielles. Voilà comment il faut comprendre le vicariat des sens. L'esprit a pour fonction d'unifier les éléments qui lui sont fournis par les sens, de les coordonner, de les synthétiser en vue de l'action. Avide d'action, il aspire par toutes les fenêtres ouvertes l'aliment dont il vit, il réclame impérieusement à tous les sens les matériaux qui lui sont nécessaires. Soumis aux sens, il les commande au besoin et les transforme pour son usage. Nos perceptions, qui nous semblent venir exclusivement du dehors, sont en fait construites en bonne partie par lui. « Percevoir, dit M. Bergson, finit par n'être plus qu'une occasion de se souvenir. » L'élément venu du dehors est immédiatement submergé par un flot de souvenirs, et c'est ce flot qui donne à la sensation toute sa signification.

Chez le clairvoyant, dont les yeux sont ouverts sans cesse, toutes ces réserves de conscience qui animeront et vivifieront les impressions externes sont des images visuelles, et, de l'extérieur, les impressions visuelles presque seules ont la force de les évoquer en foule. Les sensations tactiles n'éveillent que peu ou point d'écho. Elles restent mortes, ou ne reçoivent qu'un commencement de vie. Elles ne sont que faiblement interprétées. Chez l'aveugle, dont les yeux sont clos, l'esprit bâtit de manière tactile tout le substratum de la conscience, et ce sont les impressions tactiles qui ébranlent profondément toute la masse cérébrale. Elles reçoivent un maximum d'interprétation. Elles sont enrichies de tout l'acquis de la personnalité.

Ce sont deux mondes hétérogènes. Aussi le clairvoyant, auquel toute cette vie des impressions tactiles est étrangère, s'imagine souvent avec peine ce que peut être l'activité de l'aveugle. Il y voit un mystère. Il est tout imprégné de cette persuasion que si ses yeux se fermaient, sa vie active se briserait et sa conscience se viderait en quelque sorte de son contenu. Comment en serait-il autrement, puisque tout en lui est vision? Il ne se dit pas que l'esprit qui veille en lui rattacherait sa vie d'hier à celle de demain, relierait les impressions visuelles du passé aux impressions auditives et tactiles qui de jour en jour prendraient plus d'importance, et de jour en jour seraient fécondées davantage. Jusque chez les aveugles sourds, il sait opérer le miracle d'une vie complète. Il se cramponne au peu d'organes qui nous restent, et, riche des hérédités accumulées, il en tire des ressources inattendues.

Dans l'hypothèse du sens commun, qui voit dans la suppléance des sens une sorte de compensation de la nature, à quelle prodigieuse finesse ne parviendraient pas les sens de ceux qui, à la privation de la vue, joignent encore la privation de l'ouïe ! Les faits la confondent. A M. Kunz, en revanche, qui prétend que la perte d'un sens tend à émousser les autres sens, je demanderai comment il est possible que tant d'aveugles devenus sourds continuent à se servir aussi habilement que par le passé de leur odorat et de leur toucher; comment quelques sourds-aveugles, frappés dès la première enfance, lorsqu'on a pu percer l'épaisse couche de ténèbres dont leur esprit est enveloppé, et éveiller en eux la pensée assoupie, sont parvenus à un si haut degré de culture et à une adresse relativement si remarquable. Exciter l'activité vitale, le désir de vivre, le besoin d'agir, tout est là. Le rendement des sens, si l'on peut ainsi s'exprimer, pour peu que les organes soient sains, dépend de l'énergie psychique plus que de tout autre facteur peut-être. Ecoutez Helen Keller, dont les yeux sont hermétiquement clos, les oreilles éternellement silencieuses, murée dans sa prison d'airain, écoutez-la nous dire : « Il me semble parfois que toutes mes fibres sont des yeux ouverts pour percevoir l'immense foule des mouvements de cette mer de vie dans laquelle nous plongeons ».

CHAPITRE V

Le sens des obstacles.

I

L'une des manifestations les plus typiques de cette suppléance des sens nous est fournie par ce qu'on appelle communément le sens des obstacles ou encore, très improprement comme nous le verrons, le toucher à distance. Il s'agit de cette faculté qu'ont la plupart des aveugles de pressentir à quelque distance la présence des objets auprès desquels ils passent ou contre lesquels ils sont sur le point de se heurter. Ils localisent, en général, sur le front ou sur les tempes ces sensations, et seuls ou presque seuls sont perçus les objets qui se trouvent à la hauteur du visage. Un aveugle doué de cette faculté, rencontrant un arbre sur son chemin, au lieu de se jeter dessus s'arrêtera fort bien à un ou deux mètres de lui, quelquefois davantage, le contournera, et poursuivra ensuite sa route avec assurance. Tous ceux qui ont étudié les aveugles ont signalé ce fait. Il est mentionné déjà dans la Lettre de Diderot sur les aveugles.

On a cru reconnaître là des sensations d'un ordre nouveau. On a parlé d'un sixième sens des aveugles, et ce terme de sixième sens est même le plus communément employé pour désigner ces phénomènes. C'était toujours l'ancienne conception de la suppléance : l'éclosion d'une faculté nouvelle venait préserver l'aveugle des accidents auxquels l'exposait son infirmité.

En fait, si les nombreux physiologistes qui, depuis une dizaine d'années, ont étudié le sens des obstacles sont fort peu d'accord entre eux et en fournissent des explications très diverses, personne n'admet plus qu'il y ait là des sensations *sui generis*. Il est vrai que M. Wœlfflin parle d'une sensibilité particulière du *nervus trigeminus* et d'émanations des objets qui n'auraient pas encore été étudiées, mais tous les autres observateurs s'accordent pour rapporter ces impressions à des sensations déjà connues, sensations de pression, sensations de température, sensations d'audition. Les divergences ne commencent que lorsqu'il s'agit de choisir entre ces différents ordres de sensations.

On doit admettre aussi que le sens des obstacles n'est pas propre aux aveugles. On a constaté son existence chez un bon nombre de clairvoyants. La plupart d'entre eux, sans doute, n'en ont pas conscience. Il est, en effet, constitué d'impressions si sourdes que sans un effort d'attention elles ne sont pas perçues. Or, elles sont inutiles au clairvoyant que ses yeux avertissent de si loin de la présence d'un objet. Faute d'emploi elles restent donc chez lui incultes et généralement inaperçues. Mais quelques personnes, en se livrant à des promenades nocturnes, dans une profonde obscurité, en ont observé en elles-mêmes des traces plus ou moins développées. M. Kunz les a reconnues chez quelques sujets en leur bandant les yeux.

M. G..., dont le champ visuel est depuis quelques années singulièrement réduit, m'écrit que, lorsque les obstacles occupent ce champ visuel, leur présence lui est révélée par la vue seule, mais que, lorsqu'ils sont placés en dehors, des sensations au front et aux temps lui permettent de les deviner. Dans ce dernier cas, la puissance inhibitrice de la vue est mise en pleine lumière.

On peut donc conclure que, ici encore, il n'y a rien de nouveau chez l'aveugle que l'utilisation de propriétés physiologiques que le voyant possède et qu'il néglige.

Je ne conclus pas de là, d'ailleurs, avec M. Kunz, que, à quelque âge qu'on devienne aveugle, on a des chances égales de posséder le toucher à distance. Ce sont là des exagérations que l'expérience confond. En fait, il est des aveugles tard venus à la cécité qui n'en sont pas privés, mais ils sont relativement peu nombreux, et ce sont en général des aveugles frappés dans la jeunesse qui évitent les obstacles avec le plus de sûreté et qui les pressentent aux plus grandes distances.

II

Circonscrit de la sorte, le problème ne paraît plus présenter de grandes difficultés. Pour choisir entre les diverses causes proposées, entre les impressions de chaleur dont parle le D' Crogius, les sensations de pression que soutient M. Kunz, et les sensations d'audition qui ont M. Truschel pour principal avocat, il semble qu'il n'y ait qu'à interroger quelques aveugles, et, au besoin à faire quelques expérimentations destinées à contrôler leurs assertions.

Mais les aveugles interrogés hésitent et se contredisent. Si la grande majorité d'entre eux affirme qu'il s'agit d'un toucher à distance, les plus réfléchis, ceux qui ont l'habitude de l'observation, sont obligés d'avouer que le phénomène leur paraît complexe et qu'ils en ignorent la cause. Et puis l'expérimentation, toujours délicate en psychologie quand elle cherche à mettre en évidence non les phénomènes, mais leurs causes, se heurte ici à un obstacle particulier : les sensations à étudier sont extrêmement instables. Elles s'altèrent avec les moindres variations des conditions externes ou des dispositions internes du sujet. L'état atmosphérique suffit à les modifier grandement. La fatigue, un mal de tête, une préoccupation les réduisent parfois dans des proportions incroyables. A deux minutes d'intervalle j'ai vu un même sujet pressentir une planche qu'on lui tendait à 0^m,90, puis ne plus la percevoir qu'à 0^m,35 ou 0^m,40, sans que rien en apparence ait été changé dans les conditions de l'expérience.

Malgré ces difficultés nous sommes en droit de penser, je crois, que l'audition fait en bonne partie les frais de ce prétendu toucher à distance. La première impression est trompeuse. Les aveugles perçoivent par l'oreille ce qu'ils pensent percevoir par la peau. Je ne veux pas dire qu'en certains cas un rayonnement de chaleur ou la pression de l'air ne puissent pas augmenter la sensation auditive : si l'obstacle est à une température plus élevée que le milieu dans lequel il plonge, si nous avons affaire à une ampoule électrique allumée, par exemple, il est clair que la chaleur qui s'en dégage impressionnera le front. Si, après avoir longé un mur continu qui vient tout à coup à s'interrompre, je traverse une rue tombant perpendiculairement sur mon chemin, le plus souvent un léger courant d'air me soufflant au visage m'avertira par une sensation de pression que l'obstacle n'est plus là. Mais, en règle générale, les objets ne semblent pas dégager de rayons de chaleur qui soient sensibles et la couche d'air qui se trouve comprimée entre le front et l'obstacle ne paraît impressionner que faiblement une peau normale.

Je sais bien que M. Kunz, qui soutient la thèse contraire, nous dit avoir établi son opinion sur vingt mille expériences. Mais, nous aussi, nous avons un grand nombre d'expériences à lui opposer, et le nombre ici n'est pas tout. Les vingt mille expériences de M. Kunz ne nous troublent pas parce que, à les bien interpréter, elles ne sont pas en contradiction avec notre proposition. M. Kunz en conclut que le toucher à distance est causé par des maladies de la peau, la variole, la rougeole, une forte scarlatine. Presque tous les voyants chez lesquels il l'a rencontré avaient eu la scarlatine et, d'autre part, il ne l'a trouvé chez aucun aveugle traumatique. Voilà qui est bien. Que certaines affections cutanées laissent après elles une hyperesthésie du toucher manifeste dans les parties de la peau qui sont ordinairement au contact de l'air, je le veux bien. Les physiologistes remercieront M. Kunz d'avoir étudié cette question. Elle est pour eux d'un réel intérêt. Mais celle dont nous nous occupons est différente. Au temps où de nombreuses cécités étaient causées par la scarlatine et la petite vérole, les constatations de M. Kunz auraient été d'une importance considérable pour les aveugles. Aujourd'hui il n'en est plus de même. Le problème qui intéresse la psychologie des aveugles est celui-ci : beaucoup d'aveugles qui ne sont qu'aveugles, qui ne traînent pas les lourds souvenirs d'un passé pathologique, sentent les obstacles à quelque distance au moyen d'impressions qu'ils localisent dans la face. D'où proviennent ces impressions?

La sensibilité de pression est grande à la pulpe des doigts et sur les lèvres. A en croire les expériences de M. Crogius, d'accord en cela avec l'opinion commune, elle est même chez de nombreux sujets plus grande sur la pulpe des doigts que sur le front. Si les impressions qui nous occupent sont vraiment et exclusivement des sensations de pression, n'est-il pas étrange que jamais un aveugle ne se soit rencontré qui fût capable de percevoir un objet devant sa main ou à proximité de ses lèvres? Prenez l'aveugle au toucher le plus délicat, et qu'il avance, la main tendue, vers un mur. Jamais ses doigts les plus sensibles ne percevront le mur, je ne dis pas à un ou deux mètres, comme il arrive souvent pour le front, mais même à un millimètre de distance. La sensation ne commence qu'avec le contact immédiat. C'est que quelque autre facteur intervient dans la sensation à distance, et ce facteur n'est autre que l'audition.

Plusieurs observations me semblent imposer cette conclusion. La première est que, si on a soin de boucher hermétiquement les oreilles, la perception cesse. Si une vague impression de l'objet subsiste, l'occlusion des narines la supprimera aussitôt. Le sujet est debout devant moi à deux mètres de distance environ. J'approche très lentement de son visage, de manière à déplacer l'air aussi doucement que possible, une planche de 0^m,60 de longueur sur 0^m,50 de largeur, fixée à l'extrémité d'une gaule. A 0^m,80 de son front environ il m'arrête, il sent distinctement la présence d'un objet. Trois fois je recommence l'expérience, et les trois fois j'obtiens un résultat sensiblement pareil. Tandis que la planche reste immobile et qu'il en perçoit la présence continue, je l'engage à se boucher les oreilles et le nez : immédiatement toute sensation disparaît. Je déplace l'objet sans qu'il en ait la moindre conscience. Je l'approche progressivement. Il vient heurter son front avant d'avoir été perçu.

Le sujet ne connaît pas la pièce où nous opérons ; jamais il n'y est venu, et il ignore la position respective des meubles. Je le prends par les épaules et je le pousse vers la bibliothèque. A 0^m,25 de l'obstacle il s'arrête et en affirme la présence. Je lui fais poursuivre son chemin. Le voilà qui s'engage dans un renfoncement où il est entouré de trois côtés par deux pans de mur se coupant à angle droit et par le rebord de ma bibliothèque. Il se sent tout enveloppé de corps étrangers. C'est comme un voile épais qui tombe sur son visage. La sensation est à son maximum d'intensité. Je l'invite à nouveau à se boucher les oreilles et le nez : immédiatement le voile se lève. Je le retire en arrière ; je lui fais faire quelques tours sur lui-même afin de le désorienter, puis, les oreilles et le nez toujours bien clos, je le pousse de nouveau dans l'angle de tout à l'heure. Il avance, sans s'en douter, le voilà le nez contre le mur, et il ignore encore où il est. La même expérience reprise sur divers sujets, tous sains, me donne les mêmes résultats.

Une autre preuve nous est fournie par ce fait que les aveugles-sourds ne possèdent pas en général le sens des obstacles. Je sais bien que M. Kunz déclare l'avoir constaté chez plusieurs sujets[1], mais j'ai déjà dit pourquoi ces constatations ne sont pas décisives. D'ailleurs, M. le Dr Marage nous assure que certains sourds, qui n'entendent ni les sons musicaux ni la voix articulée, perçoivent bien certains bruits très faibles, et, par conséquent, à son avis, si l'on rencontrait un aveugle-sourd à la peau saine qui perçût les obstacles à distance, il n'en faudrait pas nécessairement conclure que les oreilles sont étrangères à sa perception. Quoi qu'il en soit, tandis que sur dix aveugles normaux, six ou sept en moyenne disposent des impressions frontales et faciales dont nous parlons, sur onze aveugles-sourds que j'ai pu interroger, tous intelligents et cultivés, il n'en est pas un qui les connaisse. Bien mieux : trois les ont connues au temps où, déjà aveugles, ils n'étaient pas encore privés de l'audition. Ils déclarent tous les trois

---

1. Helen Keller, de Boston, et Eugenio Malossi, de Naples, qu'on a quelquefois comptés parmi ces sujets, m'ont écrit personnellement l'un et l'autre qu'ils ne possèdent pas le sens des obstacles.

que la surdité les leur a supprimées¹. Si elles fussent venues du toucher, elles n'auraient pu que se développer, semble-t-il, car l'attention se serait portée sur elles avec d'autant plus de force que leur concours devenait plus nécessaire. Bien des aveugles ont constaté que quand leur oreille durcit ou souffre d'un mal passager, le sens des obstacles s'émousse et s'atrophie. J'en sais un qui, pour remédier à ce mal croissant, contracta peu à peu, sans en avoir conscience d'ailleurs, l'habitude de produire un bruit léger et continu en claquant ses doigts les uns contre les autres. Tant il est vrai qu'une perception auditive est la condition de la perception des obstacles.

Je pourrais alléguer encore que, lorsqu'un grand bruit se produit tout à coup, lorsqu'une cloche se met à sonner à toute volée à peu de distance, l'aveugle se sent perdu, il ne perçoit plus les obstacles. Mais ce fait-là n'est peut-être pas décisif, parce que le trouble de l'aveugle peut provenir d'une sorte d'étourdissement causé par une excitation sensorielle trop intense. En revanche, comment expliquer qu'un silence trop complet semble être défavorable à la sensation des obstacles? On ne voit pas que le silence qui, loin d'étourdir l'attention, ne peut que faciliter son travail, puisse troubler les opérations du toucher. Tous les aveugles savent que quand le sol est couvert de neige et ne résonne plus sous leurs pas, les points de repère qui les guident habituellement dans leurs promenades leur échappent.

---

1. Ce nombre de *trois* paraîtra peu élevé. Il convient de ne pas oublier :

1° Que chez certains sujets la cécité n'est pas antérieure à la surdité;

2° Que chez ceux-là mêmes qui ont été aveugles avant d'être sourds, souvent des affections graves et prolongées des organes auditifs ont précédé la perte complète de l'ouïe.

Ainsi s'explique qu'une proportion relativement si faible d'aveugles-sourds ait connu le sens des obstacles.

Mais voici qui est plus singulier encore : un bruit monotone, discret et régulier semble développer plus que toute autre circonstance les sensations d'obstacle. Une fontaine qui coule paisiblement à quelque distance, un bruit continu de voiture dans le lointain, le crépitement d'un feu de bois dans la cheminée, sont des aides parfois précieuses. Voilà qui nous laisse deviner la genèse du phénomène. La fontaine, la rue passante, le feu, sont des sources permanentes d'où s'échappent incessamment des ondes sonores. Ces ondes sont arrêtées, déviées, réfléchies par les obstacles qui avertissent ainsi de leur présence une oreille exercée.

Mais, dira-t-on, si le silence réduit la sensation de l'obstacle, il ne la supprime pas. Comment donc rapporter cette sensation à des phénomènes auditifs? C'est que le silence absolu n'existe peut-être guère. L'atmosphère est peuplée de sonorités indistinctes, infiniment sourdes, que nous ne percevons pas directement tant elles nous sont devenues habituelles. Elles sont pour nous le silence. Pour en prendre quelque conscience, le seul moyen que nous ayons est peut-être de les supprimer ou tout au moins de les réduire et de les rendre sensibles par le contraste. M. le Dr Imbert a fort bien mis cela en évidence. Choisissons avec lui, comme sujet d'expériences, un clairvoyant qui n'a jamais soupçonné avoir, à quelque degré que ce fût, la sensation des obstacles, mais dont les impressions sont déliées et la faculté d'observation aiguisée. Nous lui bandons les yeux de manière à intercepter complètement la lumière. Puis, alternativement, à des intervalles irréguliers, nous abaissons à 0^m,10 ou 0^m,15 de son oreille, puis nous relevons au-dessus de sa tête un carton d'épaisseur moyenne. La pièce où nous opérons est parfaitement silencieuse. Le sujet ne manque pas de nous avertir néanmoins de chacun des mouvements que nous faisons. Il sait fort bien quand le carton est en face de son oreille. Si la sensation s'éteint, nous n'avons qu'à rapprocher l'obstacle pour la raviver. Que s'est-il passé? Suivant toute apparence, le carton a intercepté ces sonorités confuses, éparses dans l'atmosphère, dont nous parlions tout à l'heure. Il a rendu plus complet le silence que nous jugions à tort absolu. Et qui donc ignore qu'il y a des silences plus profonds que d'autres?

III

Qu'il s'agisse d'ondes interceptées ou d'ondes réfléchies, je crois pour toutes ces raisons que ce sont les oreilles principalement qui donnent aux aveugles ces sensations d'un ordre particulier que nous appelons sensations d'obstacle. Cette opinion semble conforme aux résultats auxquels sont parvenues les investigations des naturalistes relativement aux chauves-souris. Aveugles, les chauves-souris se conduisent fort bien au milieu des obstacles sans jamais se heurter. Pour elles aussi on a parlé d'un sens mystérieux qui percevrait certaines émanations des objets. Mais on constate que quand on leur bouche hermétiquement les oreilles, les chauves-souris deviennent incapables de se diriger, et il semble aujourd'hui que leur prétendu *sixième sens* se confond avec le sens de l'ouïe. Ce qu'il y a de particulier toutefois dans les sensations d'obstacle, c'est que, d'ordre auditif, elles ne sont pas reconnues comme des impressions auditives. M. Truschel, à mon gré, n'a pas suffisamment établi la ligne de démarcation entre ces sensations d'obstacle et les sensations proprement auditives, et la confusion qui en résulte ôte à ses démonstrations beaucoup de leur force probante.

J'ai jadis prétendu qu'elles étaient des sensations de pression. Je me fondais en cela sur le témoignage impérieux de la conscience qui les localise le plus souvent sur le front et sur les tempes. J'étais aussi très frappé par cette constatation que, si l'on intercepte les sensations de pression en couvrant le visage d'une étoffe, la sensibilité aux obstacles disparait comme lorsqu'on intercepte les sensations auditives et olfactives. L'objection ne me parait plus sans réplique. D'abord il n'en est pas toujours ainsi; ensuite et surtout il importe de ne pas oublier qu'en couvrant de la sorte le visage, on produit une sensation forte de contact qui trouble profondément l'état sensoriel du sujet. Puisque la sensation d'obstacle se localise sur le visage, il est naturel que, imprécise et fuyante comme elle est, elle soit étouffée par une sensation faciale aussi précise et aussi impérieuse [1].

Les expériences et les observations que je viens de rapporter réduisent à mon gré considérablement le rôle que j'attribuais aux sensations de pression. Je ne dis pas qu'elles aient éliminé toute participation de ces sensations aux phénomènes qui nous occupent, je dis seulement que chez tous les sujets normaux que j'ai pu étudier l'élément auditif était de beaucoup prépondérant; que chez eux la sensation de pression, si elle existe, est si ténue que, du moins lorsqu'ils ne sont pas à l'air libre, à elle seule elle serait inutilisable. En plein air, même chez les sujets les plus normaux, le rôle des sensations de pression parait incontestable, et d'ailleurs nous sentons tous que l'atmosphère cause en nous des impressions légèrement différentes suivant que nous nous trouvons dans un endroit clos et resserré ou dans un espace largement ouvert. Tout clairvoyant a remarqué que ses sensations cutanées sont différentes dans une épaisse forêt et dans un champ. Il est vraisemblable *a priori* que

[1]. Les expériences que j'ai tentées sur des sujets sains en leur badigeonnant le visage avec une solution de cocaïne, ne m'ont donné aucun résultat appréciable.

quelque chose de cette différence subsiste lorsque, dans une pièce vaste, nous passons du centre à la périphérie. D'autre part on peut estimer que certaines impressions cutanées particulièrement intenses dont M. Kunz a reconnu l'existence chez des sujets anormaux n'ont pas été créées de toutes pièces par la maladie, qu'à l'état normal y correspondent des impressions si fugitives qu'elles n'arrivent pas à la conscience, mais qui sont hypertrophiées par certaines affections de la peau. Chez les sujets sains elles pourraient être sans doute d'intensité variable. Le plus souvent pourtant elles ne seraient perçues qu'à la condition d'être renforcées et considérablement amplifiées par des impressions d'une autre nature qui généralement sont des impressions auditives, mais qui, à la rigueur, pourraient être des impressions d'un genre différent.

Je n'ai parlé tout à l'heure que de onze aveugles-sourds interrogés par moi. En fait, j'ai encore à produire le témoignage d'un douzième sujet, et celui-là possède le sens des obstacles. Sa surdité pourtant est complète et chez lui aucune indication ne peut venir de l'oreille. Pour M. Yves Guégan, ce sont les sensations olfactives qui jouent le rôle que remplissent ailleurs les sensations auditives. Son odorat est très subtil. « Ce matin, m'écrivait-il le 24 mai dernier, étant à la fenêtre de ma chambre, j'ai perçu à l'odeur de son sac que le facteur venait d'arriver un étage au-dessous de moi. » Je ne conclus pas de là que sa surdité a développé chez mon sujet le sens olfactif, car aux jours de chaleur le parfum du cuir est pénétrant, mais j'admire l'art avec lequel il en use. Bien qu'il localise, lui aussi, dans le front, les sensations qui l'avertissent de la présence des obstacles, c'est grâce à ses impressions olfactives, semble-t-il, que M. Guégan les perçoit. Chaque fois qu'un rhume de cerveau le prive de son odorat, il devient incapable de se reconnaître. Sur ma demande, il a bien voulu se prêter à une expérience.

J'ai fait, me dit-il, enlever de la salle à manger la table et les chaises, et, pour éviter que l'épreuve ne soit troublée par les effets de ma mémoire musculaire, qui est d'une extrême précision, je me suis fait porter sur le dos d'un ami qui m'a promené, fait tournoyer en tous sens, et enfin déposé en différents endroits de la pièce. Chaque fois je devinais exactement la position que j'occupais et j'étais capable de dire à quelle distance approximativement je me trouvais de tel ou tel meuble ou des murs. J'ai recommencé la même expérience après m'être soigneusement bouché le nez avec une petite pince. Alors je ne pouvais plus me reconnaître et je me suis heurté la tête dans la lampe qui est suspendue au milieu de la pièce. Il a fallu qu'on m'ouvre une fenêtre pour que, grâce au contact de l'air frais, il me fût possible de me retrouver.

Le cas de M. Guégan est unique à ma connaissance, ce qui ne veut pas dire du tout, bien entendu, qu'il soit unique en réalité. Tant que des observations similaires ne viendront pas s'y joindre, il sera téméraire d'en rien conclure. Si pourtant nous nous hasardons à l'interpréter, il nous invite à penser qu'exceptionnellement l'odorat peut jouer, dans le sens des obstacles, le même rôle que l'ouïe, rôle qui peut-être consiste à intensifier les impressions tactiles trop faibles pour être utilisables à elles seules. Ce n'est là encore qu'une fragile hypothèse. Du moins l'expérience de cet aveugle-sourd si exceptionnellement doué, loin d'infirmer notre théorie, semble plutôt la corroborer [1].

1. Marie Heurtin, la célèbre aveugle-sourde de Larnay, près Poitiers, ne semble pas être moins bien douée sous le rapport de l'odorat que M. Guégan. Elle m'assure pourtant qu'elle ne perçoit les obstacles qu'en plein air et à de faibles distances. Son cas mériterait d'être étudié. Elle m'écrit que, au point de vue des sensations d'obstacles définies par elle comme sensa-

Même une fois admise l'existence très vraisemblable de sourde sensation de pression, il reste que nous ne sommes pas en mesure de nous expliquer suffisamment comment la sensation d'obstacle, surtout auditive en son principe, se localise ainsi dans la région de la face[1]. Car ceux-là mêmes qui en ont reconnu l'origine auditive (et c'est le cas pour quelques-uns des plus intelligents) persistent à avouer cette localisation. Le témoignage de tous les aveugles sur ce point est incontestable. Chez les uns la région intéressée semble être surtout la tempe, chez d'autres c'est le front[2]; mais la localisation est toujours si nette que beaucoup d'aveugles se refusent à admettre l'hypothèse d'une illusion. Et pourtant cette illusion apparaît clairement dans une expérience comme celle-ci : je place à 0^m,70 de mon front la planche

tions frontales et faciales, elle est dans un état de notable infériorité sur ses camarades, les aveugles-entendantes de Larnay, qui, en général perçoivent fort bien les obstacles à l'intérieur même du couvent. De sa propre initiative elle rend sa surdité responsable de cette infériorité.

1. J'ai écrit précédemment « dans la peau de la face », mais c'est là un lapsus de conséquence que je tiens à rectifier. Il ne s'agit pas, en effet, d'une sensation cutanée analogue à celle que donne le contact immédiat d'un objet. Pressés de préciser leur impression la plupart des aveugles répondent qu'il s'agit non de la peau du front ou de la tempe, mais de la partie frontale de la tête et ils avouent qu'il leur est impossible d'indiquer des points déterminés.

2. M. Kunz a remarqué déjà que la plupart des aveugles présentent le front à l'obstacle qu'ils cherchent à percevoir avec précision, et il en a tiré des conclusions en faveur de sa thèse. M. Truschel, influencé sans doute par sa théorie qui cherche dans les impressions auditives la cause des sensations d'obstacle, prétend au contraire qu'en règle générale, c'est de préférence le côté de la tête qui se présente vers l'objet à percevoir. Mes observations personnelles donnent sur ce point raison à M. Kunz; mais je n'en tire point les mêmes conclusions que lui. C'est peut-être pour faire participer les deux oreilles à la sensation que l'aveugle est, inconsciemment d'ailleurs, porté à se présenter de face à l'objet.

dont nous parlions tout à l'heure. Je n'en ai aucune sensation. Mon attention a beau se concentrer, je ne perçois rien. Je fais glisser alors mon médius sur mon pouce, de manière à provoquer un léger bruit des doigts. Immédiatement la sensation d'obstacle envahit toute la surface de mon front. Seul le milieu auditif a été changé ; la cause de la sensation ne peut être que d'ordre auditif, et pourtant la sensation paraît exclusivement tactile. Si, au contraire, je remue les doigts sans produire aucun bruit, aucune sensation n'est perçue.

Les physiologistes nous rendront peut-être quelque jour compte de ce phénomène[1]. Déjà nous savons que la localisation des sensations est un acte psychologique des plus complexes, qui suppose une interprétation de la sensation, tout un raisonnement et qui, par conséquent, est sujet à de nombreuses erreurs. Nul n'ignore que l'amputé localise sa douleur à l'extrémité du membre qu'il n'a plus. Il sem-

---

1. Il va de soi que je n'ai aucune prétention à l'expliquer. Je ne veux que faire deux remarques qui peut-être en diminueront l'étrangeté.

La première est que la localisation des impressions auditives prête à bien des illusions. M. Urbantschinsch (Pflügers Archiv, 1904, vol. 101, p. 154), par exemple, a observé que, lorsqu'on conduit un son aux deux oreilles à la fois au moyen de tubes acoustiques, le son n'est pas localisé dans les deux oreilles, mais en général il se forme ce qu'il appelle « un champ auditif subjectif » qui siège au milieu de la tête. Il a remarqué en outre que lorsque le son est aigu, le champ auditif subjectif se déplace vers le front, tandis que lorsqu'il devient plus grave un déplacement contraire se produit vers l'occiput. Voilà qui nous aide peut-être à imaginer la localisation d'impressions d'ordre auditif dans la région frontale.

Ma seconde remarque sera que les impressions dont il s'agit, sont, dans la vie normale, dépourvues de toute utilité pratique, et c'est pourquoi elles sont si complètement négligées, ignorées même des clairvoyants. Elles ne deviennent utiles que par le fait de la cécité. L'aveugle d'autre part ne leur demande aucune information objective, aucun renseigne-

ble que dans le cas qui nous occupe, la sensation est attribuée à la région qui aurait à souffrir de l'obstacle, si sa présence n'était signalée. Bien des bruits, d'ailleurs, provoquent en nous des sensations étranges. La scie qui grince sur la pierre nous fait courir des frissons dans le dos ou nous agace les dents. Toute sensation est susceptible de produire dans l'organisme des contre-coups variés, d'y éveiller des sous-sensations par leur nature très différente d'elle-même.

ment sur les choses qui l'entourent. Elles ne l'intéressent qu'à un point de vue tout subjectif, dans la mesure où elles peuvent préserver son front et son visage des heurts qui les menacent. Cette finalité des impressions d'obstacle qui seule leur donne l'existence peut favoriser des associations intimes entre elles et des sensations frontales et faciales. Celles-ci donneraient en quelque sorte leur forme à celles-là. Deux circonstances favorisent peut-être cette théorie. Celle-ci d'abord que nous n'avons pas été en mesure d'éliminer complètement l'hypothèse de sensations de pression subconscientes que des sensations auditives pourraient renforcer et mettre en pleine conscience; cette autre ensuite que la sensation d'obstacle tend à s'accompagner d'une représentation de l'objet, d'une représentation étendue par conséquent. Cette extension de l'objet est même peut-être sa qualité essentielle puisqu'elle mesure le danger couru par le visage, et suggère les moyens de l'éviter. Or, la représentation en extension, inférée seulement des impressions auditives et incapable de se fusionner avec elles, s'harmonise au contraire fort bien avec des impressions frontales et faciales étendues comme elles. Elle se projetterait en quelque sorte sur la partie du corps intéressée.

CHAPITRE VI

La faculté d'orientation.

I

Suppléance du toucher et de l'ouïe, sensation des obstacles qui n'est, semble-t-il, qu'une application particulière de la suppléance de l'ouïe, nous tenons maintenant les principaux moyens dont l'aveugle dispose pour s'orienter dans l'espace. Il en faut cependant joindre un troisième, la mémoire musculaire. Voilà les trois guides qui permettent à nos aveugles de se diriger dans les lieux qu'ils fréquentent habituellement, quelquefois à la grande stupéfaction de ceux qui les observent pour la première fois.

Tout aveugle dont la santé est bonne doit circuler avec aisance et sûreté dans les demeures qui lui sont familières. Il doit pouvoir s'en assimiler très rapidement de nouvelles. Si son audition est parfaite, pour peu qu'on l'y exerce assez jeune, il est en mesure de se conduire dans un village et même dans les quartiers des grandes villes où la circulation n'est pas intense.

Gardons-nous toutefois des exagérations : quelques hâbleurs (il en est parmi les aveugles) aimeraient à faire croire que, sans un point de vue, ils traversent seuls la place de la Concorde. Sans doute, il en est d'exceptionnellement adroits; il en est aussi d'exceptionnellement hardis. Mais un tour de force dont le succès dépend de la fortune plus que de l'adresse de qui l'entreprend n'a jamais rien prouvé, et comme l'enjeu de la partie n'est rien de moins ici qu'une vie humaine, fort peu s'y risquent, en réalité : les aveugles qui se plaisent ainsi à conter qu'ils se hasardent dans les quartiers périlleux oublient volontiers d'ajouter qu'ils se font aider à tous les passages difficiles.

Débarrassée de ces extravagances et réduite à sa véritable portée, l'aptitude des aveugles à se diriger n'a plus rien de mystérieux. Elle est infiniment moins surprenante, sans aucune comparaison possible, que la faculté d'orientation dont font preuve les pigeons voyageurs et les oiseaux migrateurs. Pour ces animaux, la science hésite. Elle se demande si elle est en présence d'un sens spécial qui aurait son siège dans les canaux semi-circulaires de l'oreille et son principe d'excitation dans le magnétisme terrestre, ou si tout s'explique par une utilisation plus parfaite des facultés habituelles de l'intelligence animale : vue, mémoire, odorat, ouïe et toucher.

Dans le cas de l'aveugle, cette seconde explication, qui d'ailleurs prévaut même pour le pigeon, est incontestablement la bonne. L'analyse rend compte de tous les éléments qu'elle comporte. Tout clairvoyant observateur peut en reconnaître en lui les germes, s'il étudie avec patience ses propres impressions lorsqu'il circule dans l'obscurité. Ils lui sont cachés, en général, par l'image visuelle qu'il a des lieux traversés. Dans le cas de l'aveugle, il y a seulement une prise de possession plus complète par la conscience de ces impressions fugitives, prise de possession qui a pour effet de les amplifier, surtout de les coordonner et de les interpréter en vue de l'action.

Suppléance des sens, sensation des obstacles et mémoire musculaire se combinent dans des propor-

9.

tions très variables suivant les individus dans la faculté d'orientation.

II

On a tendance, en général, à exagérer l'importance de la sensation des obstacles[1]. Elle ne donne jamais sur les objets que des indications extrêmement pauvres. Elle ne dit absolument rien de leur nature, et toutes les expériences tentées pour distinguer le bois du verre ou des divers métaux ont complètement échoué. Elle trompe constamment sur la distance où ils se trouvent du sujet. Elle ne dit que leur présence, leur orientation, et aussi leur étendue, mais seulement leur étendue en largeur, non en hauteur ou en épaisseur. Encore ne la donne-t-elle pas immédiatement. Pour la mesurer, il faut se déplacer devant l'objet, constater où l'impression de voile commence à être sentie, où elle cesse.

Un des pans de mur de mon cabinet de travail est occupé par deux casiers de livres, séparés par une bibliothèque fermée. Je prends un de nos sujets par la main et je lui fais suivre cette rangée de meubles à environ 0^m,50 de distance. Bien que la porte de la bibliothèque fermée dépasse de 0^m,10 à peine les dos des in-folios pressés sur les rayons ouverts, il me déclare immédiatement que la muraille n'est pas uniforme et qu'il y perçoit différents reliefs. De ce que sont ces meubles il n'a pas la moindre idée, il sait seulement qu'il y a des meubles. En deux mots je les lui décris, et je le prie de préciser le point où commence chacun d'eux. Nous reprenons notre marche. Au bout de quelques pas il s'arrête : « Le voile

---

1. A en croire M. Truschel, par exemple, la faculté de se conduire chez l'aveugle viendrait presque entièrement du sens des obstacles. Cette opinion erronée ôte, à mon avis, beaucoup de leur portée pratique aux conseils qu'il donne.

s'épaissit, me dit-il, à la muraille nue succède le premier casier qui marque une forte saillie. » Quelques pas plus loin : « Le voile s'épaissit encore, reprend-il, s'il n'y a pas dans les rangées de livres quelque interruption qui me trouble, ici commence la bibliothèque fermée. » Je le prie de préciser davantage encore. Il fait un pas à droite, un pas à gauche, penche la tête et arrête le front exactement devant l'intervalle de 3 à 4 centimètres laissé vide entre les deux meubles. A l'autre extrémité, même succès, même précision. Le voile se détend à deux reprises. Le sujet a donc une conscience claire de l'étendue de chaque meuble.

Cette observation nous montre fort bien l'usage que l'aveugle peut faire de la sensation des obstacles. S'il pénètre dans une chambre nouvelle pour lui, elle lui permettra d'en suivre les contours et d'en mesurer les dimensions, elle pourra lui épargner aussi quelques heurts, encore sera-t-il nécessaire pour cela qu'il avance avec précaution, car il faut beaucoup plus d'attention pour percevoir les obstacles inconnus que ceux dont l'existence a été signalée aux sens par la mémoire. Mais elle ne lui donnera sur la topographie de la pièce où il entre et sur les meubles qui la garnissent que des informations bien vagues et presques inutilisables. Pour qu'il s'en fasse une idée claire, il faudra ou qu'il les touche ou qu'on les lui décrive.

En revanche, dans un appartement familier, elle lui permettra de se diriger en s'appuyant, en quelque sorte, sur les obstacles qu'il rencontre, elle lui donnera la sensation de la présence des objets qui l'avoisinent. Grâce à elle il longera un mur même séparé de lui par une plate-bande assez large, sans le toucher, presque avec l'illusion de le toucher. Il comptera les portes et les fenêtres qui y sont pratiquées pourvu que ces portes et ces fenêtres soient en retrait de quelques centimètres par rapport à la surface. Il distinguera les principaux accidents, golfes ou promontoires, qui s'y dessinent. Le long d'un chemin, il comptera les arbres qui le bornent, il saura où tourner, après le cinquième ou le dixième, pour s'engager dans une autre voie. Le sens des obstacles fournit donc surtout des points de repère qui jalonnent la route de l'aveugle.

III

Une autre catégorie de points de repère non moins abondants est fournie par les impressions tactiles, olfactives et auditives que l'aveugle recueille du milieu ambiant. Il s'agit cette fois de sensations auditives qui sont perçues comme sensations auditives. Surtout dans un endroit clos, le bruit de ses pas et le son de sa voix donnent à l'aveugle des indications vagues sans doute, mais utilisables néanmoins, sur la distance où il se trouve des murs. Ils lui disent encore si la pièce est tapissée et meublée ou ne l'est point.

Ces bruits provoqués ont l'avantage d'être constamment à sa disposition, mais ils présentent, en revanche, ce grave inconvénient que, se déplaçant avec lui, ils ne situent pour lui aucun point déterminé. Autrement précieux sont les bruits qui émanent de sources immobiles, surtout lorsqu'ils sont permanents et discrets. Un aveugle qui visite pour la première fois une pièce dont les fenêtres donnent sur la rue ne manque point de remarquer cette particularité. Les bruits qui monteront du dehors lui diront toujours désormais avec précision où se trouve la fenêtre, où aussi, par conséquent, chacune des portes et chacun des meubles qu'il aura classé par rapport à cette fenêtre. Les sonneries de la pendule, son tic-tac s'il est assez fort, le pétillement du feu dans la cheminée, une porte qui se ferme dans l'escalier voisin, un bruit de pas sur le palier, que de choses encore peuvent lui rendre le même service. Et remarquez que tous ces bruits familiers peuvent cesser d'être perçus distinctement, comme il arrive toujours aux bruits familiers, et continuer néanmoins à jouer leur rôle indicateur. Le demi-jour de la subconscience y suffit.

Les parfums, bien souvent, se dispersent trop subtilement dans l'atmosphère pour que leur source soit toujours aisément et distinctement localisée. Leur utilisation en est d'autant réduite. Le parfum de roses que je respire, assis devant ma table de travail, ne me dit pas de quel côté sont les roses, ni par conséquent la cheminée où on les a mises. Il me faudrait pour cela faire quelques pas, observer comment croît et décroît l'intensité de la sensation. Les odeurs qui viennent du dehors pourtant, qui par bouffées montent du jardin par la fenêtre, de la cuisine par la porte, ne sont pas négligeables.

Bruits et parfums font souvent défaut. Les impressions tactiles n'abandonnent presque jamais l'aveugle. Ce sont les plus constantes. Il en est qui viennent du visage. C'est par le visage que sont perçues la direction du vent et la position du soleil, et ces points de repère-là sont les seuls dont dispose l'aveugle pour s'orienter un peu sur une esplanade où les obstacles font défaut et dont le sol est uniforme.

Le pied renseigne bien davantage. Il remarque que le terrain change de nature, qu'à l'allée, par exemple, succède le gazon, au sable mouillé le sable sec, au pavé l'asphalte. Il note et enregistre les déclivités du sol, les inclinaisons, les aspérités et bosses de toute nature, et ces accidents infimes sont multiples pour un observateur. Un trottoir à monter ou à descendre est presque toujours annoncé par un léger affaissement du terrain sous les pieds. Même dans les maisons, où les parquets sont relativement unis, souvent les petites défectuosités ou particularités ne font pas défaut, et si le plancher n'y change que rarement de nature, les tapis, paillassons, toiles cirées, nattes de toute espèce y fournissent de multiples indications. Poser le pied sur le rebord d'un tapis suffit souvent pour qu'aussitôt apparaisse la place de chacun des objets contenus dans la pièce. Un rideau, une portière, frôlés simplement du coude, ne fournissent pas moins d'indications. De même, poser délicatement le doigt sur l'angle d'une table, sur le bras d'un fauteuil ou sur tout autre meuble à place fixe (et dans une maison ordonnée presque tous les meubles occupent une position déterminée) suffit pour dresser dans l'esprit de l'aveugle l'image de la pièce tout entière. Pour qui connait la table, en effet, dans la position d'un de ses angles est impliquée la position de sa surface et de ses quatre côtés, dans la position de la table la position des murs de la pièce, et de la position des murs se déduit la position normale de chacun des meubles.

IV

La mémoire musculaire procède autrement. Sa méthode à elle n'est pas de fournir des points de repère. Elle ne suppose aucune déduction, même inconsciente. Ses effets sont de fixer les mouvements par l'habitude de les enchainer les uns aux autres et de rendre ainsi l'orientation comme mécanique.

Chacun peut reconnaître en soi des traces de mémoire musculaire. C'est elle qui fait que, sans compter les marches et sans les regarder, nous savons quand nous arrivons en haut de notre escalier. Nos jambes ont enregistré en quelque sorte le nombre de contractions qu'elles ont à faire. De même que la hauteur d'un escalier, elle retient fort bien les dimensions d'une pièce, l'écartement de deux murs. Elle invite sourdement l'aveugle à répéter avec une parfaite régularité les mouvements qui lui sont devenus habituels.

L'un des exemples les plus frappants de ce que peut la mémoire musculaire nous est offert par l'écriture vulgaire. Écrire une phrase est une opération très complexe, qui comporte un nombre considérable de mouvements dont chacun exige une extrême précision. Nous savons combien de peine il en coûte à l'enfant, quel travail persévérant lui est nécessaire pour qu'il parvienne à écrire couramment. Ces mêmes mouvements, lorsque la mémoire musculaire les a enregistrés, deviennent pour l'homme fait si aisés, si rapides, qu'il est capable d'écrire sans fatigue des heures entières, à une vitesse vertigineuse. Supposez qu'il perde soudainement la vue : en s'aidant d'un guide-main fort simple il pourra continuer à écrire comme par le passé sans le contrôle du regard. La mémoire de la main suffira à assurer la lisibilité. Une seule condition pour cela est nécessaire : qu'il ne cesse pas d'écrire, qu'il n'interrompe pas durant quelques années son activité, afin que les muscles ne perdent pas l'empreinte de l'habitude acquise. Les muscles des jambes et des pieds conservent le souvenir des mouvements qu'ils exécutent comme les muscles des doigts et des mains.

La mémoire musculaire semble être développée surtout chez les êtres d'instinct. A voir l'aisance avec laquelle certains chiens aveugles, encore jeunes, se meuvent au milieu des obstacles, la sûreté avec laquelle ils montent et descendent les escaliers qui leur sont connus, on conjecture non sans raison qu'elle doit guider et commander leurs mouvements. Elle est souvent grande aussi chez les sauvages. Lorsqu'au lieu de se confier à ses suggestions instinctives on coordonne tous ses mouvements au moyen de signes extérieurs perçus par la conscience, on la désagrège peu à peu, on finit par lui ôter toute sûreté. La vue, qui fournit tant de points de repère et à si bon compte, lui est particulièrement funeste, et chez les clairvoyants civilisés son rôle semble se réduire considérablement. Les sujets à type visuel, qui sont légion, estiment qu'il leur faut voir leurs membres pour les mouvoir avec agilité, mesurer de l'œil leurs gestes et guider leurs mains du regard.

Chez les aveugles, surtout chez ceux qui ont été frappés de bonne heure par la cécité et dont l'enfance n'a pas été négligée, le type moteur semble être beaucoup plus répandu et la mémoire musculaire est moins atrophiée. Même chez eux, l'habitude d'interpréter les impressions de toute nature qu'ils reçoivent, de se guider d'après les obstacles perçus à distance, quelquefois de compter leurs pas, tend à réduire son rôle, mais ils en tirent plus de services en général. L'aisance de leurs mouvements s'explique principalement par elle. Plus est fidèle la mémoire musculaire de l'aveugle, plus les gestes qu'il fait pour atteindre les objets sont souples et assurés, plus aussi sa démarche est libre et ferme.

Le rôle de la mémoire musculaire, dont l'importance très variable selon les individus est toujours difficile à apprécier, nous est rendu manifeste principalement par les aveugles-sourds. Car les aveugles-sourds eux-mêmes ne sont pas complètement dépourvus de ressources pour se diriger : s'ils sont privés des sensations auditives, et presque toujours des sensations d'obstacles, il leur reste du moins les impressions olfactives et tactiles, et surtout la mémoire musculaire.

Nous avons vu tout le secours que M. Guégan tire des odeurs. Pour lui beaucoup de meubles ont des odeurs caractéristiques qui lui permettent de les distinguer, et par suite de s'orienter. Nous avons vu aussi que ses organes tactiles perçoivent beaucoup de phénomènes que nous ne percevons guère que par l'ouïe. « Je ne traverse jamais une rue, m'écrit-il, sans m'arrêter quelques secondes pour m'assurer qu'aucune voiture ne passe, ce que je devine d'après les vibrations du sol sous mes pieds. Je retire des vibrations une foule d'indications; je les perçois si nettement qu'elles me donnent l'illusion d'entendre. »

C'est pourtant surtout avec le degré de fidélité de la mémoire musculaire que varie chez les aveugles-sourds la faculté de se diriger, et elle varie de sujet à sujet plus encore que chez les aveugles-entendants. Ceux qui sont bien doués de ce facteur essentiel circulent dans la maison avec aisance et rapidité, sans porter la main sur les objets qui les entourent, et ils ne se heurtent que lorsque leur attention fléchit. Marie Heurtin se dirige sans hésitation dans toutes les parties du couvent de Larnay qu'elle habite. Mais, qu'une de ses camarades vienne la distraire pendant le trajet et troubler le travail intérieur de sa mémoire musculaire, aussitôt elle se sent égarée.

Il est même des aveugles-sourds qui se hasardent seuls hors de leur demeure pour de petits parcours. M. Guégan, à Brest, se rend coutumièrement sans guide de son domicile au domicile d'un de ses amis. Il lui faut pour cela traverser une petite place, la place Saint-Sauveur, au milieu de laquelle est un square entouré d'un mur bas et ouvert seulement à ses quatre extrémités. Guidé par sa mémoire musculaire il s'engage exactement dans une des portes sans jamais se heurter aux piliers qui la bordent, ressort par une autre après un parcours d'environ 70 mètres. Il s'arrête au bord de la rue de l'Église pour s'assurer qu'elle est libre, la traverse, puis s'enfonce dans une rue adjacente, la rue des Remparts, qu'il suit d'un pas alerte sans même prendre le trottoir et il s'arrête précisément devant la porte de son ami. A la campagne, dans le pays que ses yeux ont vu jadis, il se hasardait dans sa jeunesse au milieu des routes, seul et sans canne. L'invasion des automobiles et des bicyclettes le condamne aujourd'hui à plus de prudence : il suit le bord des chemins, et ne parcourt plus que de courts trajets. On parle d'un aveugle-sourd à Osnabrück qui, chaque jour, se rendait seul de son atelier, situé au centre de la ville, à son domicile dans les faubourgs.

V

S'il en est ainsi de quelques aveugles-sourds, nous ne devons plus nous étonner de trouver parfois beaucoup d'adresse chez des aveugles-entendants. Je tiens pourtant à prévenir les exagérations. A suivre l'énumération que nous venons de faire des ressources dont dispose l'aveugle pour se diriger, le lecteur pourrait être induit en un optimisme excessif. Peut-être voit-il déjà tous les aveugles, si richement dotés de points de repère, courant sans encombre parmi les obstacles. Mais tous ces moyens d'action, dont nous devions montrer le mécanisme dans des conditions favorables de fonctionnement, sont fragiles, et (il convient de ne pas l'oublier) souvent partiellement paralysés par les circonstances.

Dans la pratique il faut compter sans cesse avec les obstacles trop bas pour être perçus. Il faut compter avec les fléchissements de l'attention qui deviennent dangereux lorsqu'on est au milieu d'obstacles qui se meuvent rapidement (personnes affairées, bicyclettes) et quelquefois sans se faire entendre. Il faut compter par-dessus tout avec les grands bruits qu'on n'évite guère dans les villes qui suppriment la sensation des obstacles et émoussent les impressions de tout genre. Les bruits se taisent pendant la nuit. Aussi ai-je vu des aveugles qui, lorsqu'ils veulent s'assimiler un parcours nouveau dans Paris, choisissent pour l'étudier, les heures où la grande ville est assoupie. Là, dans les ténèbres, ils retrouvent tous leurs moyens d'action. Ils notent à loisir les accidents du sol et les obstacles qui peuvent leur servir de points de repère, et ils en sont plus forts le lendemain pour se hasarder au milieu des agitations et du tapage de la rue.

Ces difficultés expliquent pourquoi un exercice commencé jeune et continué avec persévérance est nécessaire à l'aveugle qui veut développer sa faculté de direction et conquérir la circulation libre ou relativement libre dans une ville. Même ceux (et c'est de beaucoup le plus grand nombre) qui bornent leur ambition à se mouvoir, avec une parfaite aisance, dans des locaux vastes et nombreux et à s'en assimiler sans peine de nouveaux, doivent faire bonne garde pour écarter les ennemis qui les guettent sans cesse : c'est d'abord une timidité très ordinaire aux aveugles, qui vient de l'amour-propre comme toutes les timidités, d'un souci exagéré de ne trahir sa cécité par aucune gaucherie et qui paralyse étrangement les mouvements; ensuite la paresse de l'oreille et les affections de l'ouïe même les plus légères qui se traduisent immanquablement par une diminution d'adresse; plus que tout peut-être une vie trop sédentaire et l'abus du travail mental dont l'effet ordinaire est d'alourdir les mouvements, de rendre les membres hésitants et gauches et de désagréger la mémoire musculaire.

CHAPITRE VII

La gymnastique et les jeux.

I

On conçoit par ce que nous venons de dire combien est précieuse à l'aveugle une bonne éducation physique, et combien aussi il lui est essentiel d'entretenir par un exercice régulier l'agilité de son corps. Pour s'acquitter des actions les plus simples de la vie, même pour s'orienter, quand les mouvements des membres ne sont pas guidés et comme soutenus par la vue, un appareil moteur excellent est nécessaire; et chez l'aveugle l'appareil moteur est exceptionnellement menacé.

L'enfant aveugle est souvent vif, remuant, pétulant comme les clairvoyants de son âge. Il n'est pas rare qu'il joue et qu'il s'agite avec passion. Mais trop souvent aussi cette vivacité naturelle se calme de bonne heure. L'enfant devient homme avant l'âge. Ses membres s'alourdissent. Les jeux, l'exercice même ont perdu pour lui tout attrait.

Parfois, par la volonté de parents bien intentionnés mais mal avisés, l'enfance elle-même de l'aveugle est sédentaire. On veut éviter tout risque au petit infirme, et pour lui on voit partout des risques. Alors les muscles ne se développent pas. Les mouvements sont incertains et comme sans but. La tenue du corps tout entière est gauche et pitoyable. Souvent la santé en est altérée. L'intelligence elle aussi souffre gravement d'être emprisonnée dans un corps aussi débile.

Le développement physique est en moyenne chez l'aveugle notablement inférieur à ce qu'il est chez le clairvoyant du même âge. Cette infériorité se constate aussi bien sous le rapport de la force que sous le rapport de l'agilité. M. Allen, directeur de l'Institution des Aveugles de Boston, a vérifié que les élèves de son établissement sont au-dessous de la normale par le poids, par la taille et par les dimensions de la cage thoracique. La lumière est peut-être un aliment pour le système nerveux ; à tout le moins elle favorise les échanges et elle est utile au bon fonctionnement des organes, et l'on a pu se demander si sa privation ne devait pas nuire au corps tout entier. Mais la lumière dans laquelle nous baignons ne pénètre pas en nous par les yeux seuls : tous nos pores la boivent à longs traits. Les infériorités physiques de l'aveugle sans aucun doute proviennent principalement de ce que la cécité détourne des exercices physiques et de la culture du corps. Elle agit donc comme une cause indirecte et dont les effets peuvent être conjurés.

C'est pourquoi dans toutes les bonnes écoles spéciales une place importante est faite à la gymnastique dans les programmes, et l'on s'efforce de faire jouer les élèves, de leur faire prendre le plus d'exercice possible. Ce n'est pas seulement leur santé qu'on préserve et qu'on améliore ainsi, c'est encore leur adresse qui leur est si nécessaire dans toutes les circonstances de la vie, et, comme nous le verrons dans la suite, jusque dans la mise en œuvre de leurs facultés intellectuelles. A ce point de vue, les institutions anglaises et américaines laissent loin derrière elles toutes les autres. D'elles nous sont venus les exemples à suivre. En particulier, le Royal Normal College de Londres grâce à l'initiative personnelle de son directeur aveugle, M. Campbell, s'est fait, par la culture physique qui y est donnée, une réputation mondiale.

Sans doute la gymnastique suédoise sous toutes ses formes (mouvements libres, mouvements avec haltères, mouvements avec appareils spéciaux) est très recommandée aux aveugles. On sait de quelle faveur elle jouit depuis une vingtaine d'années auprès de nos hygiénistes. C'est un spectacle curieux dans nos écoles que ces jeunes gens et ces jeunes filles groupés en rangs, face au maître, qui agitent tous leurs bras d'un mouvement uniforme. Les membres se relèvent et s'abaissent, se déploient et se replient avec un ensemble parfait tandis que les voix comptent la mesure à pleins poumons pour faire jouer tous les muscles de la cage thoracique à la fois.

A un signal donné tous s'arrêtent, font un quart de tour sur eux-mêmes et chacun pose les mains sur les épaules du camarade qui se trouve ainsi devant lui. Puis la colonne s'ébranle au pas gymnastique, sous la direction d'un clairvoyant ou d'un demi-voyant placé en tête. Grâce à cette chaine de bras qui relie les épaules aux épaules chacun suit son rang, et le maître peut faire exécuter la même variété de pas qu'à une colonne de clairvoyants.

Mais la gymnastique pour les aveugles ne se limite pas à la marche et aux mouvements des membres. Tous les appareils qui se rencontrent dans les salles de gymnastique ordinaires se retrouvent ici : la barre fixe, les barres parallèles, l'échelle horizontale, l'échelle dorsale, l'échelle de corde, la poutre, les anneaux, le trapèze, la corde à nœuds, la corde lisse, le vindas, etc. A peu près sans exception, nous assurent les maîtres de gymnastique de nos écoles spéciales, tous les exercices que font les clairvoyants à l'aide de ces divers appareils sont parfaitement accessibles aux aveugles. Quiconque voudra s'en assurer pourra se reporter au livre où M. Récopé, professeur de gymnastique à l'Ecole spéciale du département de la Seine, a exposé la méthode par lui suivie avec ses élèves pendant dix-huit années d'enseignement.

J'avoue bien qu'en France et en Allemagne tous ces appareils sont souvent négligés, ou tout au moins beaucoup moins employés qu'ils ne devraient l'être. Les directeurs d'écoles sont trop souvent effrayés par les responsabilités qu'ils assumeraient en poussant leurs élèves dans cette voie. Et de fait l'opinion publique, si ignorante de ce qu'est et de ce que peut un aveugle, ne leur pardonnerait pas une jambe cassée ou un bras démis. Elle s'indignerait contre des maîtres qui exposent ainsi des infirmes, et taxerait d'imprudence ce qui serait un acte de sage prévoyance[1]. Des aveugles qui passent outre s'en trouvent

---

[1]. Voir à ce sujet l'opinion de M. Edward E. Allen *Sur l'éducation physique dans les écoles d'Europe* : « Le visiteur ne rencontrera pas cette prodigalité de terrains de jeux si commune en Amérique; par le fait, il ne devra pas s'attendre à trouver de véritables terrains de jeux comme nous les comprenons. Il y a toujours des gymnases où les exercices physiques sont exécutés d'après les meilleures méthodes, les ouvriers et ouvrières des ateliers eux-mêmes sont invités à y faire régulièrement un peu d'exercice qui les repose. On rencontre souvent des jeux de boule installés à l'extérieur, et l'on peut voir dans les préaux les enfants se livrer à des jeux prescrits, ou jouer au soldat avec entrain. Mais il n'y a rien qui ressemble à nos sports athlétiques. Je demandai pourquoi. — « Oh! dit mon hôte, un directeur tout à fait homme de progrès, le public n'approuverait jamais cela. » — « Mais en quoi cela regarde-t-il le public? » demandai-je. — « Je vais vous conter une histoire, dit-il. Il y a quelques années, j'installai dans mon gymnase certain appareil à sauter. Un garçon en tomba et se blessa. La police apprenant l'incident, je fus aussitôt cité devant un magistrat afin d'expliquer pourquoi je permettais dans mon Institution quelque chose qui compromettait la sécurité des aveugles. Bien entendu, je donnai ordre d'enlever l'appareil, étant naturellement peu désireux de m'exposer à une arrestation. Telle est la raison pour laquelle nous nous en tenons à quelques jeux admis. J'imagine que vous autres Américains

fort bien. Dans les institutions anglo-saxonnes où l'on est moins timoré, où l'on se sent encouragé par une opinion publique qui toujours prend le parti des sports, les accidents ne sont pas plus nombreux, m'assure-t-on, que dans les écoles de clairvoyants.

II

Mais les jeux et diverses sortes de sports sont souvent plus recommandables encore à l'aveugle que les exercices de gymnastique. On a cherché à se rendre compte, d'abord au congrès de Bruxelles en 1902, puis au congrès de Manchester en 1908, de ce que l'aveugle pouvait faire en ce genre. Tous les jeux et exercices qu'on y a examinés, et dont on trouvera les listes dans les comptes rendus de ces deux congrès, ont été expérimentés. Ils ont fait leurs preuves. Nombre d'entre eux sont excellents parce qu'ils développent à la fois toutes les facultés chez les aveugles et en particulier cette suppléance des sens, qui est la clef de leur activité.

Quand l'aveugle tient dans sa main sa barre fixe ou sa corde lisse, il est l'égal du clairvoyant. Il ne lui faut que de la force et de l'agilité. La vue ne lui servira de rien pour exécuter les tractions qu'il doit faire, et il n'a pas besoin d'y suppléer par d'autres sens.

La danse, outre l'agilité, a le mérite de développer, bien plus que la plupart des exercices de gymnastique, la mémoire musculaire. Elle est pratiquée dans beaucoup d'écoles spéciales, aussi bien en France et en Allemagne qu'en Angleterre. Des danses très variées peuvent être exécutées par des aveugles.

vous n'êtes pas aussi limités. » — Je lui dis que je serais désolé que nous eussions ainsi les bras liés, que la vie de l'aveugle n'est que trop monotone, et que nos méthodes demandent l'aiguillon de nouveaux actes, de nouveaux enthousiasmes et l'inspiration de l'entourage. »

Beaucoup d'entre eux s'y montrent toujours lourds et disgracieux ; il en est pourtant dont les mouvements sont aisés et agréables aux yeux. Pour les régler, ceux qui n'ont pas vu ne peuvent que faiblement, semble-t-il, s'aider de représentations spatiales du corps humain. Il leur faut surtout une conscience interne très vive de leurs images musculaires et une mémoire très développée de ces mêmes images. Plus ils perfectionnent cette conscience et cette mémoire, plus il leur est facile de distinguer avec précision les attitudes et les mouvements que le maître loue des attitudes et des mouvements qu'il blâme, de retenir l'image des premiers pour les reproduire, de les corriger aussi par des retouches successives. Tout exercice d'adresse suppose un travail de ce genre. Mais ici un nombre considérable de muscles y sont intéressés à la fois et c'est pourquoi la danse donne aux mouvements plus de justesse et de sûreté, pourquoi aussi elle redresse tant de contenances disgracieuses qui sont ordinaires aux aveugles.

Mais pour sauter et pour courir en plein air l'aveugle n'a pas seulement besoin de force, d'agilité, de précision dans les mouvements, il lui faut faire appel à toutes les ressources de ses sens. Là il les met en œuvre dans des circonstances exceptionnellement difficiles, il les développe aussi à la faveur des stimulants les plus puissants qui puissent exciter une activité physique : l'initiative personnelle, l'émulation, l'ardeur du jeu, la nécessité d'agir promptement. De là l'utilité des jeux et des exercices sportifs pour entretenir en lui la spontanéité au milieu des obstacles matériels qui sans cesse tendent à l'étouffer.

La difficulté et l'utilité de ces exercices ne sont d'ailleurs aucunement proportionnels à la surprise qu'éprouvent les clairvoyants à les voir pratiquer par des aveugles.

On s'étonne souvent, par exemple, que l'aveugle

monte à bicyclette, — à bicyclette-tandem s'entend. Si l'on réfléchissait cependant on verrait que son rôle y est tout passif, ou que son activité se limite à actionner les pédales conjointement avec son compagnon. Aussi ce sport est-il accessible au plus maladroit. Nombre de nos accordeurs, installés dans des villes, font leurs tournées en campagne à bicyclette ou à tricycle en compagnie d'un enfant qui leur sert de guide. Dans nos écoles, on fait usage de trains à six ou neuf places sur lesquels même les élèves les moins dispos de leur corps aiment à entreprendre de longues promenades. Le seul cas où l'aveugle cycliste ait à faire preuve d'adresse est le cas d'accident; quand la chaîne de la machine vient à manquer dans une descente, il faut quelquefois savoir sauter en dépit de la vitesse, et si la route est encombrée, faire usage de tous ses sens pour sauter où il convient et comme il convient. Le hasard y a sa bonne part. D'après les expériences très nombreuses qui sont venues jusqu'à moi il a jusqu'à présent fort bien fait les choses et il mérite notre confiance pour l'avenir.

Les risques sont un peu plus grands avec le cheval, autre exercice qu'on s'étonne beaucoup de voir pratiquer par quelques aveugles, et où leur rôle pourtant est presque aussi passif. Tout le mérite du succès est à l'animal, non à celui qui le monte. Parfois l'aveugle accompagne simplement un autre cavalier que son cheval est habitué à suivre. Souvent aussi il s'en remet à l'intelligence de sa monture, qui évite les obstacles pour son maître en même temps que pour elle-même et qui sait ménager l'espace nécessaire à une jambe entre son flanc et les objets qu'elle côtoie. « Aucun compagnon n'est indispensable », nous dit M. Littlewood, directeur d'une école d'aveugles à Liverpool, « car j'ai connu un aveugle qui allait à cheval dans les rues de Bangor, et M. Mines, un membre de notre comité, a fait à cheval, aller et retour, le voyage de Hale, soit une distance de seize milles (vingt-cinq kilomètres) pour se rendre à notre pique-nique annuel ». Dans ce cas il est clair que la part d'initiative du conducteur est plus grande : il lui faut tendre toutes ses puissances de perception pour reconnaître les lieux qu'il traverse de manière à donner à son cheval quelques indications très simples. Quand l'aveugle se contente de suivre un guide, ou encore de se promener dans un endroit clos sans but déterminé (ce sont les cas ordinaires) avec un cheval doux et bien dressé l'exercice est si simple qu'il est pratiqué même par des aveugles-sourds, aussi bien d'ailleurs que le tandem et la natation. Helen Keller se plaît à ces trois sports.

Dans la natation, la difficulté qui semblerait devoir arrêter un aveugle-sourd c'est la difficulté d'orientation. M. Yves Guégan m'assure qu'il en vient fort bien à bout en prenant comme point de repère la position du soleil et la direction du vent. Les aveugles entendants ont, en outre des mêmes guides, les bruits du bord qui les aident bien davantage. La piscine de natation est fort en faveur au Royal Normal College. On a tant de confiance dans le profit que les élèves peuvent tirer de ce sport qu'on y fait faire des exercices de sauvetage. Ce n'est pas à tort puisqu'un ancien élève du collège de Worcester, M. Siddal, écrit : « J'ai connaissance de deux sauvetages, et je crois même de trois, opérés à la nage par des élèves du collège de Worcester. Je sais qu'un homme a sauvé deux vies dans la Savern, et qu'un autre a empêché un jeune homme de se noyer dans une fosse ».

Les Anglais préconisent encore le canotage, les ascensions en montagne, le patinage, et tous ces sports ont leurs partisans aveugles. J'y pourrais joindre les sauts de toute nature à pieds joints ou à pieds libres, le saute-mouton approché. Tous certes sont très profitables, chacun à sa manière. Mais le psychologue s'instruira davantage à suivre des yeux les jeux qui demandent plus d'adresse, ceux où il faut courir ou bien encore où il faut viser juste.

Pour que des aveugles puissent courir sans danger il suffit d'aménager des pistes en gazon, en sable, en bitume, et d'en écarter soigneusement tous les obstacles. Si le coureur s'écarte de la bonne direction, immédiatement son pied, qui ne sent plus la piste, l'en avertit, et de plus en plus il s'habitue à suivre la ligne droite. Cette piste d'ailleurs court souvent à quelque distance d'un mur qui lui est parallèle, et la présence en est rendue sensible par le sens des obstacles. Pour éviter les autres coureurs on écoute le bruit de leurs pas, mieux encore la sonnerie des brassards à grelots dont leurs bras ont été munis à cet effet. Ainsi tous les sens de préservation sont en éveil à la fois. Rien ne peut mieux les préparer à toutes les tâches. De la sorte bien des genres de courses peuvent être pratiqués : course en sac, course à cloche-pied, course aux œufs, course aux patins à roulettes, etc.

Le brassard à grelots est spécialement nécessaire dans les jeux où, comme aux barres, au chat-perché, le but est d'atteindre un adversaire ou de l'éviter. Là le rôle de l'oreille se fait plus important encore et les brusques et perpétuels changements de direction que suppose le jeu constituent un exercice d'adaptation des plus profitables. Tous les muscles du corps doivent obéir avec un maximum de rapidité aux informations de l'ouïe. Au jeu de colin-maillard l'aveugle est un Colin fort estimé, précisément parce que chez lui les mouvements sont dans la dépendance de l'ouïe et du toucher. Il y joue avec d'autres aveugles sans doute, mais il y joue surtout avec des voyants qui l'écartent volontiers de leurs autres jeux comme inhabile, mais qui le recherchent en celui-ci et qui ne trouvent jamais la partie si amusante que quand c'est l'aveugle qui donne la chasse.

Les jeux de quilles, de balle, de ballon, mêlent dans des proportions variées l'exigence de l'adresse à l'exigence de l'agilité. Ils ont tous ce trait commun cependant, tout en maintenant le corps dispos, de faire passer au premier plan la discipline des muscles, l'adaptation précise des mouvements à des conditions spatiales qui sont connues par l'ouïe ou par le toucher. C'est par le toucher ou par l'ouïe, en effet, que le but est rendu sensible.

Le jeu de quilles est disposé sur une planche surélevée et le joueur déduit la position des quilles visées de la position de la planche et de la direction de ses rebords qu'il perçoit avec sa main. Il suffira dès lors, pour rendre le jeu tout à fait pratique, d'empêcher au moyen de quelques dispositifs spéciaux que la balle et les quilles ne s'écartent et ne se fassent trop longuement rechercher. Des bords surélevées retiennent la boule dans les limites du jeu; à l'extrémité de sa course elle tombe sur un plan incliné placé au-dessous du jeu qui la ramène par une pente douce jusqu'au joueur. Quant aux quilles on les attache avec des ficelles fixées dans le jeu de manière à ne leur permettre de se déplacer que dans un rayon relativement restreint.

Dans les jeux de balle le but peut être rendu sonore par divers procédés, notamment au moyen d'un dispositif analogue à celui de nos réveille-matin. Souvent le but auquel doivent s'adapter les mouvements est la balle elle-même ou le ballon que le joueur est tenu à tout instant de ressaisir. On place alors à l'intérieur un objet sonore, un grelot par exemple, ou bien encore, comme on l'a préconisé au congrès de Manchester, une poignée de pois secs qui, paraît-il, font un tapage à souhait. Il va de soi que, tant que la balle est dans l'air, le grelot garde le silence; il faut qu'elle roule à terre ou rebondisse à petits coups pour que l'oreille la suive. On doit en conséquence adapter les règles des jeux de paume ou de football à ces conditions qu'impose l'oreille. Ainsi modifiés ils jouissent d'une grande faveur dans certaines institutions. Le tennis lui aussi s'est plié à ces exigences[1], et M. Siddall nous assure qu'il en a tiré, ainsi que du hockey, autant de plaisir que n'importe quel clairvoyant et autant de profit que de nul autre exercice; il souhaiterait de trouver ces deux jeux en faveur dans toutes les écoles spéciales. « Le cricket, d'après M. Illingworth, est le sport le plus en vogue à l'asile des aveugles de Henshaw. Les garçons jouent au cricket avant le repas du matin et à tous les moments de loisir qu'ils ont pendant la journée. Quand ils ne sont pas occupés à leurs leçons le matin, vous les trouverez au cricket, et ils y jouent le soir jusqu'au moment du coucher[2]. »

Il va de soi que dans tous ces jeux d'adresse, l'aveugle n'est pour le clairvoyant qu'un partenaire tout à fait médiocre. Le son se propage près d'un million de fois moins vite que la lumière, et la loca-

[1]. On surélève le filet de quelques centimètres et le principe du jeu est alors de faire passer la balle par-dessous. Il y a faute chaque fois qu'elle rebondit sur le filet ou qu'elle passe au-dessus, faute aussi chaque fois qu'elle vient à *mourir* c'est-à-dire qu'elle s'arrête et que par suite son grelot cesse de se faire entendre. A cela près les règles peuvent être les mêmes que dans le tennis ordinaire. Inutile d'ajouter qu'on fait usage d'une raquette spéciale.

[2]. Pour les lecteurs français auxquels les jeux de hockey et de cricket ne sont pas familiers, il n'est pas inutile de rappeler en quoi ils consistent.

« Le hockey se pratique sur une pelouse ayant 90 mètres de long et 45 mètres de large. Les joueurs sont armés d'une crosse, aplanie dans sa partie courbe. Il s'agit de faire passer une balle de cuir... entre les deux poteaux de buts, plantés aux deux extrémités du champ de jeu. Les buts qui sont placés au centre des deux plus petits côtés du rectangle délimités à la chaux sur le sol, sont constitués par deux poteaux plantés à 4 mètres

lisation dans l'espace est beaucoup moins précise par l'ouïe que par la vue. Aussi des mouvements qui sont dirigés par l'ouïe et qui cherchent à atteindre des objets placés à quelque distance ne pourront jamais prétendre à la même sûreté que ceux que la vue commande. Il n'en est pas moins intéressant pour le psychologue de constater que la suppléance des sens permet à certains aveugles de jouer à ces divers jeux avec assez de succès pour qu'ils leur soient très agréables. A la Perkins Institution, à Boston, les parties de football se prolongent avec une extrême animation durant des journées entières. A Worcester College, dans les beaux temps du jeu de tennis, des partenaires jouaient jusqu'à épuisement, m'assure M. Siddall, et beaucoup étaient obligés de changer de linge à la fin du match.

III

C'est comme préparation aux difficultés pratiques de tout genre que la vie oppose aux aveugles que ces jeux et exercices sont d'un intérêt primordial.

l'un de l'autre, reliés par un cordeau blanc à 2^m,10 au-dessus du sol. »

Le cricket se joue « sur un terrain plat d'assez longue étendue. A chaque extrémité on plante en terre, vis-à-vis l'un de l'autre, trois bâtons distants de quelques centimètres. Sur leur partie supérieure, on place un autre bâton, que la moindre secousse fait choir. Le portique ainsi formé se nomme le guichet. Les joueurs, divisés en deux camps et armés chacun à leur tour d'un long battoir, s'efforcent de toucher avec la balle le guichet des adversaires et de le renverser. » *(Larousse.)*

L'adaptation de ces jeux suppose elle aussi bien entendu quelques modifications : c'est ainsi que pour le hockey aux crosses se substituent des instruments de jet moins dangereux, à la pelouse un terrain durci où la balle se fera mieux entendre, et que les buts sont constitués par des bordures en bois ou en pierre qui s'étendent d'une extrémité à l'autre du terrain de jeu.

Malheureusement chez nous la plupart des aveugles s'en détournent. Beaucoup témoignent d'une véritable répugnance pour toute éducation physique, et naturellement ce sont ceux qui en ont le besoin le plus urgent qui s'y montrent le plus paresseux. Les maladroits sont légion. Puisque, même chez nous, les aveugles à type moteur passent outre, et puisque l'exemple des Anglo-Saxons nous prouve qu'il est possible de développer les qualités motrices chez un beaucoup plus grand nombre d'entre eux, il serait important de réagir plus que nous ne le faisons.

Notre infériorité sur ce point n'est pas seulement une question de race. Je crois que notre système scolaire porte sa part de responsabilité. Outre la timidité des directeurs que j'ai mentionnée plus haut, il faut signaler l'absence quasi totale en France d'écoles enfantines. C'est dans ses toutes premières années, au temps où sa vivacité naturelle l'y pousse et où une prudence excessive ne le paralyse pas, que l'aveugle doit prendre l'habitude du mouvement. Ce temps passé, il est généralement trop tard. Nos institutions qui reçoivent les élèves à neuf ou dix ans, ou même davantage, ne peuvent trop souvent que constater un mal déjà fait. A l'Ecole Braille, la seule école enfantine que nous possédions jusqu'à présent, l'enseignement de la gymnastique a donné des résultats aussi favorables qu'en aucune institution étrangère, et le maître qui a organisé cet enseignement résume ainsi son expérience :

Bien plus qu'avec les enfants clairvoyants, il y a ici tout à faire. Il faut apprendre à l'aveugle à se servir de ses membres, et surtout l'empêcher de s'abandonner à une immobilité craintive aussi préjudiciable à la santé de son corps qu'au développement de son intelligence. Les enfants qu'on nous présente sont tristes, timides. Les articulations manquent de souplesse. La démarche est hésitante. Il s'agit de leur donner l'assurance et l'aisance des mouvements, de les mettre à même, par des exercices préparatoires, de suivre des leçons avec fruit. Il est bien rare qu'au bout de quelque temps le plus lent n'arrive pas à prendre part à des exercices graduellement plus difficiles, jusqu'au moment où il devient malaisé de dire si l'on a affaire à des aveugles ou à des clairvoyants. On a pu voir... à quelle perfection dans les mouvements d'ensemble on peut arriver avec de la patience et une attention soutenue.

A défaut d'écoles enfantines rationnellement organisées, il est d'un prix inestimable pour l'enfant aveugle d'être entouré de parents qui l'encouragent à courir et à se risquer un peu, de frères ou de camarades qui l'entraînent à jouer avec eux et à participer à tous leurs ébats. Sa vie tout entière en sera transformée. Il n'est pas d'éducation physique sérieuse, même pour les voyants, qui ne comporte quelques risques. A supposer que les risques courus par l'aveugle soient plus grands que ceux de ses camarades, les bénéfices qu'il tire de l'éducation physique, en revanche, sont incomparablement supérieurs à ceux que les autres en peuvent attendre et hors de proportion avec les dangers auxquels elle l'expose.

Tous ceux auxquels a été donnée une enfance remuante et même un peu hasardeuse s'en sont félicités par la suite. M. Campbell qui, né aux États-Unis, perdit la vue à trois ans et demi, ne tarit pas sur les souvenirs de ses premières années de cécité :

J'aimais passionnément la chasse et la pêche, nous dit-il. En compagnie de mes frères j'escaladais les rochers les plus escarpés. Je devins ainsi un grimpeur exercé. Un jour, étant très loin de la maison, nous décidâmes de quitter le sentier battu, et de dévaler par une montagne rocailleuse, en nous suspendant aux branches des arbres. Je pouvais grimper sur n'importe quel arbre en étreignant son tronc dans mes bras. Mes ennemis les plus redoutés dans mes excursions aventureuses de ma jeunesse, c'étaient les serpents de toute espèce. Souvent je les touchais du pied sans le savoir. Un jour que j'allais à la moisson, un gros serpent à sonnettes se trouva dans le blé que je ramassais. Il s'agita pour s'échapper; je le sentis, et le jetai violemment loin de moi, ce qui probablement me sauva la vie... Je m'affectionnais à tous les animaux qui nous entouraient à la ferme. J'aimais surtout nos chevaux. Une petite jument Nelly était ma propriété particulière. Elle était très vive, mais un être raisonnable ne se serait pas mieux rendu compte de ma cécité. Elle venait à mon appel et je pouvais parfaitement me fier à elle. Même dans les sentiers de montagne elle me faisait traverser en sûreté les chemins les plus périlleux.

Certes, les serpents à sonnettes ne sont pas nécessaires à une bonne éducation d'aveugle, mais dans les ébats de cette enfance turbulente ont senti jaillir la source de cette énergie prodigieuse dont M. Campbell a donné par la suite tant de preuves précieuses dans sa vie si aventureuse elle aussi. Il a fait en compagnie de son fils et d'un guide l'ascension du Mont-Blanc : satisfaction de luxe, je dirais presque de parade si je ne savais la joie capiteuse que goûte M. Campbell dans le déploiement de son activité physique. Mais M. Campbell a pu encore parcourir, avec un compagnon, des milliers de lieues à cheval dans les montagnes et dans les landes de l'Amérique du Nord, à la recherche d'enfants aveugles privés d'éducation. Pris par l'orage et enveloppé de ténèbres il a pu s'improviser le guide de son conducteur, et, aidé de sa jument intelligente, se sauver avec lui de fort mauvais pas. A ces courses hardies bon nombre d'enfants aveugles sont redevables de leur instruction. Conséquence moins pittoresque sans doute, mais non moins estimable parce que tous y peuvent prétendre, il a dû à cette enfance dont le souvenir lui est cher une adresse dans les actions de sa vie de chaque jour dont son entourage seul a connu tout le prix. Il lui doit à présent une vieillesse verte, active, utile, car à quatre-vingt-deux ans M. Campbell dirigeait encore hier le Royal Normal College, et il est si persuadé encore aujourd'hui des bienfaits qu'il doit à ses courses vagabondes qu'il s'est fait le champion et l'apôtre de l'éducation physique pour les aveugles.

CHAPITRE VIII

Indications sur l'activité physique de l'aveugle.

I

L'étude de la faculté d'orientation vient de nous offrir un exemple de la manière dont s'opère chez les aveugles la suppléance des sens. Pour bien mesurer tous les effets de cette suppléance deux enquêtes seraient à entreprendre.

La première porterait sur les occupations dont s'acquittent habituellement les aveugles (soins de toilette, balayage, cuisine simple, etc.), et sur les métiers manuels qu'ils exercent d'ordinaire (accord des pianos, brosserie, vannerie, cannage et rempaillage des chaises, tour, cordonnerie, fabrication de balais en sorgho, etc.). Pour chacune de ces occupations et chacun de ces métiers, il faudrait suivre jusque dans le détail technique les moindres manipulations de l'aveugle, noter en quoi elles diffèrent de celles des clairvoyants, et comment, dans chaque cas particulier, il est suppléé à l'action de la vue. On connaîtrait ainsi les effets courants de la suppléance, ceux qui se constatent chez tous les sujets normaux.

L'autre enquête aurait pour objet de rechercher ses effets les plus rares, les limites de sa puissance chez quelques individus exceptionnellement doués. On choisirait pour cela les sujets qui se signalent par quelque aptitude particulière et on étudierait avec une extrême précision leurs moyens d'action. Il existe un aveugle électricien, par exemple, un autre est coutelier, un autre a travaillé comme menuisier et comme ébéniste dans plusieurs ateliers de clairvoyants et exactement dans les mêmes conditions que ses compagnons. Il y aurait grand profit à savoir comment ils se sont acquittés ou s'acquittent encore de leurs tâches respectives. Et le profit serait peut-être pratique autant qu'intellectuel : telle aptitude, qui aujourd'hui nous apparaît comme individuelle, est susceptible peut-être de devenir, je ne dis pas commune, mais moins singulière, et peut-être il suffit de l'examiner de près pour montrer que beaucoup de sujets peuvent se l'approprier.

Mais ici, ne nous y trompons pas, tout est à faire. Non que les récits et descriptions de semblables cas singuliers fassent défaut, mais il n'en est pas ou fort peu que l'on puisse accepter sans contrôle. Pour ce qui est des occupations ordinaires, chacun peut nous fournir des renseignements. Il existe d'ailleurs des manuels pour accordeurs aveugles, pour brossiers, pour cordonniers, qui nous révèlent leurs procédés. Lorsqu'il s'agit de capacités particulières nous avons toujours des mystifications à redouter, mystifications voulues ou non d'ailleurs. Ou c'est l'intéressé lui-même qui cherche à se faire valoir, ou c'est un témoin émerveillé qui nous clame son inintelligente admiration. Dans ces descriptions, il n'y a aucune précision. Et puis, allez aux sources : neuf fois sur dix vous verrez le prodige fondre entre vos doigts. Il ne faut qu'un oubli, que négliger de confesser l'aide d'un clairvoyant pour tel pas difficile, et l'action la plus simple se transforme aussitôt en un miracle.

Obtenir la parfaite sincérité du témoignage n'est pas la seule difficulté d'une semblable enquête. Il y faut encore une compétence multiple pour suivre le menuisier, le coutelier, l'électricien, chacun dans le détail technique de sa spécialité. Voilà ce qui la rend délicate à entreprendre.

Elle est pourtant nécessaire. Ce ne serait pas connaître la puissance de la suppléance des sens que de n'en retenir que les formes les plus vulgaires. Si nous voulons nous représenter vraiment la situation des aveugles et les conditions physiques que leur fait la cécité il nous faut savoir entre quelles limites s'étend leur faculté d'agir. Aussi les deux études sont également désirables. Elles se complètent l'une l'autre.

Il ne saurait être question de les entreprendre dans les pages qui vont suivre. Je ne veux que réunir quelques faits qui pourront orienter les recherches de ceux qui les entreprendront, et qui, en montrant ce que peuvent les aveugles, assoupliront les imaginations et donneront une idée plus juste de la suppléance.

II

Pour sa vie intellectuelle nous avons vu l'aveugle se constituer un outillage très particulier, et nous avons constaté qu'il n'a pu développer son activité qu'à la condition de renoncer aux instruments des voyants pour s'en faire d'autres très distincts, bien à lui, adaptés aux exigences du toucher. Nous pourrions craindre que pour la vie matérielle, de même, un milieu spécial et artificiel ne lui soit nécessaire, qu'il ne soit obligé de tout transformer à son usage, de se créer, pour vivre et pour agir commodément, un outillage particulier, adapté lui aussi aux exigences du toucher. Il n'en est rien. Ici la suppléance des sens est assez souple pour ne nécessiter qu'un minimum de dispositifs spéciaux. Ses objets familiers sont à peu de chose près ceux de tout le monde.

C'est que, pour la plupart, les instruments les plus

indispensables de la vie matérielle des clairvoyants, précisément parce qu'ils servent à des fins matérielles, tombent à la fois sous le sens du toucher et sous le sens de la vue. C'est en tant que tangibles qu'un seau, qu'un broc, qu'une cuvette, qu'une assiette sont utilisables. Le toucher, sens fondamental d'où tous les autres dérivent, est le sens par excellence de la conservation de la vie. Il est mêlé à tous les actes essentiels. Beaucoup des objets dont nous nous servons ne sont, comme il apparaît si clairement dans la cuillère et dans la fourchette, que des appendices et des substituts de la main dont ils multiplient et perfectionnent les facultés, de même que la main n'est que la forme la plus parfaite sous laquelle se présentent à nous les organes tactiles. Ils restent donc en contact avec la main et empruntent d'elle toute leur valeur.

Bien que les clairvoyants se représentent visuellement ces objets et que la vue leur semble même indispensable pour en faire usage, le rôle de la vue en ce qui les concerne, très précieux sans doute, apparaît pourtant comme accessoire. Elle permet d'entrer en contact avec eux à de grandes distances, mais dans un contact imparfait et qui ne saurait que très incomplètement remplacer le contact direct, car un clairvoyant ne tire d'une fourchette les services essentiels qu'il attend d'elle que lorsqu'il la tient en main. Elle sert surtout à rendre le maniement des objets plus sûr et plus rapide. Elle ne modifie que rarement d'une manière profonde les rapports qui nous lient aux objets de première nécessité.

Je dis aux objets de première nécessité, car, à mesure qu'elle se développe, la civilisation crée sans cesse de nouveaux besoins; elle imagine aussi des instruments de plus en plus artificiels pour les satisfaire. Moins ces objets sont nécessaires et simples, plus ils ont tendance à se dégager du toucher, le sens utilitaire par excellence, pour s'adresser aux sens élevés. L'outillage de la vie se complique par suite de jour en jour, et ses relations au toucher, d'abord si étroites, se détendent d'autant. Dans le magasin ainsi enrichi des objets familiers il en est assurément un bon nombre que les clairvoyants ne considèrent que par leurs qualités visuelles : tels sont des instruments de jeu comme les cartes, les dominos, les échecs; tels sont encore des instruments de mensuration : la montre, le thermomètre, le baromètre, etc.

Je ne prétends pas que dans tous les cas absolument où l'œil ne joue qu'un rôle d'adjuvant l'art du toucher suffise à le suppléer sans s'aider d'aucun dispositif spécial[1]. Le plus léger frottement déplace les pions au jeu de dames. L'aveugle à force d'attention peut les toucher et se rendre un compte exact de la position des deux adversaires sans déranger la partie. Cette préoccupation pourtant ralentirait considérablement le jeu et en ferait une fatigue. L'aveugle fait donc usage d'un jeu de dames où les pions, au lieu d'être simplement posés dans leurs cases respectives, y sont légèrement maintenus au moyen d'une pointe qui s'engage dans une cavité correspondante. Il en va de même pour d'autres jeux, le jeu d'échecs ou le loto par exemple.

L'extrême ténuité de certains objets peut être un obstacle à la suppléance aussi bien que leur extrême mobilité. Des aveugles adroites, en s'aidant de la pointe de la langue, parviennent à enfiler des aiguilles même très fines. Elles ont pourtant grand avantage à

1. D'une façon générale, dans les outils et instruments de travail de toute nature, marteau, tenailles, ciseau, balai, pincettes, etc., l'aveugle recherche un manche aussi court que possible. De la sorte il les dirige plus sûrement, et les impressions musculaires qu'il reçoit de son travail sont plus précises. Or, ces impressions musculaires l'aident à contrôler ce qu'il fait, et, dans les cas où il ne peut toucher sans danger ou sans grave inconvénient, elles constituent même son unique moyen de contrôle.

se servir d'aiguilles dont le chas est fendu à l'extrémité, dites aiguilles d'aveugles et dont l'emploi leur est commun d'ailleurs avec nombre de personnes âgées.

Ce sont là des cas exceptionnels car l'extrême ténuité et l'extrême mobilité constituent même pour le clairvoyant des entraves dans la vie courante, et il les évite autant que possible. Même nombre d'objets que, soit à cause de leur température, soit pour les dangers qu'ils comportent, soit pour leur fragilité, le voyant estime ne pouvoir employer que grâce au secours de la vue, sont en fait parfaitement utilisables pour l'aveugle.

Certes, la chaleur oppose des difficultés aux aveugles. On les voit cependant s'occuper du feu dans leurs intérieurs sans s'aider pour cela, d'instruments spéciaux. Ils le préparent, l'allument, l'entretiennent.

Le pétillement de la flamme et le rayonnement de la chaleur leur fournissent souvent d'utiles indications. Ils usent du gaz pour se chauffer ou faire leur cuisine. Pas n'est besoin de fabriquer pour eux des lampes à alcool d'une forme spéciale ; ils emploient fort bien des modèles qui sont dans le commerce, en ayant soin seulement de choisir les moins dangereux. Sans doute il ne leur est pas possible de toucher du doigt la bûche qui brûle dans la cheminée pour se rendre compte si elle est bientôt consumée. Le toucher indirect remédie à cette difficulté : en palpant avec l'extrémité des pincettes, l'aveugle perçoit et la position du combustible et son état. S'agit-il de faire bouillir de l'eau : ce sera l'oreille qui l'avertira du moment de l'ébullition.

Le feu l'oblige à prendre plus de précautions qu'un autre : il est toujours tenu de fournir une plus grande somme d'attention. Mais rien dans nos maisons n'est pour lui d'un usage périlleux. Il n'est pas d'objet pointu ou tranchant qu'on ne doive lui laisser entre les mains. La hache et la scie sont de son ressort aussi bien que les couteaux les mieux affilés et les poinçons les plus acérés. Grâce à l'éducation spéciale de son toucher qui lui permet de diriger et de mesurer ses mouvements avec une précision que le clairvoyant n'atteint que les yeux ouverts, pour couper, pour percer il use des instruments de tous.

La même éducation fait que les objets fragiles ou extrêmement mobiles sont entre ses mains pour la plupart en pleine sécurité. Pour lire l'heure il lève le verre de sa montre : il touche les aiguilles les plus fines sans risquer de les déplacer. Une maîtresse de pension, ayant à faire transporter une coupe fragile, disait un jour : « Confiez-la à l'aveugle, elle sera plus en sûreté entre ses mains qu'entre les mains d'aucun autre enfant. » C'était un paradoxe que je ne prétends pas défendre. Il exprime pourtant cette vérité qu'un excès de risque développe parfois un excès d'attention qui peut devenir habituel. De fait, nous avons vu que l'aveugle a le moyen de ne jamais se heurter dans la maison. Il peut donc faire usage des objets de verre les plus fragiles; il transporte quotidiennement sans danger des vases remplis ou des lampes allumées.

Mais l'art le plus parfait du toucher s'embarrasse souvent devant les objets que les voyants n'utilisent que pour leurs qualités visibles. Pourtant, même ceux-là il trouve souvent moyen de les utiliser immédiatement parce que les signes visibles et les signes tangibles ayant ce caractère commun d'être spatiaux, il arrive que les signes visibles soient doublés de signes tangibles qui, superflus pour le voyant et négligés par lui, pourront être mis à profit par l'aveugle. Telles sont les monnaies courantes dans tous les pays. Les dominos et les dés à jouer de l'aveugle sont les dominos et les dés de tout le monde.

Souvent cependant l'utilisation ne sera possible qu'à la condition de traduire les signes visibles en signes tangibles ou auditifs. Les dispositifs que la suppléance nécessite alors sont en fait très peu nombreux, et ils sont en général fort simples.

Les jeux de cartes, que tant d'aveugles aiment passionnément, ne sont accessibles qu'à la condition de faire subir aux cartes une préparation. Elles sont marquées de petits points aux extrémités, disposés symétriquement en sorte que l'aveugle lui aussi puisse prendre la carte indifféremment dans les deux sens, assez fins, d'ailleurs, pour que le partenaire voyant n'en soit pas gêné. Aux dames, il ne suffit pas d'assujettir les pions, il faut distinguer tactilement les pions noirs et les pions blancs : un point, par exemple, peut être placé sur les premiers. Le cadran de la montre de l'aveugle est de même muni de chiffres Braille ou simplement de points de repère tangibles qui se substituent ou s'ajoutent aux signes visuels ordinaires, précaution au reste qui n'est nullement nécessaire au doigt pour se reconnaître mais qui permet de lire l'heure avec une plus grande précision. Au moyen de dispositifs très simples on permet à l'aveugle de lire son baromètre, son thermomètre, et même son hygromètre. On a de même muni de signes tangibles le mètre dont il se sert et l'échelle graduée de ses balances. On a même imaginé des pèse-lettres avec des signes auditifs particuliers, pour marquer les poids correspondants à des affranchissements déterminés. Beaucoup de ces appareils sont si peu nécessaires que les aveugles n'en font point usage.

On pourra les multiplier. Toujours on devra s'arrêter devant l'objet d'ornementation destiné à plaire aux yeux. Celui-là, l'objet de luxe par excellence, n'est pas susceptible d'une traduction tactile. Les objets nécessaires en sont tous susceptibles.

Si nous passions de la maison à l'atelier, l'aveugle serait beaucoup plus désorienté. La plupart des machines industrielles qu'invente notre civilisation raffinée sont ou si complexes, ou si dangereuses, ou supposent tant de précision dans leur maniement, qu'elles sont en pratique interdites à l'aveugle. Les objets de la maison doivent être maniés non par des spécialistes mais par tout le monde. Ils ne sont pratiques qu'à la condition d'être d'un emploi facile et sûr. Aussi même les derniers dons qu'ait fait à nos maisons l'industrie humaine, l'ascenseur, le téléphone, la machine à écrire sont-ils parfaitement utilisables par l'aveugle. Je ne parle pas du phonographe qui semble imaginé pour lui permettre de conserver, lui aussi, les portraits des personnes qui lui sont chères, portraits auditifs où l'aveugle retrouvera les mêmes émotions que le voyant dans son album de photographies.

Si nous le transportons dans la demeure d'un clairvoyant, sans doute bon nombre d'objets, objets de luxe pour la plupart, qui servent au plaisir des yeux, seront perdus pour lui. Dans le salon, si les bibelots fragiles abondent, il se sentira gêné et comme contraint, à cause de l'attention extrême dont il devra accompagner tous ses mouvements. Mais quand il aura appris la place de chaque chose, travail de suppléance par la mémoire qui lui est indispensable, il aura tout ce qui lui est nécessaire pour vivre et agir.

Et si maintenant nous le reconduisons jusque chez lui, nous remarquerons à peine que le maître du logis est privé du plus précieux des sens. Sans doute quelques aveugles exceptionnellement maladroits ont éprouvé le besoin de faire dans leur demeure certaines transformations à leur usage. J'en sais un qui dans toutes les allées de son jardin a fait tendre des fils de fer qu'il suit de la main pour se diriger. Ce sont là des précautions qu'un clairvoyant peut approuver, mais dont un aveugle normal ne fait que rire. Chez lui, seul son cabinet d'étude a un aspect original avec ses gros livres blancs criblés de points, avec sa mappemonde en relief, avec ses étranges appareils d'écriture parmi lesquels l'œil cherche en vain l'encrier. Dans toutes les autres pièces, si l'aveugle habite seul la maison, l'ordre extrême avec lequel chaque chose est à sa place et la pauvreté de l'ornementation pourront frapper un observateur attentif. Du moins nous ne trouvons rien que des objets familiers. Si personne n'attire notre attention, nous ne remarquerons pas même les très légères particularités que présentent le baromètre, le thermomètre, les cartes à jouer et les jeux de dames ou d'échecs.

III

Ainsi muni du même matériel d'objets familiers que les clairvoyants l'aveugle se livre chez lui à des occupations très variées. Je ne prétends pas qu'il puisse se passer complètement de toute aide : la vie sociale est ainsi organisée que nous en avons tous besoin, et lui plus que tous les autres; mais tous les actes indispensables lui sont accessibles, et avec eux beaucoup d'autres moins nécessaires.

Et d'abord il prend entièrement soin de sa personne. Il doit ne dépendre que de lui-même pour tous les soins de toilette et d'habillement. La femme aveugle ajuste entièrement seule sa coiffure, et l'homme, quand il est adroit, se rase sans aide. Aucune pièce de son costume, cravate ou autre ne doit être en désordre; devant la tache seule il est sans défense car pour le miroir il n'y a pas de suppléant : il faut l'œil du voyant pour la signaler.

A table, il est sans excuse s'il ne mange pas avec une propreté parfaite. Bien que sa timidité l'empêche souvent de le faire devant des étrangers, il est parfaitement en mesure de couper sa viande : le toucher indirect par l'intermédiaire du couteau et de la fourchette lui permet de donner aux bouchées leur juste dimension et, s'il s'est trompé, le poids de sa fourchette l'en avertit. Il peut même choisir seul son morceau dans le plat, mais cet exercice suppose une investigation un peu longue. Pour assujettir dans son assiette les aliments solides qui ont toujours tendance à fuir devant la fourchette, il use d'une bouchée de pain qu'il tient entre le pouce et l'index de la main gauche. Il emplit sa carafe aisément, renseigné par le son de la hauteur approximative où monte le liquide. Pour se verser à boire en revanche, l'indication auditive est souvent insuffisante, à cause de la forme du verre. Mais le poids le renseigne; surtout le doigt délicatement posé sur le rebord du verre perçoit le moment où le liquide affleure. Une petite pièce de cuir rendrait avec avantage le même service. Peler les fruits ou les éplucher ne présente aucune difficulté. Seuls les poissons aux arêtes multiples sont très embarrassants.

Pour les soins du ménage les aptitudes des aveugles sont très variables. Il en est qui les ont assumés dans leur maison presque entièrement. Tel aveugle qui a perdu la vue à trente-trois ans, ne pouvant supporter d'être inutile aux siens, s'est chargé peu à peu de l'entretien de la maison. Faire les chaussures, épousseter les meubles, balayer, cirer les parquets et les boiseries, faire les lits, préparer et entretenir les feux, coudre des boutons et faire des reprises simples, mettre la table, laver et essuyer la vaisselle et les couverts, par degrés tout est rentré dans ses attributions. Il a même fini par prendre à sa charge la lessive. Pour permettre à ses compagnons d'infortune de profiter de son expérience, il a consigné tous les procédés de détail qu'il a imaginés dans un manuel à leur usage. Le psychologue y trouvera à glaner. La poussière se touche, la boue de même, et l'aveugle qui fait le ménage ne doit pas craindre de se salir les mains et de se les laver. Mais le linge taché ne se distingue pas toujours au doigt du linge propre : aussi quand l'aveugle fait la lessive, s'il n'a pas à côté de lui un clairvoyant pour lui désigner les parties qui appellent particulièrement ses soins, il lui faut employer plus de savon et user l'étoffe plus que ne le ferait un clairvoyant.

L'exemple de ce courageux aveugle, qui n'est pas unique d'ailleurs, nous montre tout ce que peut faire la femme aveugle dans son intérieur. L'expérience nous a donné de ce côté de si belles espérances que, de toutes parts, on réclame des écoles spéciales de donner aux jeunes filles une sérieuse préparation ménagère. Un mouvement en ce sens, parti peut-être de l'école de Janesville aux Etats-Unis où l'on a obtenu des résultats fort encourageants, s'est vigoureusement propagé depuis quelques années. Puisqu'il est reconnu que l'ouvrière aveugle n'arrive qu'exceptionnellement à fournir un travail rémunérateur et à se suffire à elle-même, plutôt que de consacrer tous ses efforts à la poursuite d'un but impossible à atteindre, l'école fera bien de la mettre à même de rendre le plus de services possible dans la maison paternelle, et de s'y assurer ainsi une place meilleure. Même la musicienne trouvera son profit dans un tel enseignement.

Outre toutes les occupations ci-dessus mentionnées, combien il en est encore que la femme aveugle peut assumer : ranger les ustensiles de cuisine, moudre le café, écosser les pois, fendre les marrons, plier le linge, que sais-je encore? Chez les sœurs de Saint-Paul, rue Denfert-Rochereau à Paris, des religieuses aveugles font la vaisselle, transportent les repas, à travers beaucoup de portes, d'escaliers et de détours, de la cuisine aux chambres des dames pensionnaires, desservent et nettoient les tables, essuient les meubles, lavent les vitres, balayent les escaliers, contribuent largement au blanchissage du linge qu'elles étendent ensuite sans secours. Une aveugle peut habiller et déshabiller les enfants, les faire manger, prendre à peu près tous les soins qui les concernent. J'en sais une qui a élevé trois petits frères et sœurs presque entièrement. J'en sais d'autres qui se sont improvisées gardes-malades, faisant prendre les potions, préparant les tisanes, redressant les oreillers, retapant le lit. J'en sais même qui ont assumé en grande partie les fonctions de cuisinières, pour une cuisine très simple, bien entendu. Elles jugent si la viande est cuite par la résistance qu'elle offre à leur fourchette. Le repassage seul paraît impossible, sans faire courir au linge des risques sérieux[1]. Ces résultats, qui ne sont encore qu'accidentels, pourraient être généralisés. Sans doute, il n'est pas question de faire de nos aveugles des servantes à gages : jamais leur travail ne sera assez sûr, ni surtout assez rapide pour cela ; mais on en peut faire de précieuses auxiliaires dans la maison.

Dans la même mesure, et toujours comme activité annexe, non comme métier, le jardinage est pratiqué par beaucoup d'aveugles. M. Yves Guégan fait de la culture des fleurs et des légumes sa principale occupation. Dans certaines écoles chaque élève a son coin de terre à cultiver, et la plupart s'en tirent bien. Dans les mêmes écoles, on pratique parfois l'élevage des volailles, et je sais un aveugle qui s'en est fait un métier lucratif. Il affirme qu'il peut s'acquitter seul de toutes les besognes nécessaires[2]. En Amérique,

---

1. On peut repasser toutefois des mouchoirs de poche et autres choses faciles en faisant usage d'un fer modérément chaud.
2. Un autre aveugle, dont on a parlé au congrès de Manchester, s'adonnerait à l'apiculture, mais je n'ai pas sur lui de renseignements précis.

on préconise en outre le soin de la laiterie, l'élevage des porcs, l'apiculture, la culture des champignons et des légumes. Un élève de l'Institution de Brantford (Ontario) s'exprime ainsi sur les occupations auxquelles il se livre dans la ferme de ses parents :

Quand je suis arrivé chez moi, l'année dernière au mois de juin, c'était un peu la morte-saison et je n'avais pas grand'chose à faire ; mais au bout de quelques jours je fus très occupé. Je me levais le matin entre 5 et 6 heures, j'allais chercher les chevaux au pâturage et les ramenais à l'écurie pour les faire boire et leur donner du foin et de l'avoine ; puis je les nettoyais et les harnachais. Ensuite je versais le lait dans le séparateur et j'allais déjeuner. Après le déjeuner, je donnais à manger aux veaux, aux poules et aux porcs et je menais les vaches au pâturage. Certains jours j'apportais de l'eau à la maison, je battais le beurre ou je m'occupais de la machine à laver. Au milieu de la matinée, je portais de l'eau fraîche et un repas aux hommes qui travaillaient dans les champs. Vers 11 heures, je donnais à manger à tous les animaux, puis je montais à cheval et j'allais appeler les hommes pour le repas. Dans l'après-midi, je coupais les mauvaises herbes et les chardons dans la clôture, ou bien je lavais les voitures et les harnais, ou je coupais du bois. J'avais aussi l'emploi de valet d'écurie ; si le cheval devait sortir, c'était toujours moi qui l'attelais et le dételais. Le soir, le même travail revenait : nourrir tous les animaux, pomper de l'eau pour les chevaux et le bétail, traire les vaches, mettre le lait dans le séparateur et reconduire les chevaux au pâturage. A l'époque de la fenaison, j'aidais à mettre le foin en meules et à le rentrer dans la grange. Pendant la moisson, je passais les gerbes pour faire des meules. Quand les pommes de terre furent arrachées, j'en remplis des seaux que je vidais dans les sacs pendant que d'autres les ramassaient. Quand le maïs fut coupé, j'aidai à le mettre en tas ; puis je récoltais les betteraves et les navets...

Dans un ménage, lisons-nous dans *Le Louis Braille*, le mari aveugle doit aussi bien que le mari clairvoyant, seconder sa femme dans une certaine mesure. Il peut, le matin, en hiver, allumer le feu. Pendant que la femme sera occupée à la cuisine, il descendra à la cave, débouchera les bouteilles, coupera le pain. Avec le désir de se rendre utile beaucoup de travaux d'intérieur lui deviendront accessibles : clous à enfoncer, planches à fixer, bourrelets à remettre, j'allais dire meubles simples à faire. Et pourquoi non? je me rappelle quelques heures passées dans une aimable famille, où, avec beaucoup de bonne grâce, le mari aveugle me montra ce qu'il avait fait pour aménager son appartement et le rendre commode, rayons posés partout, caisses, armoire, bibliothèque, il a tout confectionné. Et, pendant que j'admirais le bon ordre de toutes ces choses, un bambin de trois ans m'apporta fièrement son cheval : « C'est papa qui a remis les pattes. » En effet, il raccommode tous les jouets de l'enfant. Cet aveugle-là, dira-t-on, est une exception, et, malgré une grande bonne volonté, il n'est pas toujours donné à un accordeur, à un professeur de se faire menuisier quand le besoin l'exige. Mais il reste à faire beaucoup de choses moins compliquées. Mettre le vin en bouteilles, fendre le bois, par exemple.

Feuilletons cette revue en points saillants qui donne fréquemment des conseils pratiques aux aveugles, conseils qui sont bien proportionnés à leurs moyens d'action, parce qu'ils émanent d'aveugles ou de personnes qui vivent constamment avec eux, et parce qu'ils sont directement inspirés par l'expérience.

M. Géry, lisons-nous encore, dont les parents tiennent un café-restaurant à Versailles, s'occupe utilement dans la maison quand il n'a pas de chaises à canner. Il fait, avec son père, le travail de la cave : celui-ci tire le vin et son fils le bouche à la mécanique. Le dimanche il s'occupe entièrement de la cave et fournit quelquefois à six ou sept garçons servants; d'ordinaire, c'est lui qui rince et essuie les verres et qui rentre chaque soir tables et chaises de la terrasse.

Une aveugle, dans le petit magasin de ses parents, sert aux clients à peu près tous les articles d'épicerie et de mercerie. Elle sait dans quel tiroir chacun d'eux repose; elle pèse très exactement les quantités demandées en faisant usage de la balance commune. Un aveugle, pour aménager sa demeure, entreprend toutes sortes de travaux de cartonnage : boîtes, casiers, sous-main, reliure de livres, etc.

IV

Hors de chez lui, l'activité de l'aveugle se proportionne à la connaissance qu'il a des lieux. L'extrême agitation de la vie actuelle, si considérablement développée par le chemin de fer, a certainement compliqué pour lui les conditions d'existence. Le plus souvent son budget ou les circonstances l'obligent à voyager seul. Surprenons les notes de voyage d'un aveugle. Il nous dira quelles difficultés il rencontre en voyage et comment il les surmonte. Son récit a le mérite d'être l'expression sincère de son expérience et de ne pas craindre ces détails minutieux que le psychologue recherche.

De Paris je pars pour Poitiers par le rapide de nuit : je m'installe dans la voiture de Tarbes; je la préfère à celle d'Orléans, elle est plus petite, chaque compartiment a une issue sur le couloir et une autre du côté inverse; le cabinet de toilette est au milieu de la voiture.

Je sais les arrêts du train très espacés jusqu'à Saint-Pierre-des-Corps, mon dernier arrêt. Je sais la durée du trajet jusqu'à Poitiers : je consulterai ma montre plus d'une fois pour ne pas être surpris par l'arrêt, et, en effet deux minutes avant, je descends mes colis sur la banquette.

En général, on descend à gauche du train, mais, dans les grandes gares il est impossible de prévoir. Je suis donc dans le couloir; j'ouvre la glace; le train s'arrête; j'écoute : aucun bruit de ce côté; je passe devant les voyageurs endormis en m'excusant et j'ouvre la glace, puis la portière. Un homme d'équipe ne tarde pas à se présenter. Avec aisance je retourne chercher mes colis que je lui passe. Il me conduit à la sortie jusqu'à une voiture qui me transporte à un domicile particulier où je suis attendu. J'y trouve un guide.

Le lendemain, je repars pour Bordeaux par le rapide du jour ; le train est entièrement composé de grandes voitures avec issues aux deux extrémités seulement. Dans ce cas, le train est généralement pourvu d'un employé spécialement attaché au service des voyageurs et qui se tient en permanence dans les couloirs. Il sait les parties du train les moins encombrées, m'y conduit, case mes colis. Cet homme, dans l'intérieur des voitures, me résout toutes les difficultés dans les grands voyages : c'est lui qui me conduit au wagon-restaurant et me ramène ; si je passe la frontière, il me recommande à l'employé étranger qui le remplace. Un grand voyage de Paris ou sur Paris est ainsi des plus simples. Au départ je me rends compte des issues, du maniement des portes, de la place du cabinet de toilette, toutes choses très variables selon le modèle de la voiture. Sans cette petite exploration préalable, j'aurais parfois bien des surprises.

J'arrive à Bordeaux. Un guide qui m'est envoyé par une personne de connaissance m'attend à la sortie. Je me rends à l'hôtel où j'ai retenu ma chambre. J'y monte aussitôt, je congédie mon guide en lui indiquant mon heure pour le lendemain matin. Quand le garçon monte mes colis, je le prie de m'accompagner à l'endroit nécessaire. J'observe attentivement l'orientation des couloirs, les détours souvent assez compliqués ; quelquefois même il faut changer d'étage. Je fais le voyage inverse jusqu'à ma chambre : cette manœuvre me suffit pour que je puisse ensuite la faire seul.

Le garçon parti j'inspecte ma chambre, je déballe mes colis, ma machine à écrire, mes papiers. Après avoir fait un peu de toilette, je sonne le garçon et le prie de m'accompagner à la salle à manger. Je demande une petite table séparée. Je parle aux garçons avec beaucoup de correction. Je trouve généralement chez eux empressement et prévenances. Le garçon me lit le menu, je choisis. Je dois savoir parfois un peu attendre. D'ailleurs, quoi qu'il arrive je me garde de la moindre observation malveillante. Mon repas terminé j'épie le moment favorable où le garçon peut me reconduire au pied de l'escalier. De là le plus souvent, je puis retrouver ma chambre. Jamais je ne me mêle à la conversation des voyageurs qui, bientôt, ne font plus attention à moi.

Vingt-quatre heures plus tard je partais pour Rochefort, ligne de l'État, directe régulièrement ; mais, ce soir-là, à l'embranchement de Royan et tout à fait exceptionnellement tout le monde change de train. Je fus surpris en plein travail de correspondance, tous mes papiers défaits. Les voyageurs, surpris comme moi, se pressent, se bousculent. Grand désarroi dans la gare. Mon compartiment s'était rapidement vidé. Je me montre à la portière et j'attends : beaucoup de monde se presse, mais personne ne vient à mon aide. Je m'écrie : « Un facteur? » Cela me réussit.

En arrivant à Rochefort, je n'avais point d'hôtel retenu. Je demande à l'homme qui me débarque de me conduire à l'omnibus du meilleur hôtel de la ville. Quand je descends, surprise exprimée par un silence gênant ; cela ne dure pas longtemps mais il y a un instant désagréable ; c'est très différent quand je me suis annoncé par une lettre...

J'arrête ici les notes de mon témoin qui fait encore un détour par Niort et Saint-Maixent, revient coucher à Parthenay, et rentre à Paris sans incidents. Il n'est pas des plus aventureux. J'en sais qui se piquent, à la descente du train, guidés par leur seule oreille, de suivre la foule jusqu'à la sortie, et de se hasarder sans aide à pied dans une ville dont ils ne connaissent que le plan. Ma conviction est qu'ils n'y réussissent que très mal, au prix de bévues humiliantes et de risques sérieux. Les aveugles qui ont le souci de leur sûreté autant que de leur dignité évitent le plus possible ces audaces qui, en les exposant, attirent l'attention sur leur infirmité. Si, en voyage, ils s'aident beaucoup de la suppléance des sens, ils savent aussi que dans de nombreuses circonstances ils doivent faire appel au concours des clairvoyants.

V

Comme activité d'ordre professionnel, parmi les nombreux exemples d'aptitudes particulières qu'il serait facile de citer, j'en retiendrai deux qui sont l'un et l'autre facilement contrôlables et dans lesquels les hommes du métier pourront en connaissance de cause démêler le jeu de la suppléance des sens.

M. Béraud, électricien et mécanicien aveugle à Marseille, s'exprime ainsi sur ses travaux :

Je m'occupe, depuis dix-sept ans déjà, d'électricité et de mécanique en amateur et quelquefois même en professionnel. Quoique j'aie suivi avec succès au Conservatoire de Marseille les cours de violon et d'harmonie, j'avoue que, bien souvent, j'aurais mieux aimé passer mon temps avec des électriciens, toucher à tout dans leurs ateliers ou faire une bonne promenade à tandem ou à quadricycle à moteur.

Dès l'âge de quinze ans, j'avais fait, dans notre appartement assez vaste, une petite installation de sonneries électriques. Elle se compliquait de différentes dispositions : plusieurs sonneries, appels et réponses à trois fils, contacts de sûreté, commutateurs à plusieurs directions; plus tard, un tableau indicateur à quatre numéros.

Entre temps, je questionnais des hommes de métier, je me faisais lire des ouvrages d'électricité. Mon père me fit alors remarquer que, si mon installation fonctionnait parfaitement, elle n'était pas très bien faite; je la réinstallai selon les règles du bon goût : fils assortis aux papiers et aux tentures, fils bien droits et bien tendus, le plus cachés possible, disparaissant quelquefois dans des saignées faites aux murs ou sous des moulures. Mon tableau indicateur étant posé dans un passage obscur, je dus installer, dans l'intérieur, une lampe électrique qui permettait de voir quelle était la fiche sortie. Celle-ci éclairait la lampe en paraissant et l'éteignait en disparaissant.

Cette installation terminée et approuvée par des gens du métier et par mon père qui est architecte-entrepreneur, je fis mes débuts en téléphonie. Après avoir étudié un plan de pose qu'un ami me fit sur une planche avec des ficelles et des pointes, j'installai deux petits postes primaires. Je remplaçai plus tard mes appareils par de plus modernes à bobines d'induction. A cette époque je possédais un petit phonographe à cylindres. Il y a dix ans, la machine parleuse n'était pas ce qu'elle est aujourd'hui ; aussi je rêvai un diaphragme reproducteur capable de purifier les ondes sonores sortant de cet appareil chargées de mauvaises vibrations. Après bien des tâtonnements, en combinant un diaphragme de sapin très mince avec un microphone Mildit, j'obtins une audition téléphonique d'une très grande pureté.

Je réussis à munir tous nos becs de gaz de robinets électriques. Ces robinets allument automatiquement le gaz lorsqu'on les ouvre. La négligence de nos employés, qui souvent fermaient mal ledit robinet, causait de fâcheux courts-circuits ; je fis alors une bobine d'extra-courant munie d'un avertisseur de court-circuit.

Mon avertisseur de boîte aux lettres est un petit appareil qui, posé dans le fond de cette boîte, met en branle une sonnerie électrique dès que le moindre poids vient à y tomber. Une carte de visite suffit. Cet appareil est le plus simple du monde : il se compose d'un pèse-lettres ordinaire, lequel est muni d'un contact très sensible ; il fonctionne très régulièrement...

J'ai eu souvent l'occasion de faire des installations d'électricité chez des clients de mon père. Seul, un demi-ouvrier quelconque pris au hasard à notre atelier de menuiserie m'aide dans mes travaux. Tout en visitant en détail les appartements, comme le ferait un électricien clairvoyant, pour me rendre compte de ce que le client désire y installer et aussi pour faire, dans mon esprit, le plan de ma canalisation de fils, je remarque au passage, sans en avoir l'air, la place des meubles, des tableaux et objets, etc. A partir de ce moment, je travaille seul au besoin dans une pièce, pendant que mon aide s'occupe dans une autre, et je manipule très bien échelles et fils. Il est cependant des cas où il est d'abord indispensable de travailler à deux, et d'autres cas où il faut absolument des yeux. J'ai fait d'assez nombreuses installations dans de très grands appartements et pour des personnes qui ne laissaient rien passer ; je les ai toujours satisfaites, et il ne m'est jamais arrivé d'accidents bien graves.

Une installation qui me donna beaucoup de mal est celle que je fis dans la petite église de la Gavotte, près Marseille. J'avais là à poser des fils à une très grande hauteur contre les murs; il fallait éviter des tableaux, des statues, des ornements de toutes sortes. Les installations de maisons neuves sont naturellement très faciles, à condition de ne pas être gêné par des ouvriers d'autres corps de métier comme cela arrive souvent.

Tout cela dit, je ne conseillerai pas toutefois à mes camarades d'infortune de choisir comme métier celui de monteur-électricien, non plus que celui de mécanicien pour cycles et autos. Cependant, je crois que l'on devrait pousser les aveugles aux travaux manuels, même s'ils ne doivent jamais gagner leur vie par eux. Famille et amis m'ont toujours encouragé à me débrouiller tout seul. Je suis sûr que si un plus grand nombre d'aveugles développaient leur adresse manuelle, les résultats obtenus étonneraient bien des gens.

En ce qui concerne mes travaux mécaniques, je dirai simplement qu'après le tandem à pédales et le quadricycle, je montai une moto-sacoche dans un fort tandem ordinaire. J'obtins de très bons résultats avec le tandem-moto. Je montai un tricar léger avec un vieux cadre Werner, etc.

Très fréquemment mes amis viennent me chercher ou m'apportent leurs machines pour que je les répare. On sait qu'au Salon de l'automobile, en 1910, à Paris, je fis, sous les yeux du public, divers travaux de montage, réglage, réparations de bicyclettes et motocyclettes Régence. J'ai construit en partie moi-même mon Tandem-moto Régence actuel. Cette machine m'a valu et me vaut encore des succès. Avec elle, mon pilote et moi, nous sommes classés seconds au meeting automobile du Ventoux en 1911.

Les principaux travaux que j'arrive à très bien réussir en mécanique sont les suivants : montage complet de tous les genres de roues à rayons métalliques tangents (filetage des rayons et perçage des jantes compris); démontage, remontage, réglage, mise au point de tous les genres de moteurs de motocyclettes, ainsi que bon nombre de réparations de moteurs à explosion en général; réparation de pneumatiques de tous les genres. J'arrive très bien à souder les câbles pour transmissions souples de freins et autres.

VI

Pour être singulier, le cas de M. Béraud n'est pas unique. J'apprends qu'à Magdebourg, M. Moünnich a installé des télégraphes et téléphones privés et des éclairages électriques sans avoir fait un réel apprentissage du métier d'électricien. Une habileté de cet ordre, d'ailleurs, bien que l'imagination en soit plus frappée à première vue, me surprend moins, je l'avoue, que l'adresse d'un ébéniste qui ne recule devant aucune des difficultés du métier. Elle est aussi beaucoup moins susceptible d'applications pratiques, car, disons-le encore plus fermement que ne le fait M. Béraud : nos écoles spéciales ne peuvent pas songer un instant à préparer des ouvriers électriciens. Trop de complicités et de bienveillances leur seraient nécessaires, je ne dis pas pour s'acquitter de leurs fonctions proprement dites, mais pour faire face aux difficultés à côté, si je puis dire, par exemple pour circuler au milieu des multiples bibelots que l'ouvrier électricien frôle sans cesse en travaillant. L'aveugle n'est que son propre électricien et au besoin l'électricien de ses amis. Au contraire, tout progrès réalisé par l'aveugle en menuiserie ou en ébénisterie le servira grandement pour la facture des pianos, et l'on sait que beaucoup de nos accordeurs sont en même temps des facteurs.

M. Claudius Démonet tient à Vichy un important magasin de pianos et de lutherie. Occupé pendant tout l'été à fournir les baigneurs de pianos et à parcourir à tandem les campagnes voisines pour y faire de nombreux accords, il consacre la saison d'hiver à la facture.

Alors son atelier et son magasin sont remplis d'instruments démontés, pianos et harmoniums, auxquels il fait les réparations les plus variées. Il travaille sans le concours d'aucun ouvrier si bien qu'il est facile de contrôler ce qu'il est capable d'exécuter par lui-même. Quiconque le désire peut le voir à l'œuvre et surprendre ses procédés de travail. On peut admirer aussi chez lui divers ouvrages d'ébénisterie et de lutherie qui sont entièrement de sa main. Nul ne lui rend visite sans être émerveillé des résultats qu'il obtient.

Démonet est aveugle de naissance. Ses parents ignoraient qu'il y eût pour leur enfant des écoles spéciales. Aussi ne reçut-il durant ses premières années qu'une instruction de fortune. Mais un grand besoin d'activité, qui est le salut de l'aveugle, le poussait à prendre beaucoup de mouvement, à toucher et à démonter tous les objets qu'il rencontrait, à apprendre presque seul à jouer de la vielle, puis de la clarinette, surtout à travailler le bois, sans direction mais avec passion.

A neuf ans il n'avait encore que son couteau comme unique instrument. Frappés du parti qu'il en tirait, ses parents lui concédèrent l'usage de quelques outils simples. Il put dès lors fabriquer pour s'amuser des cages d'oiseaux, de petits moulins à vent, un minuscule métier de tisserand, qui faisait l'étonnement de son entourage. On m'assure qu'à douze ans, il était en mesure de se fabriquer de toutes pièces des outils variés tels que : rabots, varlopes, bouvets, outils à moulures, etc., qu'il en faisait pour ses petits compagnons en paiement du bois dont ils le fournissaient, qu'à treize ans et demi il exécuta seul un grand lit style Renaissance qui est conservé dans sa famille.

Durant son adolescence il fabriqua, outre divers travaux d'ébénisterie, des violons et des vielles qu'il vendait aux gens du pays. Il travailla pendant quatre ans, de quinze à dix-neuf ans, chez un menuisier de Langy (Allier), au milieu de compagnons clairvoyants. Son salaire fut d'abord d'un franc par jour, puis s'éleva progressivement jusqu'à deux francs. De dix-neuf à vingt-trois ans il fut employé chez un menuisier de Jaligny, qui le rétribua à raison de 65 francs par mois en plus de son coucher et de sa nourriture. Ces salaires étaient, dans la région, ceux des ouvriers clairvoyants du même âge, et, avec un peu moins de rapidité, il est vrai, Démonet parvenait à faire exactement les mêmes travaux qu'eux. Personne en particulier ne coupait le bois avec plus de précision. On assure qu'il a fait absolument seul à cette époque, entre autres meubles ouvragés, une belle commode à pans coupés avec une plinthe sculptée, et deux armoires à coins grecs, appliques et frontons sculptés.

A vingt-trois ans seulement Démonet fréquenta une école spéciale où il compléta son instruction primaire mais où surtout il commença ses études de facture pour les terminer à Paris, à la maison Focké. Le travail des pianos et des harmoniums devenait dès lors sa principale occupation. C'est l'extraordinaire habileté dont il a fait preuve en facture, plus encore que ses capacités comme accordeur, qui lui a permis d'acheter un important magasin sur le point de sombrer, et de le relever en moins d'un an, en le doublant du principal atelier de réparations qui soit dans toute la région. Aujourd'hui, après quatre ans d'efforts, la maison Démonet est très prospère, et il n'est pas de travaux, quelque compliqués fussent-ils, que ne lui confient ceux qui ont éprouvé ses services. Les pianos entièrement démontés qui encombrent ses deux magasins, les tables d'harmonie décollées, les sommiers séparés des barrages, des pièces d'harmonium éparses et même disloquées, disent éloquemment tout ce que font ses doigts habiles. J'ai vu un spécialiste refuser de croire qu'ils peuvent d'un harmonium à clavier fixe faire un harmonium à clavier transpositeur, qu'ils peuvent préparer eux-mêmes toutes les pièces de bois et même les ferrements nécessaires.

Démonet travaille en ce moment à la fabrication d'un petit piano à cinq octaves dont les parties principales sont déjà exécutées et qu'il compte bien achever intégralement lui-même.

Des constructions et des réparations si variées ne seraient pas possibles, on le conçoit, si Démonet n'était capable de travailler le fer. Il le travaille, en effet, mais, de ce côté, il se heurte à d'insurmontables difficultés que le bois ne lui oppose pas. Il ne peut toucher le fer rouge. Aussi ne doit-on lui demander ni brasures, ni soudures, l'intervention de l'aide clairvoyant est ici de rigueur.

Aux heures de loisir, qui sont rares, Démonet revient à l'ébénisterie et à la lutherie, ses travaux favoris. Comme échantillons de son habileté en ce genre, on voit chez lui surtout, outre l'une des armoires sculptées dont j'ai parlé plus haut, une mandoline avec bordure en marqueterie ivoire et ébène, des coffrets en marqueterie, une grande bibliothèque style Louis XVI, munie de quatre portes pleines, surmontées de quatre portes vitrées, et qui orne le fond de son magasin. Une petite table à ouvrage dont le dessus est en noyer frisé avec plate-bande en bois teint, et dont les quatre pieds richement sculptés sont réunis par un croisillon avec vase, a été présentée par lui au concours régional de Jaligny en 1906 et lui a valu une médaille d'argent. Un amateur lui en a offert, m'assure-t-on, deux cents francs.

Démonet est persuadé et répète à tout venant que nous serions moins étonnés de son adresse si nous étions moins ignorants; que si l'on se donnait la peine de diriger sérieusement des aveugles dans le travail du bois, beaucoup l'égaleraient. Son exemple, et quelques autres qu'on en pourrait rapprocher, prouvent du moins qu'il serait possible de faire dans cette voie beaucoup plus qu'on ne fait. Je crains pourtant que son cas ne soit un cas d'exception.

VII

Les exemples de Béraud et de Démonet, pour remarquables qu'ils soient, ne nous en montrent pas moins les obstacles insurmontables auxquels se heurte l'activité de l'aveugle. Nous les retrouverions chez tous les sujets[1] : ce sont la difficulté d'adaptation au milieu et la lenteur. Là sont les infériorités irrémédiables de l'aveugle, et non dans l'impuissance radicale qu'on lui prête.

C'est que la cécité coupe la principale des communications de l'homme aux choses, ou plutôt le laisse en rapport seulement avec des objets en petit nombre et avec les objets les plus proches. Au travail normal s'ajoute donc presque toujours la nécessité de

---

1. M. Gorlia nous a donné des détails très circonstanciés sur les travaux dont il s'est acquitté durant les dix années où il a fait le métier de brasseur. (*Le Valentin Haüy*, mai 1911.) Nous avons aussi des informations sur les procédés employés par un tailleur de cristaux aveugle, M. Raemaker. (*Le Louis Braille*, 1891, p. 18.) On a parlé d'un aveugle habile à tailler la vigne et à greffer les arbres fruitiers, qui, grâce à son art, aurait assuré la subsistance de ses parents âgés et la sienne propre. (*Le Louis Braille*, février 1891.)

Il est regrettable que nous n'ayons aucune monographie précise sur les procédés de travail employés par le coutelier aveugle qui vient de mourir. Il a exercé sa profession à Paris sous les yeux du public pendant bien des années. Mettre en mouvement sans aucune aide une meule actionnée par un moteur à gaz, repasser des lames de couteaux, sont évidemment des jeux pour un aveugle quelconque. Mais il était capable de fabriquer des articles très variés. Bien que, comme les autres couteliers, il reçût habituellement de Thiers ses lames toutes prêtes, il a devant moi coupé des lames d'acier sur son étau, les a redressées et amincies sur son enclume, en a limé et taillé les extrémités. Il m'a assuré que sans aucun secours il faisait la trempe et resaisissait avec des pinces sa lame rouge dans le fourneau. Mais, ce qui m'a le plus frappé, c'est la précision avec laquelle

rétablir cette communication. La pensée qui est tout intérieure est aussi souple et rapide chez l'aveugle que chez le voyant. Il en est de même des mouvements des plus simples. Mais, plus il veut s'extérioriser pour agir au dehors, plus la tâche supplémentaire est compliquée.

Quand les objets à manier sont multiples, dispersés, changeants, la suppléance des sens n'arrive pas à le mettre en contact avec eux dans les conditions requises. La difficulté de prendre connaissance rapidement d'un milieu et de s'y adapter, l'écarte de bien d'autres métiers tout autant que du métier d'électricien.

Il en reste assez sans doute qui s'exercent dans un milieu déterminé, toujours le même et relativement peu complexe. Là du moins la suppléance permettra à l'aveugle de rétablir la communication de lui aux choses, mais on conçoit, qu'à cause de cette nécessité,

---

il ajustait les pièces et ressorts au nombre de sept, de neuf ou davantage, dont il composait le manche d'un petit canif. Il les avait lui-même coupées, ces pièces, dans l'ivoire, dans la corne, dans le cuivre, dans le fer. Il avait fixé les dimensions de chacune, marqué l'emplacement des clous. La moindre erreur dans ses mesures très minutieuses eût suffi à tout fausser; mais il n'y avait pas d'erreur et le canif fonctionnait parfaitement. Ceux de ses clients que j'ai interrogés étaient fort satisfaits de son travail dans tous les genres. Pourtant il ne parvenait pas à gagner sa vie parce qu'il travaillait trop lentement.

M. Person, aveugle depuis l'âge de dix ans, a appris seul l'horlogerie en démontant et en remontant des horloges. Il s'est acquitté de nombreux travaux en ce genre, a entretenu pendant dix-sept ans la grande horloge de l'atelier des aveugles situé rue Jacquier à Paris, et aux Quinze-Vingts où il demeure actuellement il a fait, m'assure-t-on, une centaine de réparations. Une montre comporte des ressorts trop fins pour lui, mais il estime que tout aveugle qui a le goût de la mécanique, de l'adresse, de l'ordre et de la patience pourrait, comme lui-même, apprendre à nettoyer et réparer la grosse et la moyenne horlogerie. Il y emploierait seulement quatre fois plus de temps qu'un ouvrier clairvoyant.

l'habitude se conctracte avec plus de peine, et qu'une fois contractée elle ne produise qu'incomplètement ses effets ordinaires qui sont de rendre l'acte plus rapide et plus facile.

Voilà pourquoi, bien qu'il soit capable de faire beaucoup de choses par lui-même, l'aveugle a tant de mal à gagner sa vie comme ouvrier. Par la suppléance des sens, soit par la suppléance directe qui n'est qu'une interprétation meilleure des sensations de tous, soit par la suppléance indirecte qui fait usage d'un intermédiaire pour traduire en signes tangibles les signes visibles interprétés par le voyant, il parvient à tourner un nombre considérable de difficultés qui semblent devoir lui barrer la route. Mais pour tourner les obstacles, il faut plus de temps que pour les franchir. Plus on observe son activité, plus on se persuade que la lenteur de ses mouvements est pour lui l'entrave principale. Son travail est irréprochable, mais il est en général trop lent pour le nourrir.

TROISIÈME PARTIE

LA SUPPLÉANCE DES IMAGES ET LE MOBILIER DE L'ESPRIT

CHAPITRE IX

Les images spatiales issues du toucher.

I

Pour que cette activité si complexe, dont nous venons de voir quelques aspects, lui soit possible, l'aveugle a évidemment besoin de représentations qui commandent ses mouvements. Il nous faut pénétrer dans l'âme de l'aveugle, et nous demander ce que sont ces représentations. Sont-ce des images musculaires liées entre elles par des rapports temporels? Sont-ce des images d'ordre spatial? L'introspection répond sans hésiter: les unes et les autres assurément, mais surtout des images spatiales. Logiquement d'ailleurs, si les unes et les autres suffisent à rendre compte des modalités les plus simples de l'action de l'aveugle, il est clair que les plus compliquées s'expliquent plus aisément par des représentations spatiales. Mais que peuvent être ces représentations spatiales issues du toucher?

Il n'est pas de question qui soit plus fréquemment posée à l'aveugle par les clairvoyants réfléchis que celle-ci : de quelle manière vous figurez-vous tel ou tel objet, une chaise, une table, un triangle? Quelle représentation en avez-vous? Ils sentent que chez l'aveugle le mobilier de l'esprit doit être tout autre que chez eux.

L'aveugle n'imagine pas, disait Diderot dans sa *Lettre sur les Aveugles*, car, pour imaginer, il faut colorer un fond et détacher de ce fond des points, en leur supposant une couleur différente de celle du fond. Restituez à ces points la même couleur qu'au fond, à l'instant ils se confondent avec lui, et la figure disparait; du moins, c'est ainsi que les choses s'exécutent dans mon imagination; et je présume que les autres n'imaginent pas autrement que moi. Lors donc que je me propose d'apercevoir dans ma tête une ligne droite, autrement que par ses propriétés, je commence par la tapisser en dedans d'une toile blanche, dont je détache une suite de points noirs placés dans la même direction. Plus les couleurs du fond et des points sont tranchantes, plus j'aperçois les points distinctement, et une figure d'une couleur fort voisine de celle du fond ne me fatigue pas moins à considérer dans mon imagination que hors de moi, et sur une toile.

Et, trente-quatre ans après, en relisant, peu avant de mourir, son œuvre de jeunesse, il ajoutait :

J'avoue que je n'ai jamais conçu nettement comment elle (Mélanie de Salignac, jeune fille aveugle) figurait dans sa tête sans colorer. Ce cube s'était-il formé par la mémoire des sensations du toucher, son cerveau était-il devenu une espèce de main sous laquelle les substances se réalisaient, s'était-il établi à la longue une sorte de correspondance entre deux sens divers?... Qu'est-ce que l'imagination d'un aveugle?

Le sens commun est sur ce point absolument de l'avis de Diderot. Il ne conçoit pas que l'aveugle puisse avoir dans l'esprit des images concrètes des objets qui l'entourent. Comment les aurait-il puisque l'appareil photographique qui les transmet lui fait défaut? Comme pour la plupart des individus la masse des images visuelles occupe presque constamment le champ de la conscience, de là à dégarnir de tout contenu sensible le cerveau de l'aveugle, à n'y laisser que de pures idées, il n'y a qu'un pas vite franchi. Sans le savoir, à la manière de Diderot, le sens commun est sensualiste et pour lui fatalement la perte d'un sens entraîne dans toute la masse mentale de profondes perturbations. Quand on songe à l'importance des images dans l'exercice de la pensée, au rôle qu'elles jouent dans la vie affective et dans le vie esthétique on ne s'étonne pas que tant de clairvoyants, qui en privent les aveugles ou à peu près, se représentent si volontiers leur cerveau comme engourdi dans une perpétuelle torpeur.

Diderot, qui était un philosophe et un souple esprit, échappait sans doute à ces conclusions extrêmes du vulgaire. Il avait d'ailleurs devant lui l'aveugle du Puiseaux et il entretenait ses lecteurs de Saunderson, deux aveugles cultivés dont il fallait bien comprendre la riche intelligence. Il le fit en faussant les faits pour les plier à ses théories et pour rester conforme aux données du sensualisme encore rudimentaire de son ami Condillac.

Pour ce sensualisme-là, l'image est le décalque de la sensation. Taine, le continuateur de Condillac, bien qu'il représente une doctrine singulièrement assouplie, ne professe-t-il pas encore que les images sont « les exactes reproductions de la sensation »? « Voilà, dit-il par exemple, en parlant d'elles, un second groupe de sensations, si semblables aux premières qu'on peut les appeler sensations reviviscentes, et qui répètent les premières comme une copie répète un original ou comme un écho répète un son. A ce titre, elles ont les propriétés des premières, elles les remplacent en leur absence, et, faisant le même office, elles doivent donner lieu au même travail mental. »

Puis donc, pense Diderot, que l'aveugle-né n'a exploré le monde extérieur que par le toucher, ses images conserveront nécessairement les caractères des sensations tactiles et musculaires qui les ont engendrées. Et le voici qui s'efforce de se les représenter :

Quoique la sensation soit indivisible par elle-même, elle occupe, si on peut se servir de ce terme, un espace étendu, auquel l'aveugle-né a la faculté d'ajouter ou de retrancher par la pensée, en grossissant ou diminuant la partie affectée. Il compose, par ce moyen, des points, des surfaces, des solides; il aura même un solide gros comme le globe terrestre, s'il se suppose le bout du doigt gros comme le globe et occupé par la sensation en longueur, largeur et profondeur.

Et, après avoir observé que, par suite de cette localisation des images tactiles et des impressions qu'elles causent dans les organes du toucher, un aveugle-sourd serait nécessairement tenté de placer le siège de l'âme au bout des doigts, et non dans la tête, de faire des doigts le théâtre de la pensée, il ajoutait : « Les sensations qu'il aura prises par le toucher seront pour ainsi dire le moule de toutes ses idées et je ne serais pas surpris qu'après une profonde méditation il eût les doigts aussi fatigués que nous avons la tête. »

Diderot ne prive donc pas l'aveugle de représentations concrètes, mais il admet une hétérogénéité complète entre son imagination et celle du clairvoyant. Il creuse un fossé entre leurs conceptions du réel et entre leurs formes de pensée. Tout est, par conséquent, pour lui, problème dans l'intellect de l'aveugle, et la faculté de construire des images dont il le gratifie est sans doute fort médiocre car ce ne doit pas être pour l'esprit une petite entrave que d'être arrêté dans toutes ses démarches par le lourd bagage des modalités du toucher dont toutes les opérations sont si lentes, comparées aux opérations de la vue.

II

Je vais essayer de montrer que ces entraves n'existent pas ou, tout au moins, sont beaucoup moins grandes qu'on ne le suppose. Nous rencontrerons dans le cerveau de l'aveugle des images spatiales, pauvres sans doute, mais très concrètes, que les psychologues ont toujours négligé d'étudier et qui, dans bien des circonstances de la vie intellectuelle et même de la vie active, sont les substituts naturels des images visuelles.

L'image que l'aveugle reçoit par le toucher se dépouille en effet aisément des caractères qui constituent les modalités propres de la sensation tactile, et elle en diffère profondément. Le résidu qu'elle en retient, s'il ne comporte pas la couleur absolument étrangère aux nerfs tactiles, et s'il est par conséquent moins riche que le contenu de l'image visuelle, pourrait bien ne renfermer souvent aucun élément qui ne soit dans l'image visuelle et coïncider presque avec elle.

Prenons une chaise, par exemple. L'œil l'embrasse d'un seul regard et dans le minimum de temps possible il en perçoit toute la structure. Le doigt, au contraire, explore lentement et méthodiquement toutes les parties, et ce n'est qu'à la suite d'un travail de juxtaposition que l'objet, progressivement construit, apparaît dans son ensemble. Le caractère de la sensation tactile est d'être analytique et successive, tandis que la sensation visuelle est synthétique et instantanée.

Ce n'est pas tout : les contours de la chaise pour l'œil sont déterminés par une impression de coloration, et c'est la couleur qui, immédiatement projetée hors de l'œil et objectivée, marque en chaque point la frontière exacte entre l'objet et le milieu où il plonge. Pour le toucher, c'est l'impression de résistance qui fournit la même limite, impression complexe, comme on sait, qui comporte le jeu des muscles et des nerfs tactiles, et qui est généralement localisée avec netteté dans ces organes.

Les deux ordres de sensations apparaissent donc avec des modalités bien différentes. Mais si, une heure après l'avoir palpée, je cherche dans ma conscience le souvenir de la chaise évanouie, cette fois je n'en suis plus par la pensée un à un chacun des barreaux. Je ne la reconstruis pas au moyen d'images fragmentaires et successives. Elle apparaît immédiatement et d'une seule venue dans ses parties essentielles, avec son siège, son dossier, ses quatre pieds, les barreaux qui les relient. Ce n'est pas un défilé, même rapide, de représentations, dans lequel les différentes parties viendraient s'ajouter les unes aux autres dans le même ordre que lors de la sensation première mais avec une vitesse cent ou mille fois plus grande. C'est un jaillissement. La chaise surgit d'un bloc dans la conscience. Ses éléments divers y coexistent avec une parfaite netteté. Elle s'y dresse avec une réelle complexité. Je ne saurais plus dire dans quel ordre les diverses pièces en ont été perçues, et il m'est aussi aisé de les détailler dans un ordre différent.

Le témoignage de tous les aveugles sur ce point est concordant. Ce n'est pas là une particularité individuelle mais un fait d'expérience constante, et, j'ajoute, un fait de grande conséquence. Si l'aveugle était assujetti à la nécessité de rebâtir chacune de ses images, il en résulterait un ralentissement fatal dans l'exercice de toutes ses fonctions mentales. Sa pensée et son émotivité seraient alourdies, si je puis dire, de même que son action est rendue moins vive par la cécité.

L'impression de résistance, dans bien des cas, n'est guère moins dépouillée que le caractère analytique. J'imagine la chaise sans évoquer ma main, indépendamment de toute sensation dans les muscles des doigts. Sans doute il ne m'est pas difficile de rappeler ces sensations éteintes et de les agglutiner à l'image, mais spontanément elle se présente toute dégagée de leur cortège encombrant. Dans une enquête qui a été faite en Allemagne sur les images des aveugles-nés, et dont nous aurons occasion de reparler[1], on a constaté que jamais la sensation des mouvements qui accompagnent le toucher ne monte à la conscience avec la représentation. L'aveugle ne songe pas plus aux muscles de sa main que le voyant aux muscles de ses yeux[2]. Tous les sujets sont absolument affirmatifs. L'aveugle n'enfle point l'extrémité de son doigt au volume de la chaise.

Quel est donc le résidu de ce travail, et que reste-t-il, dans de semblables images, de la sensation qui les a engendrées ? Notre réponse variera naturellement suivant les cas et les individus. La limite vers laquelle elles tendent toutefois, et que, à interroger simplement l'introspection, elles semblent atteindre, c'est la forme pure. Bien souvent seule la forme de l'objet se détache dans la conscience, non toutefois l'idée d'une forme, mais une forme concrète, une forme dessinée.

D'où provient sa réalité ? D'impressions de résistance ? d'images kinesthésiques ? Le raisonnement

---

1. Voir ci-dessous, p. 189.
2. Ce travail de dépouillement commence d'ailleurs déjà dans la sensation. A mesure que l'attention se concentre davantage sur le travail de construction de l'objet, elle se détourne de plus en plus des impressions subjectives qui l'accompagnent.

m'oblige bien à lui reconnaître cette origine car elle ne peut venir d'ailleurs. Si j'insiste sur ma représentation, si je la serre de près, j'évoque des impressions tactiles et musculaires qui viennent s'y adjoindre et la consolider. Mais à interroger les données immédiates de ma conscience je n'y découvre d'abord qu'une forme pure. A constater qu'il y faut bien admettre un autre élément, j'éprouve la même surprise que le sens commun quand on lui révèle qu'un objet n'est rien que la somme des sensations perçues.

Pour le clairvoyant, l'image d'une chaise n'est à l'origine qu'une tache colorée, tout comme l'image d'un arc-en-ciel. Avec l'expérience pourtant, grâce aux impressions de tout genre qui viennent s'associer autour d'elles, ces deux images prennent une valeur différente. Une réalité est perçue derrière la tache qui représente la chaise tandis que celle qui figure l'arc-en-ciel n'est plus considérée que comme un jeu de lumière. La résistance est donc impliquée dans l'image de la chaise, elle y est donnée sans y être directement perçue, si je puis dire, sans qu'il y ait accompagnement d'impressions musculaires conscientes. A l'analyse la résistance semble avoir une part analogue dans les images de l'aveugle, n'y être donnée qu'à titre secondaire et comme impression associée.

Je prends en imagination deux vases de mêmes dimensions que je remplis également l'un d'eau, l'autre de gravier; puis je les place devant moi, à quelques centimètres, et je compare les images que me donnent les deux surfaces ainsi obtenues. La différence que je perçois immédiatement entre elles n'est pas une différence de résistance, mais une différence de forme : la surface du gravier m'apparaît non comme plus consistante, mais comme inégale, irrégulière, tout en saillies et en creux. Je remplace alors le gravier par un bloc de glace dont la surface unie pourra être identique à celle de l'eau. Sans doute avant peu de temps le bloc de glace se sera durci sous mon doigt tandis que l'eau cédera sous la pression; je puis néanmoins saisir un moment où les deux images m'apparaissent comme identiques, libérées de matérialité tactile.

III

Cette double faculté d'unification et d'épuration des images en vue de les rendre à la fois plus conformes au réel et plus maniables pour l'esprit, est naturellement très variable. Elle varie avec les sujets — et chez les aveugles, comme chez les clairvoyants, les représentations diffèrent beaucoup d'individu à individu — elle varie aussi suivant les objets. Les objets les plus petits, ceux qui tiennent dans la main, ont une tendance marquée à conserver leurs modalités tactiles. Là, en effet, aucun effort de synthèse ne vient les contrarier. Je me suis toujours représenté les chiffres sous la forme des images tactiles au moyen desquelles le système Braille les figure, et il me semble que la plupart des aveugles dont la mémoire tactile est développée font de même.

Les cartes de géographie en relief que j'étudiais enfant me sont, elles aussi, toujours revenues à l'imagination tout imprégnées d'impressions tactiles et musculaires; au moins sitôt que je m'efforce d'en suivre mentalement les détails avec quelque précision, j'ai le sentiment que je les touche. Et je ne m'en étonne guère car elles sont chargées de trop de lignes enchevêtrées et de trop de points divers, destinés à figurer les villes, les frontières et les accidents du terrain pour que tout ce maquis si complexe puisse dans son ensemble être représenté dans mon imagination. J'ajoute qu'une carte de géographie reste en marge de la vie. Pour qui n'est pas géographe elle ne se mêle pas aux occupations quotidiennes. Elle est non le réel lui-même, que l'esprit doit manier et modifier pour agir, mais une traduction du réel et d'un réel trop vaste pour que notre imagination ait besoin de l'étreindre coutumièrement en vue de l'action.

Si j'entends nommer les Alpes, des représentations diverses pourront surgir devant moi : si la phrase invite à les concevoir dans leur ensemble j'aurai de préférence une image tactile, non certes une image obtenue en supposant l'extrémité de mon doigt étendue en longueur, en largeur et en hauteur aux proportions des Alpes, mais une image d'une suite de gros points massifs pareille à celle par laquelle ma carte d'Europe présentait la chaîne des Alpes à mon index. Si le contexte parle de tourisme et d'excursions, j'aurai plutôt une représentation musculaire d'une pente escarpée et dure à gravir. En aucun cas, je crois, une image spatiale, synthétique et épurée d'éléments tactiles ne s'offrira à moi.

Au contraire, les objets d'usage courant, pourvu que leurs dimensions ne soient pas trop considérables ni leur complexité trop grande, les tables, les chaises, les fauteuils, les meubles de toute nature, les appartements dans leur ensemble, se présentent à moi d'un seul bloc et sans déchet excessif dans leur contenu. Il serait intéressant de mesurer expérimentalement jusqu'où peut aller la complexité de ces images, tâche délicate d'ailleurs, car l'imagination ne renonce pas à saisir les objets qu'elle ne peut étreindre, elle les dégrade seulement plus ou moins suivant les besoins pour les adapter à ses prises. Quant aux objets de petite dimension et de structure simple, même ceux qu'il est facile de tenir dans la main, lorsqu'ils sont d'un emploi courant et reviennent constamment dans la pensée, au moins chez moi ils ont une forte tendance à se dégager eux aussi de leurs particularités tactiles, bien qu'aucun travail de synthèse ne soit ici nécessité par l'expérience et ne favorise, par conséquent, cette épuration.

Bien des circonstances influent donc sur l'élaboration des images spatiales de l'aveugle, et en particulier l'expérience individuelle qui nous invite à donner plus ou moins d'importance à tel ou tel élément de la représentation. Mais le facteur essentiel de transformation semble bien être l'activité de l'esprit qui taille dans nos conceptions et nos images, les rognent ou les enrichit à son gré en vue de leur utilisation pour la pratique de la vie.

Il se passe ici quelque chose d'analogue à ce qui se produit dans l'élaboration des images génériques. Pour se former la représentation de la table en général, l'esprit dégage, parmi les qualités sensibles qui lui sont fournies en abondance par la perception de tables concrètes celles qui sont essentielles, je veux dire celles par lesquelles la table remplit sa fonction pratique et sert les fins de l'homme. Celles-là sont vraiment représentatives et l'intuition les révèle. Les autres sont des qualités de luxe que l'imagination ne retiendra que pour passer de la connaissance de la table en général à la distinction des diverses tables. L'esprit de l'aveugle semble travailler de même sur les sensations tactiles brutes qui lui sont offertes du monde extérieur. Il les dégrossit en mettant à part, pour les retenir, les qualités qui sont constamment utiles pour la pratique, je veux dire les qualités de forme, en les synthétisant parce qu'elles sont beaucoup plus propres à l'action lorsqu'elles se présentent à la pensée dans leur ensemble, et en réduisant tous les éléments de la sensation qui sont des entraves au maniement facile de l'image et à son utilisation par conséquent.

Quoi qu'il en soit, le fait essentiel est que l'aveugle

dispose, lui aussi, d'images étendues, synthétiques, très souples, très mobiles, de ce que j'appellerais volontiers une véritable *vue tactile*.

Le mot de *vue* est le seul qui rende ces apparitions qui surgissent dans le cerveau, libres de toute impression musculaire consciente, de toute représentation des doigts ou des mains, moins riches sans doute, moins complexes, moins étendues surtout considérablement que les images visuelles, mais comme elles unes et multiples à la fois, perçues tout entières et jusque dans leurs détails par l'œil intérieur de la conscience.

CHAPITRE X

L'espace tactile et l'espace visuel.

I

Sommes-nous en droit, dès lors, de dire que l'espace de l'aveugle est le même que l'espace du clairvoyant? Il le semble, et jamais le sens commun n'a établi une distinction entre l'espace tactile et l'espace visuel.

Elle est due à certains philosophes qui, confiants dans leur logique et dédaigneux de l'expérience, affirment que si les aveugles-nés peuvent se servir des mots grandeur, forme, position, distance, comme les personnes normales, ces mots n'ont pas pour eux le même sens; que le mot distance, par exemple, désignera pour eux les sensations tactiles et musculaires qu'ils éprouveront en allongeant le bras vers un objet, ou le nombre de pas qu'ils feraient pour atteindre un objet plus éloigné, ou le temps qu'il leur faudrait pour l'atteindre, ou la faible impression que produirait sur leur oreille le bruit d'une parole éloignée.

La différence apparaît comme si profonde à M. Bourdon, par exemple, qu'il écrit :

Les sensations tactiles de forme diffèrent essentiellement des sensations visuelles qui leur correspondent, et l'aveugle-né opéré qui passe des premières aux secondes est d'abord aussi dépaysé que pourrait l'être un sourd qui aurait appris à distinguer par la vue un violon d'une flûte et auquel on demanderait, après qu'il aurait recouvré l'ouïe, d'essayer, les yeux fermés, de reconnaître chacun de ces instruments aux sons qu'il émettrait.

Ne perdons pas de vue que l'étendue est en relation non avec la spécificité des nerfs visuels et tactiles, mais bien plutôt semble-t-il, avec la disposition de ces nerfs dans chaque organe et avec leurs rapports à certains systèmes de muscles.

S'il est, écrit M. Lechalas, un résultat que, en dehors de toute théorie, on puisse considérer comme définitivement acquis, grâce aux travaux de la psychologie expérimentale, c'est la nécessité du concours, pour la perception précise de l'étendue, des sensations musculaires avec les sensations tactiles ou visuelles... Mais l'union des sensations visuelles ou tactiles avec des sensations musculaires ne suffit pas pour nous faire percevoir les objets étendus avec précision : il faut encore que chaque point de l'objet puisse impressionner un point déterminé de l'organe sensoriel. Réunissant les deux conditions dans un seul énoncé, nous pourrons dire que la vue et le tact ne nous donnent une perception bien nette que si les mouvements de l'organe permettent aux divers points de l'objet d'impressionner successivement la partie sensible, tout en assurant la correspondance d'un point de l'objet à un point de l'organe.

La surface cutanée ne nous donne immédiatement que deux dimensions; c'est au moyen des mouvements des muscles que nous y joignons la perception claire des formes et aussi la troisième dimension. A prendre les choses en gros, et à négliger quelques dispositifs particuliers de l'œil qui constituent sa supériorité, tout se passe de même pour la vue. La rétine, qui fournit deux dimensions, n'est qu'une surface cutanée dont les fibres nerveuses sont exceptionnellement sensibles et deux cents ou trois cents fois plus nombreuses que sur l'extrémité de la langue, c'est-à-dire que sur la surface où elles sont le plus denses. Les Allemands l'appellent *Netzhaut*, peau-rétine. L'acuité visuelle se mesure par la distance la plus faible qui sépare deux images rétiniennes perçues comme distinctes, de même que l'acuité tactile se mesure à l'écartement minimum des branches de l'esthésiomètre pour lequel les deux pointes sont senties distinctement. Et quant à la perception de la troisième dimension et à celle des formes, elles sont rendues possibles par les mouvements des muscles de l'œil qui jouent un rôle analogue à celui des mouvements des muscles des doigts et des membres.

Les principales théories aujourd'hui reçues sur la genèse des sensations visuelles et tactiles ne font que poursuivre ce parallélisme. De l'aveu de presque tous les philosophes un travail psychologique est nécessaire pour parachever les sensations spatiales de la vue, et personne ne niera qu'il en faille un aussi pour tirer l'étendue tactile synthétique, telle que nous venons de la trouver dans les représentations des aveugles, des données successives du toucher. Ce travail psychologique pour les uns est surtout de nature logique ; pour les autres il consiste dans des associations entre les données de la vue et celles du toucher.

Or, si nous admettons l'intervention d'opérations logiques, elles procèdent d'un même esprit qui agit sur les deux sens pour une même fin : se procurer de part et d'autre un milieu spatial où il puisse projeter ses représentations. Ce ne sont donc pas ces opérations logiques, suivant toute apparence, qui introduiront entre les deux espaces un élément de divergence.

Si nous croyons au contraire, avec la plupart des psychologues, à une synthèse entre les données du tact et celles de la vue, nous supposons, semble-t-il, que les éléments composants sont de même nature, autrement le composé n'aurait pas l'homogénéité que nous lui reconnaissons. D'ailleurs on a toujours et tout naturellement pensé que la part propre de la vue dans le composé devait être cherchée dans le caractère synthétique des représentations spatiales. Or puisque nous retrouvons aujourd'hui dans l'étendue tactile dépourvue de tout secours de la vue précisément ce même caractère synthétique qui semblait ne pouvoir appartenir qu'à la vue et faire la différence entre les deux étendues, n'y a-t-il pas lieu de penser qu'elles se ressemblent beaucoup ?

Assurément ce ne sont là que des vraisemblances et je reconnais volontiers que le doute pourra toujours se glisser entre les mailles d'un tel raisonnement. L'expérience a plus de valeur probante. Or elle montre péremptoirement que l'espace des aveugles, aussi bien que celui des clairvoyants, est caractérisé par trois dimensions en longueur, largeur et profondeur, et qu'il aboutit dans la pratique aux mêmes résultats, qu'il donne lieu en particulier à la même géométrie, et que beaucoup d'aveugles, à l'exemple de Saunderson, font preuve d'aptitudes pour l'étude de la géométrie. Voilà des présomptions qui ne manquent pas de force.

On ne saurait objecter ce fait que les aveugles-nés auxquels l'opération de la cataracte donne soudainement la lumière ne distinguent pas immédiatement une sphère d'un cube, ou plutôt, s'ils les distinguent, sont incapables de dire quelle est la sphère et quel est le cube. On a longtemps conclu de cette observation, répétée sur nombre de sujets, que la vue ne perçoit pas directement l'espace, mais seulement des signes que, par association avec des sensations spatiales tactiles, nous interprétons en fonction de l'espace, et que par conséquent l'espace est exclusivement fourni par le toucher. Avec raison, je pense, cette interprétation semble être abandonnée aujourd'hui par presque tous les psychologues. L'œil paraît bien fournir lui aussi la perception de l'espace. Mais il ne serait pas plus légitime de tirer des mêmes faits cette autre conclusion que l'étendue tactile est autre que l'étendue visuelle sans quoi elle serait aussitôt reconnue par la vue.

La vérité est que l'œil, pour percevoir l'étendue, a besoin de faire son éducation, d'apprendre à faire jouer ses muscles et à interpréter leurs mouvements. Au début il ne voit que deux dimensions, et même il les voit imparfaitement, et toute perception de la profondeur semble lui échapper. Tous les opérés sont d'accord pour déclarer que d'abord les objets leur semblent toucher leurs yeux. Il est bien vrai que quelques partisans de l'école nativistique, MM. Janet et Dunan par exemple, ont imaginé un ingénieux moyen de réduire à néant leur témoignage. Ils ont supposé que dans la bouche de ces aveugles de la veille le mot toucher n'avait qu'une valeur métaphorique, et que, ignorants encore de la sensibilité propre de la vue, ils ne pouvaient, lorsqu'elle leur est soudainement révélée, la désigner que par un terme emprunté à leurs sensations habituelles. Mais c'est là vraiment se faire une conception trop fantaisiste et trop commode de la psychologie de l'aveugle. Quelques-uns de ces opérés, celui de Franz, par exemple, ont montré par leurs réponses qu'ils étaient intelligents. L'aveugle, sans doute, ignore ce que c'est que voir, mais il sait qu'une différence essentielle existe entre voir et toucher, c'est que l'on voit de loin tandis qu'on ne touche que de près. Quand donc il répond « les objets touchent mes yeux » alors qu'on lui demande s'il les voit et où il les voit, ne doutons pas qu'il ne donne au mot toucher sa valeur propre. Son œil a donc besoin d'une expérience qui lui manque encore pour coordonner tous les mouvements de ses muscles en vue de la perception complète.

Et, de même, le toucher lui aussi a besoin d'une éducation. L'enfant ne discerne pas avec précision la forme d'une cuillère qu'on lui met dans la main plus que si on la lui présentait aux yeux. Il lui faut apprendre à diriger et à coordonner les mouvements de ses muscles de la main comme les mouvements de ses muscles de l'œil. Imaginons par hypothèse un sujet privé du toucher depuis sa naissance qui viendrait à le recouvrer tout à coup. Sans aucun doute il serait incapable au moment de la guérison de reconnaître en fermant les yeux les objets dont la vue lui serait familière. Il ne saurait pas les explorer et bâtir une représentation d'ensemble avec ses sensations partielles. Il ne suivrait pourtant aucunement de son incapacité qu'il se trouvât, en ce qui concerne l'étendue visuelle, dans la situation d'un sourd guéri subitement auquel on demanderait de distinguer à l'audition des instruments de musique : laissez-le écouter, les yeux fermés, pendant mille ans, il ne sera pas plus avancé qu'au premier jour. Rien ne prouve qu'il en irait de même du malade que nous avons supposé.

Je ne vois donc rien dans les faits qui empêche d'admettre qu'une étroite parenté unit les représentations spatiales des clairvoyants et celles des aveugles. Nous nous heurtons pourtant ici à deux théories qui comptent l'une et l'autre des partisans. La plus ancienne, qui repose essentiellement sur une observation de Platner, bien qu'elle soit en fait antérieure à Platner et remonte à Leibniz, donne à l'œil seul la perception de l'espace, et affirme que le toucher, réduit à ses seules forces, ne saurait nous fournir aucune idée de l'étendue. L'autre, toute récente, qui est due à M. Dunan, accorde bien au toucher la faculté de percevoir un espace, mais estime que cet espace est radicalement hétérogène à l'espace visuel et lui est irréductible.

II

Pour ce qui est de l'idée, nous dit Platner, que nous pourrions, sans le secours de la vue, nous faire de l'espace ou de l'étendue, l'observation méthodique d'un aveugle-né, que j'ai entreprise depuis, en m'attachant spécialement aux points controversés, et que j'ai continuée pendant trois semaines entières, m'a de nouveau convaincu que le tact réduit à lui-même ignore entièrement tout ce qui a rapport à l'étendue et à l'espace, qu'il ne sait ce que c'est, pour une chose, que d'être localement hors d'une autre et, pour tout dire en un mot, que l'homme privé de la vue ne perçoit absolument rien du monde extérieur, si ce n'est l'existence d'un principe actif, distinct du sujet sentant sur lequel il agit, et, avec cette existence, celle d'une simple pluralité — dirai-je de choses ou d'impressions? (Je me rencontre ici avec M. Tiedmann, *Sur la nature de la Métaphysique*, dans le 1er fascicule des *Mémoires de Hesse*, p. 119). En réalité, c'est le temps qui fait, pour l'aveugle-né, fonction d'espace. Eloignement et proximité ne signifient pour lui que le temps plus ou moins long, le nombre plus ou moins grand d'intermédiaires dont il a besoin pour passer d'une sensation tactile à une autre. L'aveugle-né parle la langue du voyant, ce qui est très propre à nous tromper et m'a trompé moi-même au début de mon enquête : mais, en réalité, il n'a aucune notion des choses extérieures les unes aux autres; et (mon observation sur ce point m'a paru décisive), si les objets ou les parties de son corps qui entrent en contact avec eux ne faisaient pas sur ses nerfs tactiles des impressions d'espèce différente, il prendrait tout ce qui est hors de lui pour une seule chose qui exerce sur lui des actions successives, une plus forte, par exemple, lorsqu'il applique sa main sur une surface que lorsqu'il n'y pose qu'un doigt, une plus faible lorsque sa main effleure une surface ou lorsque ses pieds la parcourent. Si, dans son propre corps, il distingue une tête et des pieds, ce n'est pas du tout en vertu de la distance qui sépare ces deux parties : c'est uniquement par les sensations tactiles qui lui viennent de l'une et de l'autre et dont il apprécie les différences avec une finesse incroyable : c'est aussi à l'aide du temps. Il en est de même des corps étrangers, dont les figures ne se distinguent pour lui que par le genre d'impressions tactiles qu'elles produisent, le cube, par exemple, avec ses angles et ses arêtes, affectant le sens du tact autrement que la sphère.

Que de discussions et de raisonnements ont été bâtis sur cette page ! Récemment encore, M. Lachelier, avec l'admirable puissance dialectique qu'on lui connaît, y accrochait toute une longue chaîne de déductions savantes. On la discute, on la commente, on ne la contrôle pas. Montaigne avait singulièrement raison de dire : « Les hommes, aux faits qu'on leur propose, s'amusent plus volontiers à en chercher la raison qu'à en chercher la vérité : ils laissent là les choses et courent aux causes..... Suivant cet usage nous savons les fondements et les moyens de mille choses qui ne furent onques, et s'escarmouche le monde en mille questions desquelles et le pour et le contre est faux. »

En vérité nous sommes peu exigeants pour Platner et nous nous contentons à bon marché si ses procédés d'observation nous satisfont. A quelles réponses de son sujet a-t-il reconnu son impuissance radicale à penser suivant la catégorie de l'espace ? D'après quels faits a-t-il bâti sa conviction ? Platner ne prend pas la peine de nous le dire. L'expérience pourtant, semble-t-il, était assez délicate à conduire et portait sur des faits assez difficiles à observer pour que nous ayons le droit et le devoir de demander des précisions. N'avons-nous pas à redouter que Platner, qui était un disciple de Leibniz et qui avait déjà publié son sentiment sur le problème de la perception de l'espace, n'ait été troublé dans son examen par ses idées préconçues ? Précisément sur ce problème il était engagé dans une discussion publique avec Schulz : n'y avait-il pas là encore une circonstance peu propre à lui donner la liberté d'esprit nécessaire à une pareille tâche? Enfin, même poursuivi pendant trois semaines, l'examen d'un seul sujet, qu'une impropriété de termes pouvait trahir, suffisait-t-il à déterminer une conviction? Maintenant que l'on trouve aisément beaucoup d'aveugles réunis dans des écoles, il est toujours délicat sans doute, mais il est relativement facile pourtant, de refaire l'observation de Platner. Quiconque la contrôlera, rejettera ses conclusions [1].

III

Les faits parlent si clairement contre elles que M. Dunan, dans ses remarquables articles de la *Revue philosophique*, pour défendre contre les empiristes anglais et allemands le point de vue nativiste, a été obligé de le modifier et d'imaginer une solution nouvelle du problème. Sans doute, dit-il, les aveugles-nés ont, eux aussi, la notion de l'espace : le caractère synthétique de leurs représentations ne permet pas d'en douter. Mais rien ne nous empêche de supposer que leur espace diffère radicalement de celui des clairvoyants. La seule conséquence de cette hypothèse sera pour nous l'obligation d'admettre qu'il y a chez le clairvoyant deux espaces, l'un réalisé, l'espace visuel, dont il fait constamment usage, l'autre virtuel,

1. Je ne demande pas ce que serait cette mentalité, vraiment étrangère à l'humanité, d'un être qui n'aurait aucune notion de l'espace. Je rappelle seulement ce que nous avons dit plus haut des aveugles géomètres. Comment concevoir un géomètre qui ne connaîtrait pas l'espace? On réplique que certains savants ont construit des géométries à deux, à quatre dimensions ou davantage bien qu'ils fussent incapables de concevoir des espaces différents de l'espace euclidien. Mais de leur cas on ne peut rien conclure car ces savants reconnaissent que s'ils n'imaginaient pas l'espace euclidien ils ne sauraient bâtir aucune métagéométrie.

l'espace tactile, dont il ne se sert jamais et qui ne se développe pas. Chez l'aveugle, comme le premier fait défaut, le second occupe sa place et groupe toutes les représentations étendues.

La force apparente d'une semblable théorie provient de ce qu'aucune comparaison entre les deux espaces supposés ne pourra jamais la contredire absolument. Ces deux espaces, en effet, d'après M. Dunan, sont incompatibles et ne peuvent subsister dans une même conscience, si bien que jamais on ne pourra les confronter entre eux et démontrer qu'ils se ressemblent. Comment un aveugle-né jugerait-il l'espace des clairvoyants dont il ne porte pas même le germe en lui ? Comment le clairvoyant jugerait-il l'espace de l'aveugle-né dont le germe en lui a été étouffé par la vue ? N'espérez pas d'ailleurs qu'un clairvoyant devenu aveugle à l'âge adulte leur serve d'arbitre : l'espace visuel a de telles supériorités sur l'espace tactile que quand une fois on en a appris l'usage on n'y renonce plus jamais, et pour toujours l'étendue tactile a perdu toute chance de progresser.

Je comprends que M. Koslowski accepte l'opinion de M. Dunan sur les deux formes hétérogènes de l'espace parce que, faute sans doute d'avoir fréquenté des aveugles, il refuse, sur la foi de Platner, à leurs représentations spatiales le caractère synthétique. Mais M. Dunan a interrogé des aveugles et il n'a pas pu ne pas reconnaître dans leurs images le caractère essentiel de l'espace visuel. Dès lors sa théorie me paraît entièrement subordonnée à des vues métaphysiques, et je ne vois rien dans les faits allégués par lui qui la justifie, à moins que M. Dunan n'ait voulu dire qu'une sensation tactile diffère d'une sensation visuelle, ce à quoi personne ne contredira.

« Quel est, demande M. Dunan, le voyant qui pourrait prétendre avoir dans l'esprit l'image tactile d'une étendue quelconque ? » Sans doute le voyant ne possède ordinairement pas de représentations spatiales tactiles. Cela peut provenir assurément, comme le veut M. Dunan, de ce que l'étendue tactile, étant très différente de l'étendue visuelle, est entravée dans son développement par la présence de cette étendue visuelle. Mais cela peut provenir encore, et tout aussi bien, de ce qu'elles sont identiques et de ce que conséquemment l'étendue tactile n'est pas distinguée de l'étendue visuelle. N'est-il pas d'ailleurs fatal que chez l'aveugle-né auquel une opération a rendu la lumière les deux représentations de l'étendue coexistent au moins pendant quelque temps? M. Dunan le reconnaît lui-même. D'ailleurs, le fait que à l'étendue telle que le voyant se la représente est toujours liée la couleur qui est la donnée propre de la vue n'implique pas nécessairement que sa représentation de l'étendue ne lui vient pas aussi du toucher. Il prouve peut-être tout simplement que l'étendue lui étant fournie plus facilement, plus ordinairement et plus richement mille fois par la vue que par le toucher, le clairvoyant a contracté l'habitude d'unir la couleur à toute représentation étendue, même lorsqu'elle lui vient du toucher.

M. Dunan insiste longuement sur le cas de M. Bernus, professeur à l'Institution Nationale, qui, devenu complètement aveugle à l'âge de sept ans et incapable de percevoir les couleurs, se déclarait dans l'impossibilité de se représenter autrement que colorées les lettres de l'alphabet Braille qu'il lisait avec ses doigts. J'ajoute que vingt ans après l'époque où M. Dunan l'a connu M. Bernus m'a encore témoigné la persistance du même phénomène et qu'il me serait aisé de rapprocher de ce fait quelques autres observations du même genre prises sur d'autres sujets. Mais qu'en peut-on conclure? Sans doute que, par suite de quelques images visuelles qui lui étaient restées de ses années d'enfance et qui flottaient encore dans son cerveau, M. Bernus ne pouvait pas avoir une image purement tactile de l'alphabet Braille, qu'il continuait à faire usage de l'espace visuel. Et suivant M. Dunan une pareille constatation suppose nécessairement que « les formes visuelles d'étendue qui sont demeurées dans la mémoire de l'aveugle qui a vu sont constituées suivant une loi tout autre que celles qui président à la constitution de la représentation purement tactile de l'étendue chez l'aveugle de naissance ». Si l'espace visuel subsiste, c'est qu'il empêche l'espace tactile de se développer en dépit de toutes les circonstances qui le favorisent, et s'il l'élimine dans de telles circonstances, c'est que la fusion entre eux ne peut se faire tant ils sont de natures différentes. On chercherait en vain une autre explication, nous assure M. Dunan. Et, en effet, on en chercherait en vain une autre si l'on a admis *a priori* qu'il y a deux espaces distincts, si l'on a eu soin de mettre sa conclusion dans ses prémisses. Mais si nous n'écartons pas l'hypothèse la plus simple, celle en vertu de laquelle une étendue commune se retrouverait à la fois dans les données de la vue et dans celles du toucher, elle nous rend très suffisamment compte de cette persistance des impressions colorées. Dans la sensation visuelle, en effet, la couleur est constamment donnée en même temps que l'étendue; elle y est indissolublement liée; non seulement elle n'entrave en rien ses perceptions, mais elle en est la condition et leur sert de support. Quoi d'étonnant si, lorsque pendant des années nous l'avons associée à l'étendue, lorsqu'elle a été l'élément nécessaire de toutes nos images aussi bien que de nos sensations, le jour où cette étendue nous est donnée sans couleur, par la force de l'habitude nous continuons à l'y associer? Cette fusion est d'autant plus vraisemblable que M. Dunan a admis le caractère synthétique incontestable des représentations spatiales de l'aveugle, et que, d'autre part, pour acquérir ce caractère synthétique, la représentation tactile est obligée (nous l'avons vu) de se décharger des éléments sensoriels tactiles qui la revêtaient. Elle apparaît ainsi comme nue et semble appeler un complément. Peut-être n'y a-t-il donc pas concurrence entre les deux espaces, mais accord. Ils ne cherchent point à s'exclure l'un l'autre, mais ils se soudent plutôt l'un à l'autre et s'entr'aident. Défions-nous d'ailleurs des règles tirées d'une seule observation ! Sans doute il serait facile de joindre au cas de M. Bernus beaucoup de cas analogues, mais il ne serait pas plus malaisé de trouver des aveugles qui ont vu quelques années et chez lesquels le mode de représentation de l'espace semble être tout tactile. Je dis : il semble; car on sait combien ces appréciations sont délicates.

M. Dunan cite encore, à l'appui de sa thèse, ce fait que M. Petit, censeur des études à l'Institution Nationale des Jeunes Aveugles, bien qu'il lût couramment le Braille avec ses yeux, était incapable de le déchiffrer avec ses doigts. C'est que, nous dit-il, « chez les voyants les sensations tactiles n'instruisent que dans la mesure de l'exactitude et de la distinction des images visuelles qu'elles évoquent ». Les images tactiles, chez M. Petit, ne coïncidaient pas avec les images visuelles, et ne pouvaient par conséquent les susciter que confusément. Et ce défaut de coïncidence provient des divergences qui séparent l'étendue tactile et l'étendue visuelle. Il est bien vrai que chez M. Petit il n'y avait pas coïncidence entre les images tactiles et les images visuelles de l'alphabet Braille; mais la cause ne peut-elle pas en être cherchée ailleurs? Les lettres de Braille sont des signes complexes, et les points qui les composent sont rapprochés les uns des autres. Il faut une éducation du doigt pour parvenir à les percevoir distinctement et à en former des images nettes. La meilleure preuve que la difficulté principale à laquelle on se heurte en apprenant la lecture du système Braille provient de la sensibilité et non de l'étendue tactile, c'est qu'on en triomphe, en général, en faisant usage au début d'un texte écrit en caractères plus gros, plus espacés, composés de points plus distants les uns des autres, et d'un relief plus accusé. Ne serait-ce pas ce travail préalable, souvent pénible chez les adultes, et dont il ne sentait pas la nécessité, qui aurait arrêté M. Petit, beaucoup plutôt que les divergences supposées entre l'étendue tactile et l'étendue visuelle? Tandis que mon index lit couramment, j'ai grand'peine à distinguer les lettres avec mon annulaire : s'ensuit-il que l'espace tactile de mon index diffère de celui qu'il est donné à mon annulaire de connaître? Pour ne pas sortir du domaine des faits, M. Dunan peut tenir pour certain qu'il est des clairvoyants qui apprennent à lire l'écriture Braille avec leurs doigts. J'ai connu très particulièrement une personne qui, croyant sa vue en danger, se condamna préventivement à cet exercice, et je ne pense pas qu'elle y ait rencontré plus de difficultés que la plupart des aveugles de son âge.

Des aveugles ont déclaré à M. Dunan ne pas comprendre la diminution apparente qu'en vertu des lois de la perspective les corps subissent par rapport à nous quand nous les voyons de plus loin; ils se sont même montrés parfaitement incapables de saisir les explications qu'il leur a fournies à ce sujet. Et M. Dunan tire de ces déclarations une fois encore que l'espace tactile est d'une nature autre que l'espace visuel. Quand les témoignages qu'il a recueillis seraient valables pour tous les aveugles-nés, je me sentirais fort enclin à en contester l'interprétation. Mais je puis assurer sans crainte qu'ils ne le sont pas. Un aveugle intelligent comprend sans peine qu'à mesure qu'ils s'éloignent, les objets doivent paraître plus petits; et le raisonnement n'est pas seul à l'en avertir : il retrouve quelque chose de très analogue dans ses propres représentations spatiales. Il se sent moins écrasé, si je puis dire, par sa table de travail, s'il l'imagine loin de soi que contre soi. Je ne dis pas seulement qu'il sait par réflexion, je dis qu'il sent que parmi les rayons qui partent de lui, il en est moins qui sont arrêtés par la table éloignée que par la table rapprochée.

IV

On surprend étrangement les aveugles quand on leur parle de théories philosophiques qui leur refusent la notion de l'étendue ou qui leur accordent une étendue toute différente de celle des clairvoyants. Ils s'en amusent fort, ce qui peut-être est un signe de légèreté et un crime de lèse-philosophie, mais ils se demandent aussi (ce qui pourrait bien être un signe de bon sens) d'où vient qu'aucun malentendu n'en résulte jamais dans leurs rapports avec les clairvoyants. Mais M. Dunan juge, non sans raison, que leur témoignage est entaché de partialité. Soit. Du moins je puis certifier que diverses personnes auxquelles leur faculté d'observation mérite quelque crédit et qui hantent familièrement les aveugles m'ont affirmé n'avoir rien remarqué en eux qui pût laisser supposer une différence aussi profonde entre leur mentalité et celle des autres hommes.

Je me persuade donc que la vue et le toucher parlent la même langue à la conscience qui les entend l'un et l'autre, que le clairvoyant et l'aveugle se comprennent réellement, et non en apparence, lorsqu'ils se communiquent leurs idées au moyen des mots d'espace, de dimensions, de distance, de forme ; qu'ils se servent, pour y projeter leurs images, de la même étendue, à cette seule différence près que l'étendue du clairvoyant est toujours colorée, tandis que celle de l'aveugle est toujours prête à se charger d'impressions tactiles plus ou moins vives.

Du moins en pratique tout se passe comme s'il en était ainsi. Peu importe, à tout prendre, qu'on s'arrête à la conception de M. Dunan ou à la nôtre. Pratiquement ce qui importe seul c'est que l'aveugle dispose, comme le clairvoyant, d'une représentation synthétique de l'étendue, assez souple pour lui permettre de se représenter très aisément les formes des objets. Or, sur ce point, l'expérience ne laisse aucun doute.

Tout se passe comme si, lorsque l'esprit a achevé l'éducation des sens et reçoit d'eux des sensations complètes, une même étendue lui était donnée à la fois par la vue et par le toucher, mais libéralement, magnifiquement par la vue qui embrasse de vastes domaines où bien vite apparaissent les précieuses ressources qu'il peut tirer de l'espace comme moyen de coordination de ses représentations ; chichement par le toucher qui n'explore que le voisinage immédiat du corps, qui n'amplifie son étendue qu'en lui donnant le caractère successif, et qui l'enveloppe de mille impressions musculaires dont l'effet ne peut être que de l'obscurcir. On dirait que l'esprit, soucieux de l'action, curieux avant tout de représentations synthétiques des formes, les représentations les plus nécessaires à l'action, transforme et refond ces sensations du toucher pour leur enlever le caractère analytique et dégager l'élément spatial qui lui importe, tandis qu'il conserve dans leur intégrité et utilise sous leur forme brute les représentations étendues de la vue, parce que la couleur, loin d'être une entrave pour ces représentations, leur sert plutôt de soutien.

Et voilà pourquoi la vue est appelée le sens de l'espace plutôt que le toucher. La vue donne l'espace tout élaboré, tandis que le toucher fournit les éléments propres à l'élaborer.

Qui dira au reste si ce n'est pas là une distinction trompeuse, ou au moins superficielle? Si ce travail que fait l'esprit sur la sensation tactile pour l'adapter à ses besoins, il n'a pas dû le faire, ou un travail analogue, sur la vue pour parfaire la sensation visuelle? Si l'œil de l'enfant apprend à coordonner ses mouvements si complexes, c'est parce que son intelligence réclame les représentations spatiales dont elles s'alimente; et c'est peut-être pour le même motif encore que les mouvements des muscles de l'œil cessent d'être perçus par la conscience et se taisent pour laisser le champ libre aux images étendues.

CHAPITRE XI

Valeur des images spatiales issues du toucher.

I

Pauvres images, en vérité, que ces images d'aveugle qu'aucune couleur ne relève. Je sais qu'il est difficile au clairvoyant de se les représenter. Peut-être pourtant ne lui est-il pas impossible de s'en faire une idée approximative. Parfois dans la rêverie, nous disent les psychologues, l'image visuelle s'estompe faiblement. La couleur en devient indécise. Dans son *Etude expérimentale de l'intelligence*, Binet note qu'un de ses sujets déclare apercevoir une femme vêtue d'une robe, sans pouvoir dire de quelle couleur est cette robe. Pareil phénomène n'est pas rare, m'assurent certains sujets, mauvais visualisateurs, pour les représentations des objets qui s'offrent aux regards avec des colorations variables et une forme sensiblement constante : crayons, chaises, vêtements, etc. Il est vrai que dans ces représentations aussi la forme souvent est très flottante. Qu'on la rende plus précise et qu'on éteigne encore ce peu de couleur vague, insaisissable qui subsiste dans ces images, qu'on s'efforce de supposer par la pensée ces deux modifications qui, il est vrai, semblent au clairvoyant s'exclure l'une l'autre, et je me figure qu'on aurait quelque chose qui rappelle un peu les images spatiales de l'aveugle.

Elles paraîtront certainement misérables à des visuels dont les représentations ont parfois tant de richesse et de coloris. Tout ce qui donne à l'image visuelle son relief et son intensité leur fait défaut. Elles ne sauraient pas individualiser fortement les personnes et les choses, et nous verrons que nous ne pourrons guère compter sur elles pour évoquer des émotions ou des sentiments esthétiques. Leur rôle sera presque nul dans la vie affective. Dans tous les cas où les images visuelles valent surtout par l'intensité de leur contenu sensoriel leurs substituts naturels seront des images d'une autre espèce : auditives, olfactives, motrices, tactiles dans lesquelles la représentation de l'espace sera nulle ou insignifiante, mais dont l'intensité parfois sera grande.

En revanche, pour l'exercice de la pensée et pour la pratique journalière la représentation, en général, n'a pas besoin d'être si riche d'éléments sensibles.

On a bien montré depuis quelques années que les images parfaites, si volontiers étudiées par les anciens psychologues, ne paraissent que par accident dans la conscience. A cette notion toute théorique d'une image-photographie, on a substitué la notion plus vraie d'une image en perpétuelle transformation. Nous venons de voir combien l'image tactile peut différer de la sensation tactile : les images de tout genre sont l'objet d'actions corrosives analogues. Elles sont toujours inadéquates aux sensations, qui elles-mêmes sont inadéquates aux contenus sensoriels des objets. Notre cerveau est une usine où elles sont soumises à un incessant travail de dégradation qui les mine progressivement. Chez la plupart des hommes des images appauvries et détériorées occupent presque constamment la scène de la conscience : c'est là même une condition *sine qua non* de l'activité mentale, car à ce prix seulement elles peuvent aisément entrer dans de nouvelles combinaisons. L'image visuelle n'a pas seulement, en général, perdu une partie de sa couleur, elle a encore perdu une partie de sa complexité spatiale.

On a même constaté qu'elle est parfois entièrement détruite, et que l'image semble être beaucoup moins nécessaire à l'exercice de la pensée qu'on ne l'a cru longtemps. Les travaux de Binet et de Bennetts sont très suggestifs à ce point de vue : nous pensons bien souvent sans nous figurer les objets de notre pensée, sans nous appuyer sur d'autres images sensibles que celles des mots qui les désignent. De l'électricité nous n'avons aucune représentation exacte. Nous ne savons pas ce qu'elle est. Nous n'en avons que des images verbales ou des images métaphoriques, si je puis dire, très grossières. Cela ne nous a pas empêchés d'en bâtir une science et de bouleverser par elle l'industrie humaine.

Plus l'image visuelle est dégradée, plus il est facile de lui trouver des suppléants. Ces suppléants, tout naturellement, varient beaucoup avec les individus, et, comme chez les voyants, plus encore que chez les voyants le contenu de la conscience est tout autre suivant que nous avons affaire à un moteur, à un auditif ou à un tactile.

Les images musculaires en particulier me semblent bien tenir chez beaucoup de sujets une place importante, à cause des difficultés qui, nous le verrons, retardent parfois l'épanouissement des images spatiales. Souvent la filetière aveugle prend machinalement sa navette sans se représenter la table où elle est posée. Ces images musculaires sont si fuyantes qu'il est difficile de les étudier. Leur rôle est pourtant bien mis en évidence par des exemples comme celui-ci : je cherche depuis plusieurs jours un livre sans retrouver la place où je l'ai rangé ; un soir que je suis monté sur l'escabeau devant ma bibliothèque, tout à coup un souvenir me saisit : mon livre est là, sur la planche qui se trouve précisément à portée de ma main. J'avais fait, pour le ranger, exactement les gestes que je répète en ce moment.

Je crois aussi que souvent les mots qui n'évoquent pas une représentation objective trouvent une sorte de support dans ce qu'on pourrait appeler une représentation subjective, dans un ensemble de sentiments plus ou moins précis qu'ils suscitent. Leur contenu est confié non plus à la mémoire sensorielle mais à la mémoire affective dont le rôle est susceptible de prendre une grande importance. A ces sentiments, d'ailleurs, semblent bien correspondre des embryons de mouvements tout à fait inconscients. Comme ces images n'ont une réelle valeur qu'au point de vue affectif, je remets à plus tard à en parler. Nous verrons qu'elles sont importantes pour tous les objets qui, purement visuels, échappent à toute représentation pour l'aveugle. Mais leurs attributions peuvent s'étendre si l'imagination est trop paresseuse pour appréhender les objets qui sont susceptibles de tomber sous ses prises : les mots lion, tigre, chat, fleur, même lorsqu'ils ne s'accompagnent pas d'images, ne nous laissent pas indifférents.

Les images motrices de cette sorte, qui chez le voyant jouent un rôle plus ou moins important selon le genre de son imagination propre, sont assurément susceptibles chez l'aveugle de prendre un développement particulier. C'est, me semble-t-il, au moyen d'images musculaires surtout que l'aveugle se représente le plus souvent les objets en mouvement. Mais croire, avec certains philosophes, que la place laissée libre par les images visuelles est entièrement ou presque entièrement occupée par elles, c'est faire fi de l'expérience.

Tout naturellement, les images spatiales du toucher, présentant le caractère essentiel des images visuelles dégradées, celui qui résiste en moyenne le plus à l'usure, l'étendue, bien qu'elles en simplifient souvent le dessin, sont aussi les plus propres à en tenir la place. Elles ont des propriétés qui leur permettent d'aspirer à cette importante mission.

II

Le jour où, avec les méthodes actuellement en usage de la psychologie expérimentale, on entreprendra enfin une étude sur l'imagination des aveugles, où l'on dressera un inventaire des images les plus familières de quelques sujets bien choisis, certainement on reconnaitra qu'elles sont souvent imprécises. La cause en est, je crois, moins dans la mentalité de l'aveugle que dans les insuffisances de notre éducation spéciale. Il n'est presque pas d'écoles d'aveugles, en France du moins, où l'on veille à donner aux enfants, dont l'expérience est limitée par la cécité, le bagage de représentations qui leur est nécessaire, où l'on se préoccupe de leur faire toucher tant d'objets que la vie risque de ne jamais placer à portée de leur main.

En revanche, on constatera sans doute qu'elles se gravent sans peine sinon chez tous du moins chez quelques-uns. M. Fischer, inspecteur des écoles d'aveugles à Brunswick, dans une enquête qu'il a entreprise à ce point de vue, a rencontré, comme bien on pouvait s'y attendre, une grande variété dans les représentations de ses sujets. L'image d'un même objet ne diffère pas moins d'un aveugle à un autre aveugle, que d'un voyant à un autre voyant. Un arbre s'est présenté avec tous les degrés de complexité, depuis le simple tronc dénudé jusqu'au fouillis le plus inextricable de branches et de feuillages. Mais ses recherches ont révélé à l'observateur, contre son attente, le rôle capital que jouent les représentations spatiales dans la mentalité de l'aveugle.

Surprenante m'apparut pour la première fois, dans toutes les observations, dit-il, la prépondérance des représentations purement spatiales, des représentations de la grandeur, de la longueur, de la largeur, de la grosseur, des rapports de direction et de position des différentes parties, de leur disposition dans l'espace. Les impressions relatives aux qualités des objets telles que le rugueux, le doux, ne furent que rarement mentionnées. Souvent des erreurs furent commises sur la substance, tandis que les rapports spatiaux étaient bien connus... Etant donné que le nombre et la variété des impressions tactiles sont naturellement très restreints, il est clair que l'aveugle accorde dans ses représentations la plus grande importance aux rapports spatiaux. Les rapports d'espace excitent son intérêt à un plus haut degré que les autres et se fixent plus fortement dans sa mémoire... D'une manière générale je puis dire d'après mes observations que, dans le domaine du toucher, il y a un grand nombre d'objets dont l'aveugle se fait des représentations claires et nettes, qui, au point de vue des rapports d'espace, le cèdent à peine aux représentations des voyants, qui leur sont inférieures seulement au point de vue de la qualité et de l'intensité..

Je ne doute pas qu'une enquête méthodique ne révèle parmi les aveugles des sujets chez lesquels les représentations spatiales sont prépondérantes. Peut-être appellera-t-on ce type le type visuel-tactile. On constatera que chez eux les objets laissent l'empreinte de leur forme de préférence à toute autre. Pour ma part, il m'arrive fréquemment de me rappeler avec précision la place occupée dans une page d'un de mes livres par un titre de chapitre, ou même par un mot quelconque, alors que les qualités proprement tactiles de ce titre ou de ce mot ne marqueront aucune propension à revivre. Douze fois par heure, un tramway passe sous mes fenêtres. Je ne le perçois que par le grincement des roues sur les rails, et par la sonnerie stridente du timbre qui à chaque passage appelle les voyageurs. Si pourtant il m'arrive de penser à ce tramway, l'image qui se présente à mon esprit n'est jamais la reproduction de ces bruits divers, mais la représentation formelle de la voiture[1]. Plusieurs aveugles m'ont assuré que, s'ils entendent nommer un cheval, le mot évoque en eux non le souvenir d'un hennissement ou le bruit de quatre sabots frappant le sol en cadence, mais l'image d'un animal plus ou moins caractérisé, plus ou moins distinct des autres quadrupèdes selon le degré des connaissances de chacun. Ils n'ont pourtant eu que bien rarement l'occasion de toucher un cheval.

Ces images ont souvent en outre la faculté de réapparaître devant l'esprit avec une extrême facilité pour s'y tenir parfois fort longuement. L'aveugle en a la libre disposition. J'ai suivi, au lycée, au milieu de camarades clairvoyants, tous mes cours de géométrie sans avoir une seule figure en relief sous les doigts. Notre professeur traçait au tableau noir, en les annonçant, les triangles, polygones ou cercles dont il avait besoin pour ses démonstrations. Je les reproduisais mentalement, posant sur chaque angle, sur chaque point les lettres destinées à les désigner et je suivais toute la leçon sur ces images intérieures.

Cette expérience ne prouve pas seulement l'aisance de ces images à revivre et à poser devant la conscience, elle montre encore leur grande netteté. Il est vrai qu'il s'agit ici exclusivement de représentations

---

1. Ces images spatiales me sont si naturelles que, comme les clairvoyants quoique sans doute à un degré moindre, il m'arrive de me représenter sous forme de schèmes des idées abstraites ou même des sensations. A bon nombre d'aveugles le temps apparaît parfois comme une ligne droite le long de laquelle on fait glisser l'événement dont on cherche la date jusqu'à ce qu'on ait trouvé sa place. Souvent de même, pour ceux qui ont une mauvaise mémoire auditive, les sons musicaux ont une tendance à se projeter sur une échelle.

géométriques, régulières par conséquent et relativement peu complexes. Les besoins de la démonstration exigeaient pourtant souvent l'addition de lignes supplémentaires qui compliquaient la figure. J'avoue que les objets aux formes capricieuses ou chargés d'ornementations ont toujours une tendance à être ramenés aux formes géométriques. Mais pour certains aveugles beaucoup d'images qui n'ont pas la la régularité de celles dont je viens de parler restent parfaitement nettes néanmoins. Il est beaucoup d'objets qu'ils ont rarement l'occasion de palper. Ils en portent la représentation en eux-mêmes parfois durant bien des années sans que le temps l'altère trop gravement. Ce serait une erreur, d'ailleurs de croire que l'image gagne toujours en netteté à être souvent confrontée avec son objet. S'il s'agit d'une image individuelle, naturellement à la replonger dans le réel, on accuse chaque fois ses caractères distinctifs et on lui donne une jeunesse nouvelle. Mais, pour les images génériques qui correspondent non à un objet déterminé mais à un groupe d'objets, il en va tout autrement. A mesure qu'on multiplie les expériences, les représentations acquises se contredisent davantage, et, les caractères opposés se détruisant l'un l'autre, l'image tend de plus en plus à s'appauvrir jusqu'à n'être plus qu'un schème aux contours imprécis.

III

Facilité à se former, à se reproduire, à se conserver, voilà les qualités essentielles grâce auxquelles ces images spatiales de l'aveugle, si dépouillées soient-elles, sont appelées à jouer un rôle souvent considérable dans sa vie mentale. Elles deviennent le point d'attache, et comme le support de multiples associations d'idées. Par elles, l'idée de l'objet éveille en nous mille idées, images, attitudes relatives à son utilisation, par conséquent les idées, les images et les attitudes essentielles à l'agilité de la pensée.

D'autres images, sonores ou tactiles, par exemple, ne rempliraient, semble-t-il, que beaucoup moins parfaitement le même office. Si un piano nous intéresse surtout par ses qualités auditives, c'est par leur forme que la plupart des objets se recommandent particulièrement à notre attention. C'est dans leur forme, déterminée par leur finalité, mieux que dans toutes leurs autres qualités sensibles, que sont impliquées les idées de leurs applications pratiques, et c'est à leur forme par conséquent que ces idées s'associent de la manière la plus naturelle.

Dans un placard, dans une assiette, dans une chaise, dans un fauteuil, la forme de l'objet est essentielle. Ils seraient inutilisables, ou tout au moins ils ne rempliraient qu'imparfaitement leur fonction s'ils étaient autrement conformés. Il en va de même de la grande majorité des objets. C'est pour ce motif que, si je songe à un tramway, sa forme se présente à mon esprit et non les bruits par lesquels il frappe habituellement mon oreille : ces bruits sont inutiles. Ils sont l'accident, l'à-côté, la rançon même des avantages que nous attendons du tramway. La forme de la voiture, au contraire, conditionne l'usage que j'en puis faire. Même le piano, pour qui n'est pas musicien, est intéressant comme meuble de salon plus que comme instrument de musique, par sa forme par conséquent. Voilà l'une des raisons pour lesquelles chez le voyant les images visuelles sont si étrangement prépondérantes, pourquoi toute la vie s'organise autour d'impressions visuelles. La même cause assure aux représentations étendues de l'aveugle un rôle capital, et fait que, privée de ces représentations, sa pensée perdrait beaucoup de son agilité et de son caractère pratique.

Un fait montre bien leur importance dans la vie mentale : MM. Burde et Stern, dans les enquêtes si intéressantes que nous rapporte leur brochure intitulée *Die Plastik des Blinden* ont remarqué que, pendant les années d'enfance, en général l'intelligence croit en relation directe avec la faculté de se représenter les objets. Ce parallélisme est dû plus encore, semble-t-il, à l'action des représentations sur le développement intellectuel qu'à l'action inverse de l'intelligence sur le développement des représentations. Il cesse sans doute avec l'instruction qui apporte dans les éléments abstraits de la pensée un facteur essentiel; il n'en est pas moins significatif. Dans la suite, c'est surtout la faculté de l'aveugle de multiplier et de varier son activité qui semble grandir avec la faculté de représentation.

IV

Autant que la pensée en effet l'action quotidienne en est facilitée parce que, sans les images étendues, la perception des objets serait d'une lenteur désespérante. L'entrave pour l'aveugle à agir sur le monde extérieur est dans la pauvreté de ses sensations: les images étendues y suppléent.

Si, pour reconnaître une chaise dans le meuble placé auprès de lui, l'aveugle était obligé d'en explorer toutes les parties, d'en suivre toutes les lignes, il ne pourrait s'asseoir qu'après s'être livré à un long travail préalable. Par bonheur il n'est que très rarement assujetti dans la vie pratique à construire des représentations tactiles des objets qu'il veut percevoir. Des images spatiales interviennent qui l'en dispensent. Ai-je posé la main sur un meuble connu, sur mon fauteuil de travail, par exemple, immédiatement le fauteuil tout entier se dresse devant moi, avec son dossier élevé, ses deux oreilles avancées où ma tête va se poser, son siège profond, toutes ses particularités. Il n'est pas même besoin que la sensation initiale qui a évoqué l'ensemble du fauteuil m'ait donné une représentation de forme. Si j'ai effleuré le bras en passant, du bout du doigt, par exemple, ou avec une surface cutanée trop restreinte pour qu'une dimension caractéristique m'ait été donnée, je reconnais seulement le froid du cuir dont il est recouvert. Mais cette sensation tactile du cuir est elle-même associée à la forme du fauteuil. Elle suffit à l'évoquer bien souvent. S'agit-il d'un fauteuil inconnu de moi, dans un salon où je viens de pénétrer pour la première fois, les choses se passent presque de la même manière. La représentation de fauteuil qui interviendra sera seulement inexacte, arbitraire, très suffisante cependant en règle générale pour diriger mes mouvements, m'indiquer où je dois m'asseoir ou quel écart je dois faire vers la gauche pour éviter de me heurter. Ce sera un fauteuil quelconque, un fauteuil-type en quelque sorte, ou un fauteuil passe-partout, modifié seulement en fonction de l'élément tactile que me donne la sensation présente, et qui m'enseigne, suivant le point où ma main s'est posée, soit que le dossier est bas, soit que le bras est large, soit que le siège est bombé.

Les aveugles perçoivent ainsi presque constamment au moyen de leurs ressources mentales. Ils vivent sur le passé, de leurs provisions accumulées. Il en est qui, peu curieux de leur nature, se contentent de leur avoir et ne songent presque jamais à acquérir des représentations nouvelles. Ils peuvent passer des mois, des années peut-être, sans se livrer à une seule exploration tactile méthodique. Viennent-ils à rencontrer quelque objet nouveau, ils le bâtissent de représentations anciennes qu'ils agencent entre elles suivant les indications qui leur sont données.

Cette faculté, que les philosophes désignent parfois du nom barbare mais commode de faculté stéréognostique, n'est pas particulière aux aveugles bien entendu. Les clairvoyants la possèdent. L'étude de certains cas pathologiques a permis de la mieux connaître. On a pu déterminer approximativement son siège dans le cerveau. Là des associations semblent se former entre les différentes impressions tactiles que donnent un objet d'une part, et, d'autre part entre ces impressions et les autres qualités et propriétés du même objet, si bien que, une de ces qualités étant donnée, les autres sont évoquées. Dans le cas de certaines lésions cérébrales ces associations peuvent se rompre et l'objet touché n'est plus reconnu. Il y a ce qu'on appelle stéréo-agnosie. D'autres fois l'objet est reconnu et nommé, mais le malade a perdu toute idée relative à son emploi. Ce sont alors seulement les associations entre les images représentatives de l'objet et les images qui correspondent à ses applications pratiques, à sa finalité, qui sont interceptées : il y a ce qu'on appelle parfois apraxie.

Pour les aveugles, bien qu'on n'ait pas encore étudié chez eux à ma connaissance de cas de stéréo-agnosie ou d'apraxie, les choses se passent évidemment de même que chez les clairvoyants. C'est également grâce à des associations entre les cellules cérébrales intéressées, cellules qui semblent bien être différentes pour chaque main, que la sensation d'une des qualités d'un objet éveille dans la conscience d'abord la représentation de cet objet, puis l'idée de ses applications pratiques. La différence essentielle entre l'aveugle et le clairvoyant est ici que chez le clairvoyant l'image suscitée est visuelle, reliée sans doute aux centres des impressions tactiles, et que c'est par l'image visuelle que les images d'action sont évoquées, tandis que chez l'aveugle-né aucun élément visuel n'intervient.

De plus les aveugles font beaucoup plus constamment que les clairvoyants usage de cette faculté stéréognostique qui commande leur action. Ils lui doivent ces réserves d'images qui les dispensent de puiser sans cesse des représentations étendues dans le réel pour eux difficile à explorer, et qui, dans la pénurie de leurs sensations, alimentent leur pensée et leur activité.

La perception, disent les psychologues modernes, est le processus par lequel l'esprit complète une impression des sens par une escorte d'images. Pour aucun ordre de perceptions cela n'est aussi manifeste que pour les perceptions du toucher. Comme les perceptions de ce sens sont particulièrement lentes à acquérir, il appelle, plus que les autres, la collaboration de l'esprit. Nous avons vu déjà quel travail de transformation l'esprit fait subir aux données tactiles pour en faire des images spatiales; nous constatons cette fois que dans quatre-vingt-dix-neuf cas sur cent, sans attendre le long défilé de ces données tactiles, c'est lui qui bâtit presque entièrement la perception tactile au moyen de ces images qu'il a mises en réserve.

V

Ce travail créateur de l'esprit est incessant. Outre les images d'objets particuliers, il engendre et entretient dans la pensée de l'aveugle une représentation concrète du milieu immédiat dans lequel il plonge. On aurait tort de se représenter l'aveugle comme isolé et comme claquemuré en lui-même, séparé de son ambiance, ou ne s'y rattachant que de loin en loin, à la faveur d'impressions tactiles et auditives qui par nature sont intermittentes. En fait, par ses représentations, il est en contact constant avec elle. Il se sent enveloppé d'un espace concret, perpétuellement sensible qui s'étend de toutes parts autour de lui. De même, quand il ferme les yeux, le clairvoyant continue de voir en lui-même les objets qui l'entourent. Il continue de s'y mouvoir par la pensée. Il sent dans son être physique les attaches, les liens invisibles qui l'unissent aux choses familières.

L'aveugle, dans son cabinet de travail, sent autour de lui la présence de son bureau, de ses chaises, de ses fauteuils, de sa cheminée, de sa bibliothèque. Il en est impressionné. Son état de conscience n'est pas à proprement parler le même que s'il était dans sa chambre à coucher, par exemple. En dehors de toute sensation il subit constamment par sa seule imagination la pression du milieu qui l'entoure.

C'est cet espace concret que viennent animer à chaque instant les bruits perçus par l'oreille, ou les contacts du pied, du bras, de la main, en faisant saillir sur le fond commun l'image de tel point déterminé, ou de tel objet particulier. Ses dimensions sont très variables suivant les individus, et chez un même individu suivant les circonstances. Dans une pièce, pourvu que ses proportions ne soient pas excessives, il s'étend en général jusqu'aux quatre murs qui constituent pour lui comme une limite naturelle, comme des points d'appui aussi très souvent précieux, car sa réalité concrète lui vient surtout des objets à formes fixes qui le garnissent. Dans la rue, les murs des maisons ne le limitent plus que de deux et même parfois d'un seul côté. En plein air l'indétermination se fait plus grande. Il y a un horizon pour l'aveugle comme pour le clairvoyant, mais cet horizon est beaucoup plus rapproché que celui du clairvoyant. Il est aussi plus instable. Dans un lieu bien connu, dont tous les êtres sont familiers, qui a souvent été parcouru par l'aveugle et s'est imprimé en quelque sorte dans ses muscles, dans un jardin par exemple, il tend à s'élargir. L'attention aussi, en se portant avec force sur tel ou tel objet placé au dehors, peut l'étendre jusqu'à lui. A chaque instant surtout un bruit qui frappe l'oreille vient reculer ou rapprocher sa limite. L'importance des sensations sonores est capitale pour étendre ou restreindre sans cesse l'espace concret dont l'aveugle se sent enveloppé. Bien souvent il me semble décrire autour de l'observateur un cercle de huit à dix mètres de rayon. Ai-je besoin de dire que c'est là une mesure très approximative?

Cette prise de possession par l'imagination de l'aveugle du milieu où il se meut est d'un intérêt capital. Elle est, en général, pour lui d'une grande utilité pour se conduire. Au moins les plus habiles à se diriger sont de ce sentiment. L'aveugle, en effet, n'est pas guidé dans sa marche par de simples associations d'impressions qui se présentent à lui sous une forme successive, un mouvement appelant le suivant, tel obstacle évoquant le souvenir de tel autre qui lui est lié dans la conscience. Une représentation d'ensemble commande chacune de ses démarches, chacun de ses pas. Il porte en lui la carte des lieux qu'il traverse. Tous les obstacles, les différents accidents de la route y sont figurés. Il les embrasse dans leur ensemble et les fixe successivement. Il suit en quelque sorte sa propre image qui se déplace sur cette photographie intérieure. Il lui faut ainsi construire et porter en lui les plans de tous les lieux qu'il fréquente.

Inutile de dire qu'il ne se représente pas sa ville tout entière d'un seul bloc. Jamais un dessin aussi complexe ne saurait s'inscrire dans son imagination. Même un clairvoyant, dont les images pourtant sont beaucoup plus riches, serait incapable sans doute de l'embrasser dans ses détails. Alfred Binet nous a montré que les fameux joueurs d'échecs qui conduisent jusqu'à vingt parties à la fois sans jeter les yeux sur un seul échiquier, n'ont pas la représentation concrète des vingt parties engagées. Ils possèdent plutôt des schémas qu'au besoin ils déroulent en images. De même l'aveugle sait sa ville plutôt qu'il ne se la représente ; mais à chaque instant il en concrétise, à mesure qu'il avance, un fragment, celui dont il a besoin pour s'orienter. De cette image globale qu'il ne possède qu'en puissance, il détache successivement des parcelles réalisées.

Le rôle que joue ainsi, pour l'aider à se conduire, l'espace imaginé par l'aveugle est toutefois en général moins sensible dans la rue, où ses représentations sont presque nécessairement pauvres et approximatives, que dans les maisons où, les moindres objets étant bien connus, ses images peuvent acquérir une richesse et une précision très grandes. Il s'en sert également pour diriger les mouvements de ses bras et de tout son corps, et pour agir sur les objets qui l'avoisinent. Ainsi l'imagination spatiale peut seconder puissamment le développement de cette activité physique dont nous avons étudié quelques aspects, et par là elle est pour l'aveugle l'une de ses plus précieuses facultés, l'une de celles qu'il doit cultiver avec le plus de soin.

CHAPITRE XII

La conquête des représentations spatiales.

I

Si l'espace de l'aveugle se présente avec les mêmes caractères essentiels que l'espace des voyants, il est clair qu'il est acquis par des moyens très différents, et que sa conquête ne se fait qu'au prix d'un long travail. Je l'ai considéré jusqu'à présent sous sa forme la plus parfaite. Il ne se développe pas cependant chez tous au même degré, et les services qu'il rend varient avec son développement.

Le clairvoyant possède un organe spécial construit en vue de lui procurer la libre disposition de l'étendue. Un jeu relativement simple de muscles combinés en système à cet effet n'a qu'à fonctionner pour lui donner comme mécaniquement la perception de la hauteur, de la largeur, de la profondeur dans la mesure où il est appelé à les percevoir. Après un apprentissage relativement court d'accommodation de ces divers muscles, il est maître de cette portion d'étendue qui sera le domaine de son imagination.

Au contraire, les muscles et les organes dont l'aveugle devra faire usage ne sont pas combinés en système. Il devra choisir, parmi tant de mouvements qu'il exécute, ceux qui peuvent lui servir, et si ce choix se trouve relativement constant, si tous les aveugles usent à peu près des mêmes mouvements en palpant, c'est que la même loi du moindre effort les dirige tous dans leur sélection. Ils n'en doivent pas moins, parfois à grand'peine, apprendre à coordonner leurs mouvements, à les interpréter, à bâtir avec ces éléments une portion d'étendue assez vaste pour les besoins de la pratique et de la pensée, et l'on conçoit que ce travail ne soit pas conduit par tous au même degré d'achèvement.

Chez les voyants l'œil seconde si puissamment le développement du toucher qu'on n'en voit plus toutes les difficultés. Il en est de même chez les aveugles les plus intelligents et les plus adroits : le travail se fait à leur insu en grande partie, pendant les années d'enfance. Les aveugles retardés dans leur développement nous fournissent de bien plus utiles indications. J'ai parlé de ces enfants qui entrent à huit ou dix ans dans nos écoles spéciales sans savoir se servir de leurs membres. Ils sont incapables souvent de palper les objets et de s'en faire des idées précises. Mettez-leur dans la main une poupée en caoutchouc, par exemple : ils la tournent et la retournent machinalement, la tapotent sur toutes les faces avec des gestes d'automates. Leurs mouvements ne sont dirigés vers aucun but. Leurs doigts restent mous. Il est manifeste qu'ils n'explorent pas. Les qualités de rugosité ou de poli semblent les intéresser quelquefois. Quelquefois aussi ils prêtent attention aux sons que rend l'objet soit sous leurs doigts, soit sur le sol où ils le laissent tomber. Mais la forme leur est indifférente. Il faudra susciter leur intérêt, les obliger à agir par eux-mêmes, pour les arracher à cette torpeur. Leur faire faire des mouvements méthodiques ne suffirait pas : ils pourraient les exécuter sans en tirer aucun fruit; c'est d'eux-mêmes, de leurs besoins et du bon labour que ces besoins font dans leur intelligence, que doit monter la puissance merveilleuse qui donnera un sens à tout ce mécanisme.

Un travail psychologique compliqué, en effet, s'impose à eux. Il ne suffit pas, pour toucher un objet, de l'appliquer sur une surface cutanée, sur le plat de la main, par exemple. Sans doute les divers points de la peau qui entrent en contact avec lui sont impressionnés, et de la perception que nous avons de la surface impressionnée nous déduisons des indications sur la forme et sur les dimensions de la surface appliquée. Mais ces indications, comme nous le verrons, sont généralement imprécises, et puis l'objet à examiner présente diverses faces dont il faut connaître les rapports, souvent même une forme complexe. Il est nécessaire de faire intervenir des mouvements des doigts et de la main pour l'explorer et pour l'envelopper. Dès lors la connaissance que nous prenons de l'objet à percevoir ne se déduira plus seulement de la surface impressionnée, mais de la conscience que nous prenons de ces mouvements actifs et passifs, de la position de notre main, de la résistance qui est offerte à nos contractions musculaires. Toutes ces sensations sont perçues principalement, nous dit-on[1], dans les nerfs des articulations, mais il s'y joint aussi des indications venues des tendons et de tous les éléments sensibles de la périphérie, en particulier des points de pression. Voilà bien des données à fusionner ensemble. Et, pour peu que l'objet considéré soit trop grand pour tenir dans la main fermée, les articulations des phalanges et du poignet ne suffiront plus. Celles du coude et de l'épaule entrent en jeu. Peut-être même des mouvements de tout le corps s'y ajou-

---

[1]. C'est du moins l'opinion généralement admise d'après Goldscheider. Une opinion différente, et d'ailleurs antérieure à celle de Goldscheider, est défendue par M. Bourdon dans *l'Année Psychologique*, 1907. Quelle que soit la théorie adoptée, la complexité du problème reste la même.

teront-ils. Il est possible qu'il faille faire quelques pas pour l'embrasser dans son ensemble. Combien l'exploration se fait complexe, et combien mystérieuse l'opération psychique qui non seulement coordonnera tous ces éléments de conscience si disparates, mais encore les traduira en une représentation spatiale vraiment une !

Les psychophysiologues allemands qui ont cherché à analyser ce processus psychologique, se sont si fort pénétrés du sentiment de sa complexité qu'ils sont timides parfois à suivre la transformation jusqu'au bout, à reconnaître pleinement l'unité et la richesse de la synthèse psychologique en face de cette poussière d'actions et de réactions physiologiques. Comme il arrive souvent, l'observation du physiologiste gêne l'observation du psychologue, et l'empêche d'apercevoir toute l'originalité de la réalité psychique, toujours irréductible à des mouvements. Ils sont tentés parfois de resserrer entre des bornes trop étroites l'imagination spatiale de l'aveugle. C'est le reproche principal que j'adresserai au livre instructif de Th. Heller, qui, avec les travaux de Lotze, de Schuster, de Hocheisen, va nous seconder dans l'analyse qui suit.

II

Le sens du toucher, répandu sur toute la surface du corps qui tout entière donne des indications tactiles sur le monde extérieur, est surtout développé dans les parties qui unissent au plus haut degré les deux éléments essentiels du toucher que nous mentionnions tout à l'heure, la mobilité et le sens du lieu de la peau, c'est-à-dire la faculté de reconnaître comme distinctes deux excitations très rapprochées. Le sens du lieu de la peau varie avec l'abondance des organes tactiles, la mobilité avec l'abondance des nerfs moteurs. Or, les endroits du corps où les nerfs tactiles sont le plus nombreux sont aussi ceux qui présentent le plus de nerfs moteurs, disposition singulièrement propice au toucher.

La langue occupe ici le premier rang, organe d'une merveilleuse agilité et où les physiologistes ont reconnu le sens du lieu de la peau le plus affiné : des pointes écartées seulement d'un millimètre à peine y sont perçues comme distinctes.

Le bord rouge des lèvres est également très sensible, et c'est même l'une des raisons pour lesquelles les enfants ont une tendance marquée à porter tous les objets à leur bouche. Malheureusement ces organes, langue et lèvres, se meuvent dans un espace trop restreint, ils sont trop notoirement dans l'impossibilité d'envelopper les objets pour qu'on puisse attendre d'eux de grands services. La main, beaucoup moins sensible puisqu'elle exige, suivant les points, des écartements de deux millimètres à environ un centimètre — voire de trois centimètres sur la partie dorsale — est à ce point de vue considérablement supérieure. La liberté d'action que lui donnent les trois articulations des phalanges et l'articulation du poignet, liberté que les mouvements du coude et de l'épaule viennent encore augmenter, lui assure un rôle unique comme organe de la perception tactile de l'espace.

Ce n'est pas tout : la pulpe du doigt semble transmettre les excitations tactiles avec une rapidité plus grande que toute autre partie de la surface cutanée. On a soumis l'extrémité de l'index à mille vibrations à la seconde : elles ont été perçues distinctement par le cerveau. Ailleurs des vibrations à la vitesse de cinq cents à la seconde sont confondues entre elles et sont perçues comme un sensation continue.

En pratique, l'aveugle se sert beaucoup du pied pour toucher pendant la marche. Dans des cas déterminés, et pour percevoir des nuances délicates, il en est qui font appel à la langue et aux lèvres. Une jeune fille de l'Institution de Vienne, pendant la leçon de botanique, disséquait les fleurs par ce moyen et se rendait un compte précis des différentes parties de leur anatomie, travail trop subtil pour le doigt dans la plupart des cas, mais les efforts tentés pour développer en ce sens l'appareil tactile de la bouche n'ont pas donné de résultats. La main est l'instrument presque exclusif qui sert à bâtir les représentations spatiales. Chaque fois que l'aveugle entre en contact avec un objet, il y porte la main, parce que c'est la représentation manuelle seule qui le satisfait.

III

Les objets dont les dimensions ne dépassent pas, ou ne dépassent guère la grandeur de la main, ceux qui sont limités à ce que nous pouvons appeler l'espace manuel, et qui d'autre part ne présentent pas de détails trop minutieux pour être perçus par la pulpe des doigts, sont donc ceux dont l'aveugle se bâtira le plus aisément des représentations exactes. Ils exigeront de lui un minimum d'effort intellectuel. Pourtant l'effort intellectuel y est déjà sensible. En suivant le travail de palpation nous en reconnaitrons tout à l'heure les effets, mais il nous faut auparavant examiner les outils dont la main dispose.

Chacun des deux éléments essentiels du toucher, le contact passif et le mouvement, a été à son tour exalté par les psychologues. On s'est plu à distinguer un toucher synthétique et un toucher analytique. Le premier serait celui qui résulte de l'application simultanée de divers points de la main sur la surface d'un objet ; l'autre celui que nous devons aux mouvements de nos doigts, lorsque, n'ayant qu'un point de contact avec la surface d'un objet, ils en suivent les contours. Et là-dessus tel psychologue nous assure que le toucher analytique est presque seul employé par l'aveugle ; tel autre, au contraire, que le toucher analytique, à lui seul, est incapable de nous enseigner même si une ligne est droite.

Ce sont querelles d'école. En fait, pour palper, jamais l'aveugle ne se contente d'entrer en contact avec un point unique de l'objet proposé. La pulpe de l'index, en effet, est étendue ; elle correspond à plusieurs points, à tout le moins aux six points de la lettre Braille qu'elle perçoit simultanément. Le mouvement fait en vue de palper s'accompagne donc toujours d'un contact plus ou moins étendu ; et inversement l'aveugle ne se satisfait jamais d'un contact étendu : il éprouve toujours le besoin de préciser la notion ainsi acquise par des mouvements plus ou moins nombreux.

A ce double point de vue les pulpes de l'index et du médius constituent un outil de précision de premier ordre. Elles peuvent s'adjoindre les pulpes de l'annulaire et de l'auriculaire, moins souples sans doute et moins sensibles, mais encore très supérieures au reste de la main. La surface ainsi obtenue est d'une étendue relativement grande, et d'autre part elle a la propriété de se fragmenter à chaque instant, ce qui permet à chacune de ses parties, grâce à son exiguïté relative et à sa mobilité, de se glisser dans les anfractuosités et de suivre tous les reliefs. Par suite de cette faculté des doigts de s'unir ou d'agir indépendamment, les surfaces sont reconnues avec une extrême rapidité.

Le pouce, à cause de sa position, ne collabore que gauchement à cette opération. En revanche, grâce à sa propriété de s'opposer aux autres doigts, il sert à constituer un second appareil de précision d'une extrême importance lui aussi. En s'opposant soit au médius, soit à l'index, et le plus souvent à l'un et à l'autre à la fois, il mesure les dimensions des objets ou des portions d'objets qui se laissent embrasser par le compas ainsi formé. Pour se faire une idée de la précision avec laquelle il s'acquitte de cette fonction, il suffit de rappeler que dans les papeteries, c'est d'après l'épaisseur que les trieuses divisent et classent les papiers, et qu'elles parviennent à distinguer des feuilles de 40 centimètres sur 60, qui n'ont entre elles qu'une différence de poids d'un gramme : c'est dire assez si la différence d'épaisseur qui les sépare est infime. Sans doute tant d'exactitude ne se rencontre que quand l'écartement des branches du compas est très faible. Elle diminue à mesure qu'il augmente. Elle reste grande pourtant jusqu'au bout, et l'utilité de cet appareil de mensuration est constante. C'est lui qui, en vertu de cette faculté, permet d'apprécier très exactement dans quel rapport se trouvent diverses lignes entre elles : si l'on suit, en effet, simultanément deux lignes, l'une avec le pouce, l'autre avec le médius, on perçoit avec une précision merveilleuse leurs moindres divergences ou leurs moindres convergences, par suite aussi leur parallélisme. La ligne tient dans le dessin des corps une place si considérable qu'on devine le rôle capital joué par un semblable appareil tactile dans la formation des représentations spatiales. Sa valeur vient principalement de l'exactitude avec laquelle est perçue la relation entre les mouvements imprimés aux deux organes opposés. Mais, ces deux organes étant munis de pulpes étendues, il convient de remarquer qu'il juge du rapport des surfaces aussi bien que du rapport des lignes, et que du même coup il explore ces surfaces pour elles-mêmes en même temps qu'il apprécie leurs positions respectives.

Mais le plus souvent il y a profit à aborder l'objet avec la main tout entière, qui l'enveloppe. Les deux mains peuvent s'ajouter l'une à l'autre et laisser entre elles une cavité qui grandit ou diminue suivant les besoins et où les objets sont complètement embrassés. Ici la variété des mouvements articulaires que la conscience fond en une représentation unique se fait beaucoup plus grande. On se rend compte des difficultés qu'elle peut susciter en plaçant dans la main successivement deux cubes de même dimension, l'un en bois, l'autre en papier. Généralement le cube en bois est jugé plus petit que l'autre. C'est que l'effort suscité par la résistance que le bois offre aux muscles fait paraître plus étendus les mouvements de la main qui se replie sur l'objet, et que par là les dimensions du cube se trouvent réduites pour la conscience. L'exercice triomphe pourtant de ces difficultés. Ce qui est plus grave pour la précision des représentations, c'est que, à mesure qu'on s'éloigne des extrémités des doigts, le sens du lieu de la peau devient de moins en moins subtil. Il est facile de s'en assurer par une expérience : plaçons les deux pointes d'un compas sur la pulpe des doigts à quelque distance l'une de l'autre, 2 à 3 centimètres par exemple, et faisons-les avancer parallèlement, d'un mouvement rapide, jusqu'au poignet. Nous aurons l'illusion qu'elles vont en convergeant l'une vers l'autre, jusqu'à se réunir complètement. La conséquence de cette constatation est que l'exploration de la main est nécessairement imprécise, et qu'elle est inégalement imprécise. On ne peut donc attendre de la main que des informations assez vagues sur la forme et sur les dimensions des objets. Pour dégrossir les représentations trop sommaires qu'elle donne, d'un mouvement instinctif l'observateur a recours immédiatement aux deux appareils que nous avons décrits précédemment et qui fonctionnent conjointement.

Ce serait assurément simplifier la réalité que de dire que la palpation d'un objet de petites dimensions se fait en deux temps, un premier où les mains prennent à la hâte une représentation d'ensemble, un second où les doigts explorent les détails. L'aveugle ne s'astreint pas à une méthode déterminée, et les circonstances aussi bien que les habitudes ou les fantaisies individuelles diversifient beaucoup les mouvements. Toutes les méthodes particulières tendent pourtant à ce type commun. Le progrès se marque ici dans une meilleure distribution du travail entre la paume de la main et les extrémités des doigts, surtout dans une tendance de plus en plus marquée à faire grande la part des instruments de précision, et dans une habileté de plus en plus sûre à diriger leurs mouvements. Cela est si sensible que, même pour explorer des objets qui dépassent de beaucoup la surface formée par les quatre pulpes, bien souvent les aveugles se contentent de leurs doigts et ne font pas appel à la paume.

IV

Et en effet, puisque (nous l'avons constaté) le développement du toucher de l'aveugle ne se manifeste pas dans une acuité croissante du sens du lieu de la peau, il y a chance qu'elle se manifeste dans l'autre élément, dans les mouvements qui s'ajoutent au contact. Là elle sera d'ordre essentiellement psychologique : la conscience dirige de mieux en mieux les mouvements des membres en vue de satisfaire des fins de plus en plus clairement perçues.

Les mouvements passifs des muscles ne sont conscients que lorsqu'ils ne sont pas inférieurs à une certaine limite qui varie avec les muscles comme avec les individus, et qu'on calcule en examinant les angles décrits par les articulations intéressées[1]. Hocheisen

[1]. Goldscheider, le premier, a étudié cette question avec précision et a déterminé sur chacune de ses articulations l'angle minimum pour lequel il y a sensation, ce qu'on appelle le seuil de la conscience.

a pensé établir par neuf mille observations que pour un même muscle il faut chez l'aveugle un angle moins grand que chez le clairvoyant pour qu'il y ait perception, que par suite une conscience plus claire et plus intense accompagne ses mouvements passifs, par suite aussi ses mouvements actifs, les positions de ses membres et les contractions que provoque toute résistance extérieure. On conçoit de quel prix serait une telle sensibilité pour la traduction des mouvements musculaires en représentations spatiales. Ce progrès, d'après Hocheisen, serait dû à l'exercice, et proviendrait de la somme d'attention que, par la force des choses, l'aveugle accorde plus libéralement que le clairvoyant à des mouvements pour lui si précieux. La thèse de Hocheisein ne me paraît pas expérimentalement démontrée[1]. Ses observations n'ont porté que sur huit sujets aveugles, ce qui est un nombre évidemment insuffisant, d'autant plus insuffisant que les différences individuelles en cette matière paraissent être considérables. A titre d'hypothèse du moins sa valeur n'est pas négligeable, et peut-être sera-t-elle confirmée quelque jour.

Ce qui est manifeste en tout cas, c'est que les mouvements de la palpation s'exécutent chez l'aveugle en général avec plus de rapidité que chez le clairvoyant. C'est là l'effet d'une habitude contractée sous le commandement d'une force psychologique. La rapidité des mouvements, en effet, facilite singulièrement l'action de la mémoire et favorise la synthèse des

---

1. En particulier, quand Hocheisen suppose que la mesure de sensibilité motrice acquise par l'expérience pourrait être indiquée par le degré de rapidité auquel chaque sujet parvient dans la lecture du Braille, il se trompe certainement, car dans la lecture du Braille les mouvements sont réduits au minimum; plus elle se perfectionne, et plus leur nombre diminue. Les lettres Braille semblent être perçues par la sensibilité de la peau beaucoup plus que par la sensibilité des articulations.

éléments successifs en une représentation spatiale simultanée. Peut-être y est-elle nécessaire.

En même temps qu'ils deviennent plus prompts, les mouvements ont une tendance marquée à devenir automatiques, à s'appeler mécaniquement les uns les autres en réduisant de plus en plus pour chacun le rôle de la volonté et de la conscience. Demandez à un aveugle comment il procède pour palper un objet, vous l'embarrasserez fort. Il est incapable de vous renseigner. Insistez, priez-le de se prêter à une expérience, de toucher aussi lentement que possible un objet en votre présence, de détailler ses mouvements afin de vous permettre de les observer. Souvent vous verrez sa main hésiter, s'embrouiller. Elle fait des mouvements très différents de ceux qui lui sont habituels. Elle a besoin d'être abandonnée à elle-même et d'agir à son allure accoutumée. Il se produit ici quelque chose de tout à fait analogue à ce qu'on remarque chez le pianiste. On dirait que les mouvements se font d'eux-mêmes. La volonté semble ne plus intervenir que pour leur donner le branle initial. Elle peut sans doute à chaque instant reprendre ses droits, et cela nous avertit que la conscience de chaque mouvement particulier n'est pas abolie ; elle s'est effacée seulement pour faire place à la conscience du but qui seul désormais est distinctement pensé. Les mouvements ne sont plus perçus que par rapport à ce but et en tant qu'éléments de ce but. Une imperfection de l'un d'eux est sentie non comme telle, mais comme imperfection dans la représentation totale. C'est donc au profit de la représentation que se fait cette économie de forces psychologiques ainsi que tout ce perfectionnement du travail physiologique et nous reconnaissons ici les effets habituels de la finalité.

C'est sans doute de la même manière qu'il convient d'expliquer certaines vibrations, pleinement inconscientes celles-là, et qui échappent absolument à l'action de la volonté, dont s'accompagne le toucher chez les aveugles. Czermak, Hocheisen, Heller ont remarqué constamment, nous assurent-ils, des vibrations de ce genre au cours de leurs expériences. Elles seraient caractéristiques du toucher de l'aveugle. Les observations toutefois sont encore trop peu précises pour qu'il soit permis d'être affirmatif. L'hypothèse la plus vraisemblable est qu'il faut voir dans ces vibrations que la volonté ne peut plus arrêter le résidu des mouvements volontaires. A force de faire suivre un contact manuel quelconque des mouvements nécessaires pour le préciser par la palpation des doigts, l'aveugle aurait développé dans sa main une sorte de tendance à les reproduire mécaniquement. De plus, il y a un degré d'intensité dans la pression qui est particulièrement favorable à la formation d'une représentation claire. En deçà, la sensation tactile manque de netteté; au delà, le travail intellectuel est troublé par une impression de douleur. Des mouvements souvent imperceptibles ont pour objet d'augmenter ou de diminuer la pression, afin de l'arrêter au degré d'intensité le plus favorable. Ces mouvements, en raison de leur nature même qui les rapproche des mouvements instinctifs, comme aussi à cause de leur faible extension, sont, semble-t-il, plus spécialement susceptibles de devenir autonomes, de se produire sans l'intervention de la volonté ou même malgré elle [1].

Il est donc possible que nous constations dans les palpitations de la peau observées par Czermak et par Heller le même travail, mais à un degré plus avancé, que dans les mouvements volontaires. L'automa-

[1]. Cette opinion trouve une confirmation frappante dans un très intéressant article de M. Van Biervliet, *le Toucher et le Sens musculaire*, publié dans *l'Année Psychologique*. En partant d'observations différentes, l'auteur, qui ne connaît pas les faits ci-dessus mentionnés, conclut lui aussi à la production de mouvements automatiques qui favorisent la sensibilité tactile.

tisme, cette fois, serait devenu si complet que les mouvements échapperaient au contrôle de la conscience. Quoi qu'il en soit de cette question, sur laquelle nous sommes encore trop insuffisamment informés, l'organisation des sensations tactiles par la conscience apparaît déjà dans la palpation des objets de petite dimension : peut-être a-t-elle pour effet, à la faveur de l'attention, d'abaisser le seuil de la conscience des mouvements passifs de manière à rendre de moindres mouvements perceptibles et par conséquent utilisables, mais surtout elle a son principe dans la subordination des sensations et des mouvements qui les accompagnent à une finalité, à la production d'une représentation synthétique de l'objet à percevoir.

V

La tâche de l'intellect sera plus compliquée si nous passons de l'espace manuel à ce que nous pouvons appeler l'espace brachial, celui qui pour être exploré exige des mouvements des bras, et n'en exige point d'autres.

L'appréciation générale des dimensions et la représentation approximative de la forme qui doivent précéder l'examen du détail se feront avec plus de peine. Je n'oublie pas, sans doute, qu'ici encore l'aveugle dispose d'un précieux outil. Ses deux mains peuvent s'opposer l'une à l'autre, et juger du parallélisme, de la convergence ou de la divergence des lignes et des surfaces de la même manière que le pouce et l'index les appréciaient tout à l'heure en s'opposant entre eux. Je suis aussi de cet avis, quoi qu'on ait pu dire, que l'aveugle pourra sans de sérieuses difficultés établir un rapport entre les mesures ainsi prises dans l'espace brachial et celles qui lui sont données dans l'espace plus restreint que la main et les doigts suffisent à explorer. En effet, les domaines des deux espaces manuel et brachial ne sont pas tranchés, et la main se réserve souvent le toucher d'objets qui semblent dépasser sa portée mais dont, au moyen de quelques mouvements, elle suit pourtant tous les contours. Inversement, bien souvent l'aveugle juge, en opposant les deux mains, de dimensions qui relèvent de l'espace manuel et que l'opposition de deux doigts suffirait à lui faire connaître. Bien plus, même dans la palpation des objets les plus petits, les deux mains interviennent généralement à la fois, et les mesures fournies par l'appareil de mensuration de l'espace brachial se mêlent aux mesures fournies par l'appareil de mensuration de l'espace manuel et sont contrôlées par lui. On pourrait distinguer un champ spatial bimanuel intermédiaire entre le champ manuel et le champ brachial, et où tous les deux se confondraient en quelque manière. De la sorte, les instruments de l'espace manuel servant dans l'espace brachial et les instruments de l'espace brachial étant utilisés en retour dans l'espace manuel, un rapport entre les mesures prises de part et d'autre doit être perçu aisément[1].

Mais il est clair que l'appareil de précision de l'espace brachial est très inférieur à celui de l'espace manuel. Surtout, ici il n'est plus possible d'envelopper l'objet complètement, de recouvrir simultanément toute sa surface. Non seulement les bras, dont le toucher est beaucoup moins sensible que celui de la main et qui sont généralement recouverts de vêtements, renseignent avec beaucoup moins de précision sur les surfaces qu'ils rencontrent, mais ils ne peuvent que jeter une ceinture autour de l'objet, nullement en appréhender toute la surface. De là

[1]. Évidemment il ne s'agit pas ici d'une relation exprimée par un chiffre. Comme pour le clairvoyant l'évaluation numérique de ce rapport est une opération très complexe dont nous n'avons pas à parler ici.

la nécessité pour l'aveugle de prendre en tout sens des mesures, d'exécuter toute une série de mouvements et de les traduire en représentations avant de porter un jugement sur la forme et sur les dimensions de l'objet.

Pour passer ensuite à une représentation plus précise et qui comporte la connaissance des détails, les difficultés sont plus grandes encore. Grâce à la forme arrondie de la tête de l'humérus qui permet à l'articulation de l'épaule des mouvements très libres arrêtés seulement en arrière, le champ tactile des bras est constitué à peu de chose près par deux demi-sphères qui ont respectivement pour centre l'épaule et pour rayon le bras, et qui se coupent entre elles. L'articulation du coude, en joignant ses mouvements à ceux de l'épaule, donne à la main la faculté d'atteindre un point quelconque à l'intérieur de ces deux demi-sphères. La main pourra donc explorer chacune des parties de l'objet puisqu'elle seule est capable de fournir une représentation précise, et nous sommes ramenés aux conditions du toucher telles que nous les avons rencontrées dans l'espace manuel. Mais cette fois l'exploration sera nécessairement très longue. Chaque partie doit être considérée séparément. L'image totale résultera de la juxtaposition de toutes ces images partielles dans le cadre qui nous a été fourni tout à l'heure. Cette juxtaposition n'est pas du tout, comme on l'a prétendu, au-dessus des forces de l'imagination : aidée par l'expérience qui lui fournit un grand nombre de points de comparaison, elle est parfaitement capable de grossir les objets ou de les diminuer, de les bâtir aussi de pièces additionnées. Mais j'avoue bien d'ailleurs que, pour que ces transformations soient possibles, il faut un travail intellectuel qui suppose un bon nombre de jugements et une assez grande agilité d'imagination. L'habitude du toucher met de plus en plus cette faculté au service des représentations spatiales que réclament les besoins de la pratique, mais dans les dimensions de l'espace brachial jamais, on le conçoit, en raison de leur complexité même, les mouvements n'arrivent à un degré d'organisation aussi élevé que dans les limites de l'espace manuel.

Ces raisons font que l'aveugle se contente le plus souvent d'un examen très approximatif des objets. Il le peut fréquemment sans grave inconvénient. Beaucoup d'objets se ramènent à une forme géométrique ou à un dessin générateur qui est répété un nombre plus ou moins considérable de fois. Le cerceau d'un enfant, par exemple, est une circonférence. Une armoire se réduit à une série de rectangles horizontaux tous identiques. Lorsqu'il est en présence d'objets de cette nature l'aveugle se contente d'en scruter une partie, et il construit toutes les autres à l'image de celle-là. Au plus passe-t-il quelquefois rapidement la main sur l'ensemble du meuble pour vérifier très approximativement l'exactitude de sa construction. Pour se représenter l'intérieur d'une armoire, par exemple, il comptera le nombre des rayons et il examinera seulement l'un d'eux, pour bâtir ensuite les autres d'après ce modèle. Mais là encore pour concrétiser son dessin, pour le réaliser, pour passer de l'idée à la représentation, un certain développement de l'imagination est nécessaire qui ne s'acquiert que progressivement.

Les objets aux formes capricieuses, pour être consciencieusement explorés, demanderaient, outre une puissance de synthèse particulière, une grande patience : aussi, à la place d'une représentation exacte, l'aveugle est toujours porté à se contenter d'une image plus ou moins pauvre, plus ou moins fausse, qui lui en tient lieu. Il ramène l'objet à une forme géométrique et le dépouille de tous ses ornements. Ou bien, partant d'une de ses parties, il le construit d'après cette partie, en lui conservant à peu près ses dimensions réelles mais en lui prêtant des détails arbitraires. S'il a moins d'imagination, il se contentera de remarquer telle ou telle particularité qui lui tiendra lieu de l'objet tout entier, et son imagination n'aura nul souci de remplir le cadre que ses bras lui ont fourni, de se faire une représentation approximativement égale à celle qu'il a eue en embrassant l'objet dans son ensemble.

Si nous dépassons maintenant l'espace brachial, plus vont grandir les dimensions de l'objet, et plus se feront sentir les difficultés que nous venons de signaler : imprécision des moyens qui lui permettent d'apprécier les dimensions et la forme générale, surtout lenteur de l'exploration des détails et complication croissante du travail de synthèse.

Sans doute il ne faut pas oublier (et on l'oublie trop souvent) que dans son corps tout entier l'aveugle trouve des termes de comparaison et comme des étalons de mesure. La hauteur de beaucoup d'objets lui est donnée, comme aux clairvoyants, par leur rapport à sa hauteur propre. La représentation globale d'un fauteuil est singulièrement facilitée par ce fait que l'aveugle s'assied sur le fauteuil, le recouvre pour ainsi dire de toute la longueur de son corps, et que des sensations musculaires impriment en quelque sorte en lui ses dimensions. Il n'en reste pas moins que les complications grandissantes ouvrent de plus en plus larges les portes aux représentations fausses. Leur variété est infinie, et, si l'on n'y veille point, une paresse bien naturelle risque de meubler le cerveau de l'aveugle de ces images bâtardes qui le feraient vivre en dehors de la réalité.

VI

Reste à nous demander comment l'aveugle se représente la position des objets, comment il les projette dans l'espace. Tant qu'ils ne sortent pas du champ tactile, c'est-à-dire de la portée de ses bras, il n'y a en cela aucune difficulté, mais l'imagination et la pensée de l'aveugle ne sont pas enfermées dans une si étroite prison.

Un premier procédé qui s'offre à lui est de prolonger ses organes tactiles au moyen d'appendices. Nous l'avons vu en faire usage pour se procurer quelques renseignements très rudimentaires sur la forme et la nature des objets. Mais le toucher indirect ainsi obtenu indique plus sûrement leur position. Par lui s'explique l'emploi que certains aveugles font de leur canne en marchant et leur souci de ne jamais s'en séparer. Pour ceux-là mêmes qui n'ont pas contracté l'habitude de la canne, elle est souvent précieuse pour explorer un terrain.

Infiniment plus instructifs sont les mouvements que l'aveugle fait avec ses jambes pour atteindre l'objet. Le nombre de pas le renseigne sur la distance qui l'en sépare, l'orientation de ces pas sur la direction où il se trouve. Avec la distance et la direction il a les deux indications nécessaires et suffisantes pour situer l'objet par rapport à lui-même.

Il est facile sans doute de se faire une idée précise de l'espace représenté par un pas. En touchant un mur par exemple, tandis qu'il marche, l'aveugle en obtient la transposition en étendue brachiale. Mais la traduction d'une série un peu prolongée de pas en espace concret n'est pas une opération aussi simple qu'on pourrait le supposer. Elle se fait en général avec une extrême imprécision. Nous pouvons nous en assurer en constatant avec quelle difficulté se fait l'opération inverse, la traduction en pas d'un espace connu. Demandez à des aveugles comment ils font pour se rendre, dans un lieu même tout à fait familier, d'un endroit donné à un autre, lorsque aucun point de repère ne les guide (bruit ou sensation d'obstacle, ou dénivellation du terrain). Ils vous répondront que, même s'ils ont une représentation claire de la distance à parcourir, il leur est très difficile, presque impossible même, de ne pas s'arrêter soit en deçà, soit au delà du but prescrit. Les uns, en petit nombre, s'en remettent purement et simplement à leur mémoire musculaire; mais c'est alors la conscience des mouvements qui les guide, et non une représentation spatiale. D'autres nous avoueront qu'il leur faut compter leurs pas. Presque tous reconnaîtront qu'ils n'ont pas d'autre moyen si aucun objet, perçu par un sens quelconque, ne les avertit au moment de l'arrivée.

Mais surtout c'est le sens de la direction qui est imprécis. Hocheisen, en étudiant les articulations de la main seulement, a cru constater que si les aveugles perçoivent mieux que les voyants des mouvements de faible étendue, en revanche ils se rendent moins bien compte de la direction de ces mouvements. Il expliquait ce phénomène en disant que le contrôle constant exercé par la vue sur les membres habitue le voyant à prendre une conscience plus exacte des rapports qui unissent les contractions musculaires à l'orientation des mouvements. En tout cas la difficulté qu'éprouve l'aveugle à conserver la ligne droite en marchant assure que ses perceptions sur ce point sont des plus confuses.

A supposer donc qu'il ait situé seulement par rapport à lui-même un objet éloigné, l'aveugle sera le plus souvent dans l'incapacité de le retrouver. Le moindre mouvement lui fera perdre le sentiment de cette position occupée par cet objet. Un mouvement insensible de rotation produit, à quelques mètres de distance, un écart considérable. On conçoit que dans ces conditions des représentations spatiales un peu étendues auraient grand'peine à se développer. Aussi l'effort de l'aveugle ne se porte pas principalement de ce côté ; il cherche surtout à connaître les positions des objets les uns par rapport aux autres, et surtout par rapport à des points fixes. La tâche qui incombe à son intelligence et à son imagination est de construire des systèmes de représentations où les objets particuliers se classent et s'organisent, et où chacun d'eux sert de support aux autres.

Dans son cabinet de travail, par exemple, l'aveugle situe son bureau non par rapport à lui-même, point mobile, mais par rapport aux quatre murs, à la cheminée, au tapis, à la bibliothèque, à tous les meubles fixes. Dans cette image totale il fait entrer plus ou moins d'éléments suivant que son imagination est plus ou moins active. Il y fait entrer de préférence tels ou tels éléments selon que les besoins de la pratique recommandent à son attention ceux-ci ou ceux-là. Comme le plafond n'a guère d'importance pour lui, à moins que, exceptionnellement bas ou exceptionnellement haut, il ne modifie notablement le cube d'air et ne devienne par là sensible aux organes respiratoires, bien souvent le plafond est négligé, et tandis que la largeur et la longueur de la pièce sont représentées avec précision, la hauteur reste souvent très vague. Elle aura seulement des chances sérieuses de s'imposer à lui si les rayons de sa bibliothèque l'obligent à la mesurer musculairement par des ascensions fréquentes. Et tous ces éléments de sa représentation se soutiennent l'un l'autre, se consolident réciproquement, s'évoquent mutuellement dans sa conscience. De la sorte, il suffira que l'aveugle connaisse la position de l'un quelconque d'entre eux par rapport à son propre corps, la position du tapis que son pied lui donne, par exemple, ou la position de la table qui est à portée de sa main, pour se représenter aussitôt la position de l'un quelconque des autres. La faculté stéréognostique, avons-nous dit, en effet, permet, au moyen d'une de ses parties, de faire surgir dans l'imagination la représentation tactile dans son entier. Or la pièce entière constitue désormais comme un objet unique.

Ainsi l'aveugle est amené par les besoins de la pratique à se constituer des lieux où il habite des images tout à fait équivalentes à celles des clairvoyants. L'image aura chance d'être d'autant plus complète et d'autant plus stable que le lieu considéré lui sera plus familier. Mais, là même où il ne se trouvera qu'en passant, il cherchera à se faire une image embryonnaire au moyen de deux ou trois points de repère. Quand il sera dans un lieu tout à fait inconnu, seuls le nombre et la direction de ses pas pourront lui dire la position d'un objet déterminé, mais la connaissance qu'il en aura sera fugitive et peu utilisable.

VII

La nécessité d'agir stimule puissamment la construction de ces images complexes. Mais un stimulant non moins précieux vient encore à l'aveugle de ses sensations auditives. Qu'il soit nécessaire au développement des représentations, je n'ose pas l'affirmer, car il me semble bien que certains aveugles-sourds de naissance parviennent à un degré assez élevé d'imagination spatiale. Mais sans aucun doute il lui est d'un grand secours, et dans la pratique les aveugles-entendants doivent au sens de l'ouïe une grande part de leur faculté de représentation. Sans lui le champ de leurs images serait rétréci, et surtout ils en seraient moins les maîtres.

On a prétendu que les sensations de l'ouïe sont naturellement étendues comme celles de la vue et du toucher, et qu'elles sont immédiatement perçues comme localisées dans l'espace. L'expérience psychologique, non moins que l'examen physiologique de l'oreille, semble bien montrer le contraire : un sujet qui n'aurait que des perceptions auditives ne connaîtrait pas d'espace, et les mille variations d'un même son qui nous servent à le localiser lui apparaîtraient non comme des conséquences des positions diverses occupées par sa source, mais comme des différences d'intensité et de nature.

Mais les sensations auditives ont la propriété de s'associer étroitement avec les sensations visuelles et tactiles. Elles les évoquent dans la conscience, et ainsi elles se lient intimement à la représentation de l'objet qui les cause : un aboiement fait surgir l'image d'un chien. Elles évoquent du même coup et tout naturellement la représentation de la position occupée par cet objet dans l'espace. Et comme, suivant qu'il est placé en avant, en arrière, ou de côté, suivant qu'il est plus ou moins éloigné de nous en largeur, en hauteur et en profondeur, le son est perçu par l'oreille avec des modalités particulières, peu à peu, avec l'expérience, ces modalités particulières deviennent représentatives des différentes positions de l'espace. Les corps sonores finissent par être localisés à la seule audition.

C'est donc l'espace tactile encore que les sensations auditives offrent à l'aveugle, l'espace tactile qu'elles se sont incorporé en quelque sorte, et s'il ne possédait pas auparavant l'espace tactile, il n'en tirerait aucun fruit dans le champ de ses représentations spatiales. Mais elles ont sur les représentations tactiles ce grand avantage de s'étendre sur un domaine considérablement plus vaste que celui du toucher. Aussi elles se substituent aux sensations tactiles dans bien des cas. Elles représentent les positions lointaines sans exiger ni délai ni mouvement. Instruite par le toucher, l'ouïe usurpe ses prérogatives. Le bruit d'une fontaine m'épargne les quinze pas qu'il eût fallu faire pour apprendre qu'elle est à dix mètres devant moi.

Non seulement il m'épargne temps et effort, mais les renseignements qu'il me donne sont plus précis. Les difficultés que nous signalions tout à l'heure en ce qui concerne la direction n'existent plus : l'aveugle n'est plus contraint, pour se faire une idée exacte de la place occupée par l'objet, de suivre une ligne droite. Il la perçoit d'après l'angle d'incidence des ondes sonores sur son oreille. Il n'a plus besoin de synthétiser un nombre parfois élevé de mouvements en une représentation d'ensemble. Enfin, pour peu que le bruit soit permanent, comme celui d'une fontaine qui coule, la représentation persiste à s'imposer à la conscience ; elle ne risque pas de se fausser ou de s'évanouir au moindre mouvement inconsidéré fait par l'aveugle.

Voilà pour les représentations simples. Pour les représentations complexes où diverses images s'organisent en système et se soutiennent les unes les autres, le rôle des sensations auditives est plus précieux encore. Si le bruit est continu, ou même s'il peut être renouvelé à volonté, il constitue un point d'appui pour toutes les autres images, un point de repère autour duquel toutes viendront se grouper. Il fournit la pierre d'assise de la représentation globale, et l'on conçoit quelle en est l'utilité. Bien plus, dans un lieu clos, dans une pièce par exemple, le bruit se complique de sonorités secondaires qui sont instructives pour la position de divers objets. Il se réfléchit sur les murs et donne à l'oreille une image confuse, mais non sans valeur, qui se traduit immédiatement en représentation spatiale. J'ai dit déjà que le bruit des pas sur le plancher ou le crépitement du feu font connaître à l'aveugle les dimensions de la pièce. Ainsi il a, grâce à l'oreille, une représentation une, du genre de celles que l'œil peut donner, un cadre très sommaire, qui souvent se limite à une représentation des quatre murs, mais un cadre enfin où classer ses images de détail. Quand il l'aura rempli à sa manière, le bruit pourra alors évoquer le contenu en même temps que le contenant. Il le pourra d'autant mieux que le contenu n'est pas sans avoir parfois lui aussi quelque action sur les modalités du son : qui n'a remarqué les nuances sourdes que les tentures et les rideaux donnent au son des voix ? Il en rendra toutes les parties présentes à la fois dans la conscience et viendra en aide ainsi au travail de l'imagination. Par là se trouvera diminué l'obstacle qu'oppose à l'aveugle l'absence de toute représentation globale, si difficile à obtenir du toucher, lorsqu'il s'agit de représentations qui dépassent de si loin ses moyens d'investigation.

Cette valeur synthétique de la sensation auditive lui confère tout son prix. Elle substitue une impression simultanée à la succession des impressions tactiles, et fournit tant bien que mal à la conscience cet élément de coordination que l'on a cru longtemps ne pouvoir emprunter qu'à la vue. C'est peut-être grâce à l'ouïe seule que l'aveugle parvient à se donner une représentation concrète, vraiment intense, de vastes étendues. Un coup de fusil qui éclate à trois cents mètres, une voix claire qui parfois à cent ou deux cents mètres imprègne une atmosphère légère et pure, reculent soudain l'horizon démesurément, et l'emplissent d'une lumière vive. Un coup de tonnerre au loin qui se répercute à l'entour a une puissance évocatrice plus grande encore. Une pierre lâchée au-dessus d'un précipice et qui, après une seconde de course, renvoie son cri sourd, ouvre un abîme devant l'imagination de l'aveugle et lui donne parfois une sorte de vertige. Combien d'autres sensations auditives éperonnent puissamment sa faculté de représentation ! Leur rôle dans la vie affective et esthétique est de premier ordre. Non moindre peut-être est celui de ces bruits familiers qui constamment invitent l'aveugle à sortir de lui-même, à étendre son imagination autour de lui. Sans doute les sensations d'obstacle, participant de l'espace, ont des propriétés analogues d'évocation, mais elles sont beaucoup moins précises, et surtout comme elles portent beaucoup moins loin, les services qu'elles rendent dans l'élargissement des représentations spatiales ne peuvent pas se comparer aux bienfaits des sensations auditives.

VIII

A toutes les étapes, la même difficulté s'est donc présentée à nous, la difficulté de synthétiser les données du toucher. Aidé par la main, par le bras, par le corps tout entier, surtout par l'oreille, c'est pourtant sur son intellect principalement que l'aveugle doit compter pour en triompher.

Même dans l'acte de la vision, d'ailleurs, l'intellect semble bien jouer un rôle capital pour assurer à la représentation sa valeur synthétique. Nous le verrons plus nettement si nous observons certains malades dont la rétine n'est plus sensible qu'en un point de fort petite étendue. Pour se figurer les objets ils sont tenus d'en suivre les contours avec leur unique point de vision, et de bâtir ainsi leur représentation en interprétant les mouvements de leur tête, exactement comme un aveugle bâtit ses représentations tactiles en suivant les bords des objets avec ses doigts et en interprétant les mouvements de sa main. A ce degré la vue se confond presque avec le toucher, et cette ressemblance encore la rapproche de lui, qu'elle ne perçoit en général qu'à de très faibles distances.

A mesure que l'organe se perfectionne, à mesure que le rayon visuel s'allonge et que le champ de la vision s'étend en tout sens, l'opération de l'esprit en vue de synthétiser les données fournies par l'œil se fait de moins en moins compliquée. Tous les degrés de myopie nous conduisent par une progression insensible jusqu'à la vision parfaite. Mais même dans la vision parfaite il semble bien que tous les éléments de la représentation ne s'offrent pas à l'esprit sur le même plan. Dans toute rétine il est des points plus sensibles que d'autres, des points où les fibres nerveuses aboutissent en plus grande abondance et où la lumière est plus intense. Le rôle de l'attention est de promener le regard sur la surface de l'objet de manière à faire entrer ses diverses parties en relation avec les points sensibles et à les mettre en évidence. La mémoire devra retenir et agglutiner ces impressions successives pour donner à l'image synthétique une clarté, une richesse, une intensité qu'elle n'avait pas d'abord. L'enveloppe que l'œil jette sur l'objet et dont il l'enserre facilite l'action de l'esprit, mais ne la supprime pas.

Par là s'explique peut-être (revenons-y une fois encore) qu'il n'y ait pas une différence de nature entre la représentation spatiale visuelle et la représentation spatiale tactile. De ce biais la vue apparaît comme un toucher perfectionné, le toucher comme une vue embryonnaire. Entre deux voyants, dont l'un est mauvais et l'autre bon visualisateur, il peut y avoir autant ou plus de distance au point de vue des représentations spatiales qu'entre un aveugle et un voyant.

Mais, si la pathologie nous montre une identité foncière entre les représentations de l'œil et celles de la main, la distance n'en reste pas moins grande entre la manière dont, dans les conditions normales, les unes et les autres sont acquises. Le perfectionnement de l'organisme physiologique se fait au profit de l'intellect qu'il décharge en grande partie de sa tâche. Si l'on m'a suivi, on a vu que l'aveugle doit fournir un effort mental dont l'œil dispense presque entièrement le voyant, et qu'il lui faut faire concourir divers organes, là où un seul sufût au voyant. On comprend par suite que des différences individuelles beaucoup plus profondes existent entre les représentations des aveugles qu'entre les représentations des voyants.

Même dans les conditions les plus avantageuses où le toucher puisse s'exercer on peut apercevoir déjà des degrés différents d'habileté chez les aveugles. C'est dans les limites de ce que nous avons appelé l'espace manuel qu'il se rapproche le plus de la vue puisque dans ces limites l'aveugle dispose d'une perception synthétique relativement précise. Et pourtant, pour passer de cette première perception à la connaissance claire de l'objet, du toucher passif à la palpation active, il faut évidemment des mouvements beaucoup moins spontanés et beaucoup plus complexes que pour passer de la vue passive à la vue active, de la perception par l'œil au repos à l'examen précis par les points les plus sensibles de la rétine.

Et de même il s'en faut de beaucoup que l'oreille rende à tous les mêmes services en ce qui concerne les représentations spatiales. Un son a plus ou moins de chances d'évoquer une représentation spatiale précise selon que l'intérêt du sujet est plus ou moins retenu par les formes des objets. Il est des aveugles, spécialement des musiciens, dont l'attention est toute attirée par les sons en tant que sons. La vie est pour eux un spectacle sonore. Quoi qu'on en ait pu dire quelquefois, je ne pense pas que, même pour eux, les bruits ne s'accompagnent d'aucune représentation étendue, mais il est clair que les éléments étendus, associés aux bruits, prennent dans leur conscience une portée beaucoup moins grande que chez d'autres aveugles, en particulier chez des ouvriers manuels qui, constamment occupés à palper et peu sensibles aux propriétés musicales des corps, tournent toute leur attention vers l'utilisation pratique des objets, et par conséquent vers leurs qualités spatiales. Pour les uns le monde extérieur tend à se traduire en sons, pour les autres en formes.

Les variations se font plus grandes encore lorsqu'il s'agit de représentations très étendues dont la synthèse ne peut être opérée que par un effort de l'intellect. Beaucoup se contentent alors de représentations rudimentaires, imprécises ou fausses ; et dans la simplification, dans l'imprécision, dans la fausseté il y a des variétés considérables.

Pour remédier à ces imperfections des représentations de l'aveugle, on doit l'exercer à utiliser le mieux possible les outils dont il se sert pour les bâtir. A la différence de l'œil, la main, l'oreille et l'intellect ont souvent besoin d'une éducation méthodique.

IX

Je ne puis pas songer à entrer dans l'examen de cette pédagogie spéciale des aveugles. Les principes sur lesquels elle repose se déduisent aisément des pages qui précèdent. Dans le choix des exercices il convient de ne pas oublier que, tout en cultivant l'adresse de l'enfant, l'éducation des sens cultive son imagination. Les deux vont de pair. Les mouvements destinés à développer l'agilité des doigts préparent la main à scruter plus exactement les objets pour s'en bâtir des représentations, et inversement les mouvements les plus simples faits en vue d'examiner les objets, étant subordonnés à une fin, contribuent à rendre les doigts plus habiles. Tel petit aveugle de six à sept ans que j'ai connu, et qui maniait le rabot, le marteau, la scie en compagnie de ses camarades clairvoyants pour confectionner des chaises, des fauteuils, des tables, des armoires de poupée, s'apprenait, sans y penser, à mieux juger des proportions des objets. Les jeux de construction, le dessin, le modelage, qu'on pratique généralement dans les écoles allemandes, sont excellents pour habituer l'enfant à synthétiser les images.

Si cette éducation spéciale ne les prévient pas, en raison de tous ces obstacles que rencontre sur sa route l'imagination spatiale de l'aveugle, deux dangers le menacent particulièrement : l'invasion des représentations fausses, et la paresse à construire des images spatiales.

L'aveugle est sollicité sans cesse par son milieu à bâtir des représentations nouvelles, et à les construire avec une extrême rapidité, si bien que ses moyens d'investigation ne sauraient suffire à la tâche. La langue qu'il parle est une langue faite par des voyants et pour des voyants : elle nomme mille objets qui sont hors de son commerce habituel, d'autres même dont il ne pourra jamais se faire une idée exacte. Elle l'oblige à penser toutes ces choses nouvelles. Elle est ainsi une excitation perpétuelle pour son intelligence et pour son imagination à chercher sans cesse à travailler à se dépasser elle-même. L'utilité d'un pareil stimulant est manifeste. Il a cependant aussi ses périls. Quelquefois l'aveugle se contente de répéter les mots qu'il entend et qui ne correspondent à aucune image précise dans le champ limité de son expérience. Qu'il s'abandonne à cette pente, qu'il s'habitue à ce psittacisme, et son indolence à imaginer pourra devenir incurable.

Mais rarement l'esprit se résout à cette passivité. Pour rétablir l'équilibre entre son expérience trop courte et son langage trop riche, il a recours à des substituts de représentations. Il brode, il s'efforce de fabriquer pour chaque terme une forme concrète, plus ou moins rudimentaire. Trop indolent, et aussi trop pressé pour se livrer, chaque fois qu'un mot nouveau lui apparaît, à l'enquête minutieuse que supposerait l'acquisition d'une représentation précise, il lui accole une image inadéquate, et, faute de pouvoir le revêtir de son véritable vêtement, il lui en prête un de fantaisie.

La substance en sera fournie quelquefois par les propriétés auditives du mot, plus souvent par les associations d'idées qu'il entraîne, ou par les qualités de telle ou telle de ses parties qui sera tombée sous les sens de l'aveugle, ou qu'il rapportera à des objets connus. Une faucheuse mécanique, par exemple, tant que l'aveugle ne l'aura pas palpée ou tant qu'on ne la lui aura pas décrite, pourra être représentée par une grande faux fixée à une voiture à laquelle l'imagination individuelle pourra donner une forme déterminée. Le dérèglement de l'esprit et son impatience sont tels que même les noms des couleurs bien souvent ne restent pas pour l'aveugle de simples noms.

Aucun voyant n'est affranchi de représentations folles de cette espèce et, presque chez tous, avec plus ou moins d'indiscrétion, l'imagination devance l'action des sens; mais chez l'aveugle, qui est privé du sens de beaucoup le plus agile et le plus compréhensif, le mal risque tout naturellement d'atteindre des proportions exceptionnelles.

On devra donc procéder à un inventaire minutieux de son vocabulaire. L'éducation aura pour fonction de contrôler et d'épurer le contenu des mots dont il mésuse. Elle aura encore à y substituer des représentations vraies de même qu'à remplir les mots demeurés vides de sens. Le moyen qu'elle y emploie est de faire toucher à l'aveugle le plus d'objets possible, d'assiéger son cerveau de représentations exactes. Par là, elle luttera contre la paresse de l'imagination spatiale.

Ceux qui sont atteints de ce défaut ne palpent que rarement, et quand ils palpent ils le font toujours d'une manière trop sommaire et sans méthode. Ils jouissent des sons plus qu'ils ne les utilisent. Leur imagination est molle à juxtaposer les différentes pièces de représentations qui leur sont fournies par leurs sens.

Il en résulte qu'ils restent en quelque sorte étrangers au milieu dans lequel ils vivent. Ne sentant pas sa présence réelle autour d'eux et le connaissant mal, ils sont peu capables d'agir. On vient d'apporter une table neuve dans la chambre d'un aveugle : il ne prend pas la peine d'en examiner les dimensions ; il ne retient que le rugueux des sculptures en bois que sa main a rencontrées d'abord. Deux minutes après il se baisse pour ramasser un objet. Sa tête se heurte contre une carre que son imagination ne lui présentait pas.

« Pour l'aveugle, » nous dit un travailleur manuel qui a réfléchi sur les conditions de son activité, « la difficulté d'un métier réside beaucoup moins dans l'apprentissage et la pratique des tours de main spéciaux, que de la nécessité d'apprécier rapidement avec les doigts les divers détails qui sont embrassés tout naturellement par l'œil. » Comment les mouvements de l'aveugle seraient-ils dégagés et souples s'il n'a pas une image nette de la pièce où il se déplace et des différents meubles qui l'occupent? Plus nous nous élevons des formes d'activité déterminées et relativement simples que supposent la plupart des métiers à des formes libres, complexes, qui demandent non un mécanisme toujours le même, mais une adaptation continuelle à des milieux changeants, plus grandit pour l'aveugle la nécessité de représentations locales multiples et complexes (appartements, jardins, maisons, rues, plans des villes), et sa liberté d'action est en proportion de la rapidité et de l'exactitude avec lesquelles il les construit. Aucune faculté ne contribue davantage à lui assurer l'indépendance et à faire de lui une valeur sociale.

QUATRIÈME PARTIE

INDICATIONS SUR LA VIE AFFECTIVE

CHAPITRE XIII

Les personnes et les choses.

I

Les images visuelles remplissent dans la vie psychique des fonctions multiples dont ne sauraient s'acquitter les représentations spatiales que nous venons d'examiner. Elles sont des forces vives, agissantes. Elles dictent des actes. Elles inspirent des sentiments. Elles sont des sources précieuses de sympathie. La vue d'une pomme éveille l'appétit et le désir de se la procurer. Imaginer, c'est toujours vouloir à quelque degré. Que de rêves de bonheur l'imagination sait tisser, émue par un beau visage ! Combien de compassions bienfaisantes éveille en nous la vision des infirmités et des déchéances physiques ! On a pu dire non sans fondement que l'étendue et la force de notre sympathie sont en raison de l'étendue et de la clarté de nos représentations.

Pour remuer ainsi les âmes, les pauvres représentations spatiales de l'aveugle, si décharnées, si engourdies, sont notoirement inefficaces. Il y faut des représentations animées, gonflées d'impressions sensorielles. Ici les substituts des images visuelles seront des images tactiles encore tout imprégnées de leurs qualités sensibles, mais plus encore des images olfactives et auditives.

Rien n'empêche, en effet, remarquons-le bien, de leur donner des substituts. La vue n'agit pas ici par sa vertu spécifique. Elle n'est pas l'agent déterminant, mais seulement l'occasion. Elle ne fait que susciter des images organiques, motrices, affectives qui sont les sources directes des désirs, des mouvements, des émotions. Il suffit qu'à ces images organiques, motrices et affectives des images provenant de sens autres que la vue puissent s'associer et qu'elles aient la force de les ébranler pour que par elles puissent venir du monde extérieur les excitations nécessaires.

Pourquoi toucher la pomme, dont la peau lisse et fraîche cause une impression si particulière à la main, ne ferait-il pas venir l'eau à la bouche aussi bien que la voir? Pourquoi les cris de désespoir qu'arrache la douleur à ce malheureux n'ébranleraient-ils pas mon âme et ne la bouleverseraient-ils pas aussi bien que la vue de ses grimaces et de ses contorsions? De fait, nul n'en doute. Le froid du cadavre n'étreint pas moins le cœur que la couleur de son visage. « Les images des divers sens, a-t-on dit, sont autant d'idiomes différents entre lesquels nous avons le choix pour traduire nos émotions. » Nous savons que chez le voyant les images visuelles ne sont pas nécessairement seules agissantes. Il y a des imaginatifs de toute sorte : chaque ordre de sensations a les siens. Une forme d'imagination sensorielle est fermée aux aveugles; il leur en reste d'autres qui pourront suppléer celle-là.

Mais la même illusion est toujours là : comme les

images visuelles occupent presque entièrement le champ de la conscience, comme elles y ont une clarté et une richesse exceptionnelles, même dans les esprits médiocrement imaginatifs elles nous paraissent constituer un ressort d'action que rien ne saurait remplacer. Le voyant ne conçoit qu'à grand'peine que l'aveugle puisse avoir assez d'images sensibles pour en tenir lieu et surtout qu'il puisse les associer avec assez d'éléments de conscience.

Nous constaterons que, grâce à la vie sociale, les images visuelles, bien qu'elles ne tombent pas sous ses sens, ne sont pas, au point de vue affectif, absolument perdues pour l'aveugle, que par les mots qui les désignent quelque chose de leur émotion peut se transmettre à qui ne les connaîtra jamais. Il ne saurait pourtant, cela est clair, en attendre une grande somme d'énergie psychique : il n'y trouvera que ce qu'il y aura mis lui-même. L'énergie psychique ne peut venir que de sensations qui suppléent les sensations visuelles. Quelques faits, en nous montrant le mécanisme de cette suppléance, nous feront sentir que, en dépit de la cécité, les images vives des personnes, des choses, de la nature, des chefs-d'œuvre de l'art, toutes ces magiciennes qui révèlent à l'homme ses propres richesses, peuvent aisément faire jaillir de nos cœurs, comme du rocher d'Horeb, les sources vives d'émotion et de sympathie que la nature a cachées en chacun de nous.

II

Pour nous émouvoir, nos images, dans la plupart des cas, doivent être fortement individualisées. Si tout lion est susceptible de nous effrayer en tant que lion, tel lion, dont nous admirons la beauté, ne nous touche que par ce qui le distingue des autres lions. La présence d'un ami nous est chère dans la mesure où nous sentons en lui non l'homme en général, mais les qualités par lesquelles il se différencie des autres hommes. Il est clair que les images spatiales de l'aveugle ne sauraient individualiser que bien rarement les objets, et plus rarement encore les personnes. Bien peu d'assiettes se distinguent par une forme caractéristique des autres assiettes, je ne dis pas seulement de toutes les assiettes qui existent de par le monde, mais de toutes celles qui rentrent dans le cadre de notre expérience. Pour les personnes la diversité sans doute est plus grande, mais elle porte sur des détails dont l'aveugle n'a guère conscience puisqu'il ne les touche pas. Les touchât-il, beaucoup lui échapperaient par leur finesse, et l'analyse d'une physionomie par la main serait sans doute une analyse bien rudimentaire. Le voyant même qui ne percevrait que la taille de l'individu et les dimensions du visage et qui serait privé de tous les éléments d'individuation fournis par le teint, les reflets, l'expression, n'aurait qu'une faculté de reconnaissance relativement réduite. Il ne lui resterait que les éléments les moins significatifs. La forme, caractéristique de la finalité des objets et par conséquent très propre à déterminer des images génériques, est, surtout sous les aspects imprécis où elle apparaît au tact, très impuissante à fournir des images individuelles.

Les romanciers qui nous mettent en scène des aveugles ne manquent point de leur inspirer un désir ardent de connaître les traits d'une mère ou d'une amante. L'heure vient toujours où, grâce à la complicité des événements, ils leur permettent de promener leurs doigts fébriles sur le visage adoré. La scène est touchante et d'un effet certain, mais combien fausse aussi ! Lorsqu'il s'agit d'anciens voyants, tout pénétrés encore de souvenirs visuels, cette nostalgie peut être poignante. Pour un aveugle vraiment aveugle, elle n'est qu'un ornement littéraire. L'auteur insuffle à son personnage ses sentiments à lui, il ne le fait pas vivre de sa vie propre. La vérité est que la physionomie intéresse fort peu l'aveugle. Il n'est pas habitué à y trouver l'expression de la personnalité. Voilà un monde qui lui demeure fermé. Sa curiosité n'est pas orientée de ce côté-là et, lorsqu'il n'écoute que ses sentiments, lorsqu'il ne sort pas de lui-même pour se préoccuper de l'opinion publique, la beauté du visage est dans une personne la dernière qualité dont il se soucie.

Ce qui l'intéresse avant tout, c'est la voix. La voix humaine est un instrument d'une richesse et d'une souplesse merveilleuses qui, grâce à ses nuances infinies de hauteur, d'intensité, de timbre, de tonalité, d'allure, à ses inflexions si variées, ouvre à l'oreille un nombre inépuisable de combinaisons auditives. La diversité des voix n'est pas moindre que la diversité des visages et il n'y a pas deux voix identiques plus que deux visages absolument pareils. Le prodige, à y bien réfléchir, n'est pas plus surprenant d'un côté que de l'autre. L'aveugle dont l'oreille est exercée distingue à la voix un nombre considérable de personnes. Les voyants s'en étonnent. Il n'y a pourtant, là encore, rien qu'ils ne puissent eux aussi. Chaque jour le téléphone me révèle qu'ils reconnaissent avec sûreté beaucoup plus de voix qu'ils ne se le figurent. Je crois bien qu'il le leur révèle à eux-mêmes, car, tant qu'ils voient leur interlocuteur, ils ne se rendent pas compte qu'il leur suffirait de l'entendre pour le distinguer. Une fois de plus c'est la vue qui leur dissimule une de leurs facultés, et surtout qui les empêche de la cultiver.

Je ne prétends pas, d'ailleurs, que la reconnaissance par l'oreille soit aussi sûre que la reconnaissance par l'œil. Il s'en faut. Non seulement dans le bruit les voix deviennent méconnaissables comme les visages dans les ténèbres, mais bien des « bonjour » prononcés sur des intonations banales, par deux sœurs ou par deux frères, ou plus généralement par deux personnes qui, vivant ensemble, s'empruntent mutuellement des inflexions, causent parfois d'étranges embarras. Il n'est rien de si trompeur pour l'aveugle que ces brèves salutations où l'ouïe surprise n'a pas le temps de se retrouver. Mais, au point de vue pratique, les images auditives n'en rendent pas moins là des services inappréciables.

Si elles venaient à manquer, la psychologie des aveugles-sourds nous apprend que l'esprit, réduit sans doute à des informations moins riches, ne serait pourtant pas privé de toutes ressources. Nous avons vu que M. Guégan reconnaît ses familiers aux vibrations que leurs pas impriment au sol. M. Malossi, comme presque tous ses congénères, semble attacher surtout une grande importance aux représentations de la main : c'est quand la main du nouveau venu se pose sur la sienne qu'il le nomme. Comme en outre M. Malossi converse avec les gens de son entourage au moyen d'un alphabet manuel, ceux-ci touchant ses doigts chacun à sa manière, qui plus fort, qui plus vite, qui encore avec tel geste caractéristique, il a en outre comme moyens d'information des sortes de *voix tactiles* qui viennent confirmer sa première impression. Il n'a que bien rarement à la corriger. Mlle Marie Heurtin distingue les personnes surtout à l'odorat. Pour elle, ainsi que pour Helen Keller, chacun a son parfum particulier.

III

Tous ces signes n'échappent pas complètement à l'aveugle-entendant, mais il ne les remarque que secondairement, pour la même raison que le voyant ne remarque les voix que d'une manière accessoire. Ils lui servent quelquefois à distinguer les personnes :

surtout les parfums caractéristiques et le bruit des pas sur le sol ont l'utilité particulière de lui faire connaître la présence de personnes qui gardent le silence. Sans avoir l'odorat aussi affiné que celui de Mlle Heurtin, on est frappé par le parfum de certains tabacs caractéristiques, d'eaux de toilette, de savons particuliers; et il n'est pas besoin d'avoir l'oreille bien exercée pour distinguer le pas grave et lourd d'un sénateur septuagénaire du trottinement léger et menu d'une fillette de cinq ans. Entre ces deux démarches extrêmes il en est un nombre infini qui portent les marques individuelles de chacun. Mais c'est surtout comme évocateurs d'images affectives que ces indices secondaires sont retenus.

Car, voici le point essentiel, toutes ces impressions sensibles que l'aveugle reçoit des personnes qui l'entourent sont émotives à un haut degré. Elles portent la marque de la personnalité dont elles viennent. Elles sont toutes chargées de cette personnalité et la communiquent à qui les reçoit.

Disons, pour parler avec plus de précision, qu'elles sont susceptibles de s'associer dans la conscience de l'aveugle avec un nombre considérable d'émotions, d'impressions, d'images et de les y faire lever en foule. Il est des poignées de main chaudes comme il en est de glaciales; il en est de prenantes comme de molles et atones, de vibrantes comme d'indifférentes, de fiévreuses comme de calmes, il en est d'une bienveillance affectée comme il en est de sincères. L'aveugle reporte sur ces différences, et sur bien d'autres dont les mots n'expriment que très imparfaitement les nuances, tout le prix que le voyant attache par exemple à l'expression du regard qui prend pour lui des significations affectives si variées. Mais surtout l'âme entière se reflète dans les nuances si indéfinissables de la voix. Il est des voix qui prennent aux entrailles. J'en sais qui ont déterminé des passions soudaines aussi bien que des visages. Elles ont leur beauté intrinsèque, beauté musicale, j'allais dire objective ; mais elles s'imprègnent aussi de toutes les beautés morales que nous avons expérimentées chez leurs possesseurs, de toutes leurs délicatesses d'âme, de tous leurs actes même et nous en apportent les parfums fondus dans une indicible unité.

Quand une personne me tend la main, nous dit un aveugle dans une lettre citée par M. Heller, je sens aussitôt dans quelles dispositions elle vient à moi. Une pression vigoureuse, qui ne s'interrompt pas trop brusquement, me prouve de la bienveillance ; un attouchement rapide, de la fierté et un sentiment de supériorité. Les caractères de la personne physique se manifestent à moi dans la structure de la main : une main molle et peu musclée me donne l'impression d'un être débile, et, chose remarquable, cette impression concorde assez souvent avec les indications que je tire du son de la voix. Quant à la nature des occupations, je la perçois dans l'état de la peau : un ouvrier se distingue à coup sûr d'un intellectuel. Même deviner plus précisément le métier m'est souvent possible. C'est ainsi que j'ai reconnu un tailleur dès les premières salutations à ses doigts abimés de piqûres. D'autres points de repère sont fournis par les bijoux de la main ainsi que par les soins dont elle est l'objet. J'ai connu un aveugle qui étonna une société de clairvoyants où il se trouvait pour la première fois en donnant, d'après le contact des mains, des renseignements exacts sur le sexe, l'âge, la condition et les passions des personnes présentes.

Une de mes amies, nous dit Hellen Keller, a des mains tenaces, volontaires, qui dénoncent un grand entêtement.

Et ailleurs :

Le contact de certaines mains est une blessure. J'ai rencontré des gens qui étaient si dépourvus de toute joie que, lorsque je touchais le bout glacé de leurs doigts, il me semblait que je donnais la main à l'ouragan du Nord-Est. Il en est d'autres dont les mains renferment des rayons de soleil, si bien que leur contact me réchauffe le cœur.

Les odeurs n'ont pas pour elle une signification moins riche.

Parfois, dit-elle, il m'arrive de rencontrer des personnes auxquelles fait défaut une odeur individuelle distinctive : je les trouve rarement animées et agréables. Inversement les gens dont l'odeur est fortement accusée, possèdent souvent beaucoup de vie, d'énergie et d'intelligence. Les exhalaisons des hommes sont en général plus fortes, plus vives, plus individuelles que celles des femmes. Dans le parfum des jeunes gens il y a quelque chose d'élémentaire, quelque chose qui tient du feu, de l'ouragan et du flot marin. On y sent les pulsations de la force et du désir de vivre. J'aimerais à savoir si les autres observent comme moi que tous les petits enfants ont le même parfum, un parfum pur, simple, indéchiffrable comme leur personnalité encore endormie. Ce n'est qu'à six ou sept ans qu'ils commencent à avoir un parfum particulier qui soit perceptible. Il se développe et mûrit parallèlement avec leurs forces physiques et intellectuelles.

Chez Helen Keller les qualités tactiles et olfactives des personnes ont une faculté d'évocation si grande qu'elle ne les retient pas : elle oublie si une main est douce ou rugueuse pour ne retenir que les qualités morales qu'elle a inférées du doux et du rugueux; disons mieux, qu'elle a cru percevoir en eux. La sensation n'est pour elle qu'un signe négligeable. Au reste, pour passer du signe à la qualité signifiée, il est piquant de constater comme les inductions logiques et les inférences les plus fantaisistes se mêlent les unes aux autres, les premières faisant passer les secondes qui ne s'en distinguent pas le plus souvent dans la pensée de nos observateurs. Mais avec la voix dont la richesse d'expression est infiniment plus grande, les interprétations se font beaucoup plus audacieuses encore.

Certains aveugles aiment à répéter qu'ils sont capables de juger des qualités morales et physiques d'une personne d'après sa voix. M. Romagnoli, par exemple, va jusqu'à nous assurer qu'il distingue à la voix la couleur des cheveux et la couleur des yeux. Et il prétend justifier son assertion en nous rappelant que toutes les qualités d'un même sujet sont liées entre elles par des rapports déterminés. Etrange illusion en vérité. Au plus peut-on dire que la voix fournit des indications assez précises sur l'âge : les voix vieillissent comme les visages; elles se fanent, elles perdent leur fraîcheur et se chargent de rides. On peut dire encore qu'elles donnent des indications, moins précises déjà mais pourtant non méprisables, sur la taille et sur le volume des personnes. De tout le reste il n'y a que bien peu de compte à tenir. Mais cette illusion est singulièrement significative. Elle montre à quel travail de création la conscience se livre en percevant une voix expressive, son impuissance à prendre pour ce qu'elle est, comme un donné objectif, toute la cristallisation imaginative dont elle la revêt. Un monde d'aveugles aurait ses Lavater. Une phonognomie y tiendrait lieu de notre physiognomie.

Les témoignages de quelques aveugles ne seront pas ici hors de propos.

Depuis quelques années, écrit une aveugle, que M. G... habite ces parages, c'est dans notre cercle un concert de louanges à son sujet : on s'honore de ses visites, on vante son esprit, on cite sa sagesse, on proclame sa piété; c'est un homme parfait: Eh bien, à qui oserais-je avouer que cet homme-là me déplait, que cette physionomie ne peut m'être sympathique ? A chaque nouvelle rencontre je l'écoute, je l'analyse pour en rester toujours au même sentiment. Je suis persuadée qu'un jour des faits viendront justifier mes impressions, car jusqu'ici elles ne m'ont jamais trompée. Pourtant je ne me crois pas douée d'une perspicacité particulière; je pense seulement qu'en cette matière nous pouvons voir plus clair que les clairvoyants, car ce que nous percevons parle plus nettement, plus fidèlement que ce qu'ils regardent. Il est rare que je m'informe des traits, de l'expression de telle ou telle personne. L'ai-je entendue ? L'image que mon oreille m'imprime d'elle ne peut être modifiée par le témoignage d'autrui. Mais j'en reviens à M. G... : il y a treize mois que je ne l'avais rencontré. On l'annonce chez M. P... Je l'écoute venir : sa démarche trop lente, trop mesurée, me rappelle la description que Walter Scott fait de l'allure d'Olivier le Daim entrant dans la salle d'audience. M. G... me salue : j'appréhende sa poignée de main. Qu'a-t-elle donc de si désagréable ? Je ne sais, mais je la reconnaitrais entre mille. Il m'assure qu'il est très heureux de me revoir : je n'en crois rien et suis heureuse, moi, qu'un siège lui soit offert là-bas, à quelques pas. La conversation s'engage : il y joue le premier rôle, et moi je puis, sans paraitre indiscrète, le dévisager à loisir. Cette voix un peu féminine, au timbre musical, se module avec grâce et prête un charme insinuant à sa parole facile. Mais dans cette voix douce j'entends cette note secrète, cette vibration indéfinissable, cet accent intime, ce je ne sais quoi qui repousse et me dit plus péremptoirement que tout raisonnement que le cœur et la bouche ne sont pas à l'unisson. Le rire confirme ce que me révèle la voix : on dirait que ce rire se défie de lui-même, il sonne faux. Mais nous voilà sur le chapitre religion : oh ! sur ce thème-là M. G... est édifiant ; quelles belles sentences découlent de ses lèvres ! et cependant tout cela m'impatiente ; pour un peu, il me prendrait des envies de contredire toutes ces saintes choses. C'est que ce ton, plus je l'écoute, plus il me parait faire dissonance avec celui de la vérité.

Le dogmatisme intrépide de notre fougueuse physionomiste est ici bien significatif. Il montre avec quelle force s'imposent parfois ces impressions apportées par la voix. Souvent la confiance du phonognomiste en son art s'affirme avec une sérénité divertissante :

L'homme, dit un aveugle, peut, pour nous tromper, déguiser l'expression de son visage, mais non l'expression de sa voix qui renseigne avec sûreté sur les qualités de son âme. Ce n'est pas le visage, c'est la voix qui est le miroir de l'âme, ou plus exactement ce sont ces caractères de la voix qu'on ne saurait décrire avec précision et qui parlent directement au cœur.

Une jeune fille aveugle, dont nous parle M. Hitschmann, s'était éprise d'une actrice pour le charme de sa voix. Instruite des déportements peu recommandables de son idole elle s'écrie dans un naïf élan de désespoir : « Si une pareille voix est capable de mentir, à quoi pourrons-nous donc donner notre confiance? »

Dans le cas de M. G..., un jugement intellectuel plus ou moins conscient semble bien avoir précédé l'antipathie physique, et les accents de la voix, les jaillissements du rire, la pression de la main ne sont odieux que parce qu'ils se colorent de ces impressions intellectuelles mal dégagées. Dans le dernier exemple cité, il n'en va pas de même. Là les impressions physiques semblent agir seules. Le mécanisme psychologique n'est pourtant pas différent. Les sensations ne sont que l'occasion d'associations d'impressions morales plus ou moins distinctes, qui sont les facteurs de l'émotion. En tout cas voici qui nous montrera combien leur action peut être soudaine.

Dans ma jeunesse, racontait une vieille fille aveugle, j'ai entendu, un jour, un jeune homme dire dans un concert des scènes comiques parfaitement insignifiantes et auxquelles je ne prêtais aucune attention, mais je n'ai jamais oublié sa voix ! Elle m'avait pénétrée jusqu'au cœur; j'avais un immense désir de le connaître, de lui parler; c'était comme une attraction irrésistible, et je fus obligée de faire appel à toute ma volonté pour n'avoir point cette voix sans cesse présente à ma pensée.

IV

Une lettre encore nous dira combien peut être intime et profonde la prise de possession d'un aveugle par un être physique, combien divers et puissants sont les liens mystérieux qui peuvent la cimenter.

Une femme aveugle a écrit de son mari :

J'aime en lui le son de sa voix. Lors même qu'il parle de choses indifférentes, banales, j'y trouve un charme infini, et, dès que je l'entends, mon cœur tressaille, je suis tout en joie. Outre le timbre qui a de la fraîcheur, de la jeunesse et comme une force vibrante, il y a dans cette voix des inflexions exquises en prononçant certains mots. Il ne dit pas mon nom comme tout le monde; dans sa bouche ce nom m'est cher, il devient d'une sonorité délicieuse. J'aime en lui sa main large et toujours franche, qui, en pressant la mienne, a de l'émotion, de la joie, de la tendresse inexprimée, de l'enthousiasme, de la vigueur aussi. Lorsqu'il la passe sur mon bras pour me parler, je me sens comme enveloppée d'une protection à la fois forte et tendre. J'aime son pas ferme et résolu, comme si j'y sentais ce qui manque au mien. J'aime sentir sous mes doigts le soyeux de sa chevelure. J'aime entendre sa respiration comme si j'y sentais encore quelque chose de bon. Oh ! je l'aime tout entier ; je le vois de loin avec son pas toujours rapide, la vivacité avec laquelle il ouvre et ferme les portes, je connais sa façon de mettre la clef dans la serrure et j'aime tout cela. Ses traits sont-ils beaux ? Je n'en sais rien... Pour moi, toute son âme est dans sa voix, tout son cœur dans la pression de main qui clôt nos chers entretiens [1].

V

De même que les personnes ont une « physionomie auditive » et une « physionomie tactile », de même, pour les aveugles comme pour les clairvoyants, les choses ont un aspect qui les individualise fortement. Elles ont parfois des voix, des contacts, des parfums qui les feraient reconnaître entre mille et qui sont susceptibles de nous toucher jusqu'aux entrailles.

---

1. Ce texte ainsi que deux des textes précédents est pris à Maurice de la Sizeranne : *les Sœurs aveugles de Saint-Paul*.

C'est par là qu'elles nous communiquent leur âme, tout aussi bien que par les images qu'elles déposent dans les yeux des clairvoyants. Le bouton de la sonnette, la poignée de la porte, le bruit du verrou qui s'ouvre à l'intérieur, tout me dit même avant l'entrée que c'est dans la maison de famille quittée depuis dix ans que je reviens. Le vestibule résonne sous mes pas : il y a dix ans que je n'ai entendu sa voix sourde. Voici l'odeur de pomme qui émane du fruitier, là, sur la droite. Chaque chambre a sa sonorité propre, je les reconnais toutes. La mienne seule hélas ! a changé de timbre : elle n'a plus ses meubles et ses rideaux, elle est vide, et cela lui donne une voix rauque et cassée. Partout ailleurs les vieux meubles ont conservé leurs anciennes places. Voici la cloche du couvent voisin qui se met à tinter; elle est bien la même qu'autrefois. Le tapage de la voiture qui passe dans la rue s'étouffe tout à coup sur le pavé de bois que je connais bien. J'arrive devant ma table de travail : l'acajou lisse et doux au toucher retient ma main. Je m'assieds sur le fauteuil profond aux bras de cuir, et j'écoute les portes qui, une à une, s'ouvrent et se ferment dans toute la maison. Chacune a sa voix, je les retrouve avec une douce émotion. La porte de la cuisine grince un peu plus que jadis, on l'a négligée sans doute. Puis voici le claquement joyeux de la porte du salon suivi d'un timide écho de boiseries. Je devine le pas de ma mère qui monte arroser ses plantes. L'a-t-elle donc fait chaque jour depuis dix ans? Toute la maison s'anime ainsi, tandis que je me penche vers elle pour m'imprégner de sa vie : chaque coin est un nid de souvenirs qui s'éveille et palpite.

Combien sont nombreuses et variées ces impressions fugitives qui attachent l'aveugle aux choses, liens mystérieux qui ne lui permettent pas de s'éloigner sans déchirement et ne le laissent pas revenir sans émotion. Elles sont à tous, mais souvent le clairvoyant les néglige, occupé, ému, par les seules images visuelles. Ecoutez un aveugle qui connaît les aveugles, et qui a autorité pour parler en leur nom, M. Maurice de la Sizeranne : il sait que l'aveugle accroche des souvenirs aux angles des tables, aux bras des fauteuils qu'il a bien des fois caressés de sa main ; que, fidèles dépositaires, les choses touchées et entendues, aussi bien que les choses vues, rendent à l'imagination et au cœur les trésors qu'on leur a confiés, qu'elles les peuplent de leurs joies et de leurs tristesses passées.

Pour les aveugles, comme pour les clairvoyants il n'est pas indifférent de vivre sa vie toujours dans la même maison, où les souvenirs, s'agglomérant, se coordonnent et peuvent être retrouvés, au lieu de les semer un peu partout au hasard d'impressions passagères occasionnées par une vie plus ou moins nomade.

Dans une ville, une maison, l'aveugle se trouve dépaysé tant par l'absence de bruits accoutumés que par la perception de bruits nouveaux ou plutôt de bruits qu'on n'entendait pas là où on était habitué à vivre. On s'accoutume à l'atmosphère de sons qui, en quelque sorte, habitent avec nous. C'est, pour ainsi dire, l'horizon auditif.

La solitude d'un lieu n'est pas purement objective ; la part subjective de cette impression est grande, car on se trouve d'autant plus seul et isolé que les choses qui vous enveloppent, objets ou sons, vous sont inconnues, qu'elles ne vous rappellent aucune préoccupation et que les soucis quotidiens ne s'y mêlent pas. Après quelques jours passés, les préoccupations de la vie reviennent : on en a laissé, on en trouve d'autres ; mais dans les premières heures de ces jours où le son de la cloche, de l'horloge nous était inconnu, où les pas entendus ne nous rappellent rien, où le bruit des portes ne nous indique pas ce qui vient ou s'en va, alors l'impression de solitude est grande.

CHAPITRE XIV

La nature et les voyages.

I

L'aveugle n'est donc pas, comme on se l'imagine volontiers, muré dans son moi à la manière d'un ver à soie dans son cocon. Il est en toute circonstance en communication avec les personnes et avec les choses qui l'entourent. S'il assiste à quelqu'une de ces cérémonies qui bouleversent l'âme, à l'enterrement d'un être cher par exemple, il n'est pas fatalement isolé dans sa douleur et réduit à dévider intérieurement la chaîne de ses tristes pensées. Les faits du dehors peuvent les troubler et les modifier. Des signes multiples font surgir dans sa conscience les rites du culte, les gestes du prêtre qui asperge le corps d'eau bénite, l'image de la bière qui peut être là, présente dans son imagination comme elle est présente encore dans l'imagination du clairvoyant dont les larmes ont un instant obscurci la vue. Au cimetière, le cliquetis atroce des chaînes, ce cliquetis qui fait frissonner jusqu'aux moelles, ouvre à ses pieds la fosse béante, avec ses cercueils de famille entr'aperçus au fond, et la bière y descend devant lui, presque frôlée de sa main, lentement, fatalement, pour n'en plus jamais remonter. Il est là, non en pensée, mais vraiment en chair et en os, avec tout son corps, tous ses nerfs, toutes ses fibres souffrantes. Sans parler de la musique et des chants, que de signes, de paroles, d'intonations, d'attitudes, de génuflexions, d'indices minimes, inaperçus des autres peut-être, l'aident s'il le désire, à tresser le tissu des représentations par lesquelles tout lui deviendra présent.

Il ne lui faut pour cela que des images émotives richement associées dans la conscience, et une grande sensibilité aux impressions du dehors. Or voilà précisément les éléments essentiels du sentiment de la nature. Il n'y a pas de raison pour que l'aveugle en soit privé. Si nous l'en dépouillons c'est que nous oublions trop souvent que l'œil n'est pas seul à boire avidement à la coupe enchantée. La nature nous enveloppe tout entiers ; elle pénètre en nous par tous les pores à la fois, elle entre à longs flots par toutes les fenêtres ouvertes.

Chez l'aveugle comme chez le clairvoyant, le contenu sensoriel de la conscience est tout autre à la campagne qu'à la ville. Songez à tant de bruits de la rue qui l'assaillent (pas précipités, cris, appels, roulements de voitures, sabots des chevaux aux rythmes enchevêtrés, crépitements nerveux des autos, cornes, timbres, etc...), à tant de parfums complexes qui le saluent au passage (cuisines, pharmacies, boulangeries, usines, eaux de toilette...), au décor tactile aussi qui échappe au voyant : c'est le macadam du trottoir, uniforme sous le pied, qui monotonise sa marche, accidentée seulement par les montées et les descentes, les bouches d'égouts, les déclivités du terrain qui signalent les grands porches ; c'est l'atmosphère molle, neutre, un peu lourde, comme resserrée autour de lui. A la campagne, pour lui aussi tout est changé : il a la sensation directe de l'espace libre qui s'étend autour de lui de toutes parts et qui lui souffle au visage un air tonique et parfumé ; les touffes d'herbe qui bossellent le terrain de leurs dessins capricieux varient sa marche à chaque pas; l'odeur du foin le saisit à la gorge, mêlée des parfums discrets des fleurs sauvages; dans le silence relatif, qui est pour lui comme la lumière succédant aux ténèbres, il détaille en connaisseur les bruits modérés qui viennent jusqu'à lui : chant des oiseaux, sifflement d'un merle, aboiement d'un chien dans le lointain, meuglement d'une vache à quelques mètres, murmure confus des grillons dans l'herbe.

Dans les deux cas ce sont des matériaux tout différents qui emplissent ses sens et viennent peser sur son moi. Et à la campagne encore que de langages divers perçus par les sens! La promenade sur la route où le pied repose sur un terrain plat, dur, sonore, où le silence est sans cesse menacé, diffère essentiellement de la promenade en prairie. La promenade au village a encore une saveur différente, avec ses bruits de fontaines, les appels des coqs qui fendent l'air, les aboiements qui sortent glapissants des portes ouvertes, les roucoulements étouffés derrière les maisons, l'écho mat, renvoyé par des murs tout proches, des pas sur le sol battu. En entrant dans la cour de ferme, ce sont les parfums impérieux de l'étable, de l'écurie, de la porcherie, de la bergerie, de la laiterie, du fumier où chante la poule qui vient de pondre, l'odeur fermentée du pressoir où quelques pommes achèvent de pourrir, le clair tintement des dalles de la cuisine, où la fermière sabote dans un parfum de soupe aux choux. La forêt dit encore bien autre chose avec sa voix profonde et prenante, sa fraîcheur égale, ses pénétrants parfums de résine, les crépitements de ses feuilles sous le pied, les bruits de ses branches mortes qui se brisent avec un éclat sec.

Le sentier surtout, l'ami de l'aveugle, le sentier sous bois où tout est intime, s'insinue en nous avec une obsédante insistance, par les mousses, les aiguilles de pin, les brindilles sèches, les racines, les inégalités de son sol qui diversifient sans cesse son aspect tactile, par son silence de mystère où les moindres bruits parlent à l'âme (car le silence n'est pas un néant : il emplit parfois les sens d'une réalité voluptueuse), par les senteurs de ses fleurs toutes proches, par l'ombre de ses feuillages qui vous enveloppe comme d'un manteau subtil et doux à la peau, par l'indiscrétion de ses branches qui à chaque instant viennent frôler les mains et balayer le visage.

La promenade en barque est tout autre en mer et en rivière : là c'est la voix des vagues, le roulis et le tangage, le parfum des algues marines, la salure des lèvres, le souffle enivrant de la brise de mer qui créent l'atmosphère sensorielle ; ici c'est le calme pénétrant, le clapotis tout bas des rames tandis que la barque glisse insensiblement, le silence savoureux, un silence d'une nuance tout autre que le silence sous bois.

Et le décor tactile de ces scènes est constamment varié, car chacun a senti dans sa chair que le vent a bien des souffles, depuis ceux qui caressent jusqu'à ceux qui fouettent, le soleil bien des rayons depuis ceux qui réchauffent et vivifient jusqu'à ceux qui piquent, qui brûlent et qui tuent.

Je m'excuse d'insister sur ces banalités. Tout voyant connaît ces sensations. Mais, comme un paysage s'individualise immédiatement pour lui sous la forme d'une représentation spatiale, il n'éprouve pas le besoin de les gonfler d'attention et d'en faire la synthèse. C'est par leurs synthèses que, devenant représentatives des différents paysages, elles prennent une valeur particulière pour l'aveugle, synthèses inexprimables d'ailleurs et auxquelles l'analyse, nécessaire pour les traduire en mots, enlève toute leur originalité. Force m'était de rappeler que la matière en est riche et variée beaucoup plus qu'on ne le suppose d'abord.

Ici encore la différence est dans l'utilisation des sensations, non dans les sensations.

Trompés par l'oreille comme les voyants par la vue, ne méconnaissons pas l'acuité des autres sens. On est étonné parfois par la richesse des perceptions synthétiques qu'Helen Keller reçoit de son milieu. Un jour, par exemple, que dans son enfance, seule et loin de la maison de ses parents, elle s'était perchée sur un arbre, elle a l'impression soudaine qu'un orage va la surprendre.

Tout à coup, écrit-elle, un changement se produisit dans mon arbre. L'air se rafraîchit brusquement. Je compris que le ciel s'était voilé de noir à ce que toute sensation de chaleur, qui pour moi est l'indice de la lumière, avait disparu. Un étrange parfum monta de la terre : je le connaissais, c'était le parfum qui toujours précède l'orage et une terreur inexprimable me serra le cœur... Un calme de mauvais augure se fit alentour; puis toutes les branches se mirent à bruire... Je redescendis jusqu'à la fourche de l'arbre. Les branches vacillaient tout autour. Je sentais leur secousse d'instant en instant : on eût dit que quelque chose de lourd était tombé et que l'ébranlement se propageait jusqu'à la branche où j'étais assise.

II

L'état sensoriel de l'aveugle varie donc grandement avec les lieux qu'il traverse, et ses sens, pour peu qu'ils soient affinés, sont capables de se remplir et de se vider de multiples impressions, recueillies dans le milieu qui l'enveloppe. Soit, l'aveugle sent en chaque instant où il est, et cela sans doute est d'un intérêt pratique incontestable. Mais, réplique-t-on, qu'ont à voir ces maigres sensations sans prise sur l'âme, sans continuité, avec le *sentiment de la nature*? Pour nous toucher, il faut la richesse des tableaux perçus par la vue, il faut aussi cette persistance de la sensation qui empêche l'âme de se ressaisir et l'assujettit aux impressions du dehors. Nous n'avons qu'à fermer les yeux et les liens se détendent aussitôt qui nous attachent aux choses : nous nous sentons immédiatement isolés.

Parler ainsi, c'est oublier que le sentiment de la nature ne vient pas de la nature. Il a sa source en nous. C'est nous qui le projetons en elle. Nous lui donnons notre âme pour pouvoir la remercier ensuite de nous l'avoir rendue. « Forêt sans bois, s'écriait Rousseau, marais sans eaux, genêts, roseaux, tristes bruyères, êtres insensibles et morts, ce charme n'est point en vous, il n'y saurait être, il est dans mon propre cœur qui veut tout rapporter à lui. » Et encore : « C'est dans le cœur de l'homme qu'est le spectacle de la nature : pour le voir il faut le sentir. »

Aussi, pour éveiller en nous des émotions, il suffit que les choses puissent pénétrer jusqu'au cœur, et, par des voies quelconques, l'ébranler au moyen d'images sensibles. L'organe qui transmet l'impression est ici moins en cause que le cœur qui la reçoit. Les mêmes paysages de Normandie sont contemplés par les lourds bœufs qui paissent dans les prairies et par les peintres dont les toiles nous émeuvent. « La plus notable partie des êtres vivants, disait Guyau, sent en moyenne de la même manière. La principale différence entre leurs sensations vient de l'étendue plus ou moins grande de leur intelligence qui tantôt ne saisit que l'objet brut, tantôt devine en lui un monde. »

Je ne prétends certes pas que l'aveugle ait des trésors de sentiments inconnus au clairvoyant ; mais, à ressources égales, il doit tirer un parti très supérieur de ses images. Avide des émotions que la vue donne à d'autres, il demande ces mêmes émotions aux impressions qui lui restent. Il verse sur elles son âme tout entière et les anime d'une vie inespérée. Qu'elles soient capables de s'imprégner ainsi du trop-plein de nos cœurs et de vivre la vie de notre imagination, les poètes clairvoyants nous le disent assez tous les jours. Il me serait aisé de recueillir dans leurs œuvres nombre de pages où ils nous disent, presque sans faire appel à la vue, leur émotion en présence de la nature. Nous y trouverions la preuve que ses voix, ses parfums, ses contacts, à leur insu touchent ceux-là mêmes qui croient devoir toute leur émotion aux spectacles déployés devant leurs yeux. Quelle place ne tiennent-ils pas dans la poésie d'un Lamartine qui n'a jamais su regarder un paysage sans le brouiller pour le refaire à sa fantaisie, et dont la lyre vibre par toutes ses cordes à la fois, toutes sensibles aux impressions du dehors. Dans les vents, dans les vagues, il a entendu des voix de toutes sortes, voix de caresse et de colère, voix de menaces, de plaintes, de détresse, voix de force mâle et grave, soupirs de faiblesse ou cris de violence, chants de sirènes et hurlements de monstres. En écoutant les mystérieuses harmonies de l'univers, il a senti mieux que personne ce qu'est pour l'aveugle la poésie de la nature.

Non seulement, grâce à tant d'impressions diverses qui le sollicitent à la fois, l'aveugle peut retenir des différents lieux où il a vécu des images distinctes et y attacher quelque chose de son âme, mais d'un même lieu il lui arrive de retenir diverses images qui varient avec les circonstances dans lesquelles il les a construites et qui peuvent avoir des valeurs affectives différentes. L'aspect auditif et olfactif du village n'est pas le même au milieu de l'après-midi, quand le soleil brûle et quand les paysans sont au travail, et le soir quand la fraîcheur tombe et quand toutes les chaumières s'animent. Le vent ne souffle pas dans les feuillages de la même manière en été et en automne. Les parfums des fleurs et des fruits varient avec les saisons. D'une table l'aveugle n'a jamais qu'une image. Il n'a pas comme le voyant, une représentation de face, une autre de profil, une autre encore sous un jour déterminé. Des lieux il peut avoir des représentations plus diverses; et plus l'image s'individualise, plus elle est susceptible de prendre une valeur affective. Un même paysage, suivant les heures et les saisons qui le colorent diversement, comme aussi suivant les émotions qui colorent nos sensations, parle diversement au cœur.

L'aveugle n'est donc pas dans la nature comme le voyant qui ferme passagèrement les yeux. Le défilé des images intérieures, des souvenirs, des émotions, des pensées même qu'elles entraînent dans leur cours, varie avec les défilés de sensations qui lui viennent des choses. Il peut s'y soustraire et se concentrer en lui-même, mais il peut aussi s'y abandonner et se laisser charrier à leur gré. La nature, par d'autres chemins que la vue, peut percer jusqu'à son cœur et en rythmer les battements. Théophraste disait que, de nos cinq sens, l'ouïe est celui qui inspire à l'âme le plus de passions et les passions les plus fortes, troubles, frayeurs, ravissements. Montaigne observait que les odeurs « le changeaient et agissaient en ses esprits » d'une prise si impérieuse qu'il les croyait capables de nous incliner à la religion et qu'il en recommandait l'usage en médecine.

Pour l'aveugle aussi la nostalgie peut être un mal douloureux. J'en sais un qui éprouve chaque année une joie presque enfantine à retourner sur un coin de terre où il retrouve des impressions d'enfance, où, dans un bois aimé, il replonge son âme dans un bain de souvenirs.

Pour lui aussi la mémoire de certaines crises déchirantes s'attache fortement aux lieux qui en ont été les témoins et qui en deviennent des dépositaires. On y revient chercher l'écho de ces émotions passées, quelquefois alors que les bruits de la vie l'ont fait taire dans nos pauvres cœurs oublieux. J'en sais un qui redoutait avec angoisse de se retrouver dans un lieu où il avait vécu quinze jours de désespoir.

Un autre, à vingt ans, s'éprenait si fort du *Lac* de Lamartine qu'il se le récitait intérieurement chaque jour pendant des mois. La musique des vers n'en était pas pour lui le principal attrait. Cette communion qu'il y sentait de l'âme souffrante avec la nature, l'ardente prière que le poète adresse aux choses de conserver son cher souvenir, exprimaient pour lui des sentiments qui lui gonflaient le cœur.

Dans certains périodiques destinés aux aveugles la nature n'est pas absente. Je relève dans *Le Louis Braille* des articles intitulés : *Prélude du printemps; Impressions d'automne.* L'auteur est aveugle et ce sont des impressions d'aveugle qu'il nous communique. Voici des titres plus caractéristiques : *La musique des arbres; Le chant des oiseaux* : un aveugle qui vit à la campagne, dont la demeure est entourée d'un grand parc, cherche à fixer par la notation musicale les chansons qui tombent des arbres, et il fait part aux lecteurs des résultats de son enquête. Il vient de consigner dans un petit volume ce que trente ans de vie intime avec les oiseaux lui ont enseigné.

J'emprunte l'extrait que voici à l'un des articles qui viennent d'être mentionnés.

30 septembre 1895.

Il faisait si bon, je ne pouvais partir sans aller goûter sur place quelques grappes toutes fraîches cueillies; le raisin est si savoureux cette année ! Je choisis comme but le coteau des Crêtes; c'est, je m'en souviens, l'un de mes points favoris. Nous traversons la rue principale du village où les maisons s'alignent d'une façon plus ou moins symétrique, leurs murs vous envoient au visage les rayons de chaleur que le soleil leur a prodigués durant des heures. Le dimanche est vraiment un jour de repos au village... Pas de chars, pas de bruits d'outils; çà et là, devant les portes, des groupes d'hommes ou de femmes qui causent, discutent, *tout à la douce*, sans se presser, comme des gens qui ont le temps. Mais il me tarde de sortir de cette atmosphère chaude et concentrée. Enfin nous avons dépassé les dernières habitations, un air plus libre et plus léger circule, aucun obstacle n'arrête le frais courant qui descend de la montagne et qui vous arrive comme un ressouvenir de la pureté des brises de là-haut. Le chemin se poursuit à travers les prés ombragés, par intervalles, d'arbres fruitiers dont on distingue aisément les variétés aux parfums particuliers qui s'échappent de leurs branches : l'odeur de fruits mûrs remplace à peu près celle des fleurs; les gazons courts où les pieds déjà froissent des feuilles mortes n'exhalent plus qu'une senteur tiède, indécise; c'est bien l'automne, tout se tempère, tout s'adoucit. Nous atteignons les vignes, le chemin se rétrécit et monte; plus d'ombre sur nos têtes, le soleil inonde l'espace; mais je ne cherche point à me garantir de ses rayons, j'éprouve au contraire une sorte de bien-être à me laisser pénétrer de cette chaleur vivifiante que ne charge aucune émanation impure. Nous longeons un mur enguirlandé de ronces, le but est là, c'est le sommet du coteau; notre vigne est à nos pieds, mais je ne me soucie pas d'aller dégringoler par ses gradins, je laisse faire à plus habile et préfère m'asseoir au bord du sentier et jouir une fois de plus du délicieux langage que la nature adresse à qui veut l'écouter. Enfant, j'aimais à regarder du haut de ce coteau : devant moi les vignes s'étendaient en pente sinueuse jusqu'à la plaine; là, des champs dont je voyais onduler les épis; là-bas, le Rhône comme une longue traînée blanche; à gauche, la chaîne des gros rochers grisâtres; à droite, des prés, des toits irréguliers qui se panachaient de fumée. Ce tableau m'est resté; mes yeux seuls alors étaient attentifs, car, dans mon souvenir, la scène est sans voix. Oh! quelle chose merveilleuse que la nature! Devient-elle voilée pour vous? ses couleurs, ses riantes perspectives vous sont-elles dérobées? Voilà qu'elle vous révèle et vous prodigue des charmes que vous ignoriez, plus doux, plus intimes peut-être? Et qu'elle est variée dans son langage!... A chaque site, en chaque saison, son expression particulière; ce que j'écoute ici n'est pas ce que j'entendais à la montagne. L'air attiédi qui vous environne s'agite mollement, c'est à peine si quelques feuilles frémissent sous son haleine; les insectes qu'attire sans doute la douceur des grappes mûres me paraissent bourdonner sur un ton plus discret; les voix des promeneurs m'arrivent d'en bas claires, mais affaiblies, tous les bruits qui s'élèvent sont comme tamisés; le paysage est vivant, mais il est recueilli. Quelle paix! quelle délicieuse tranquillité!...

J'ai voulu, avant mon départ, vous vite raconter cette jolie promenade d'hier; de retour à Villeurbanne, il me semble que je ne saurais plus en parler, car les sifflets des fabriques, le roulement des tramways, les voix éraillées des marchands ambulants sont un accompagnement peu propre à vous laisser écouter, même dans le souvenir, la voix discrète de la nature.

III

Ai-je besoin de dire que le sentiment de la nature, qui ne se développe qu'exceptionnellement chez les clairvoyants, n'est pas le lot de tous les aveugles? Il est peut-être, sous des formes les plus élevées, une conquête de l'âme moderne, puisque voici seulement un siècle et demi que les Rousseau et les Bernardin de Saint-Pierre nous ont appris à le cultiver. J'ai voulu montrer que l'aveugle peut en avoir lui aussi sa part. J'entends bien qu'il l'aura moins belle que les autres, et qu'elle lui sera plus souvent refusée. Il est des âmes de choix que le rêve visite aisément. Pour celles-là un ruisseau qui coule, une feuille qui meurt, tout sait être matière à émotion. Peut-être faut-il qu'il soit de cette élite heureuse et souffrante pour vibrer profondément aux impressions de la nature.

Il y a des spectacles dans la nature devant lesquels tout homme qui participe à une civilisation donnée déclare, pour peu que sa sensibilité ait été cultivée, qu'il éprouve une impression de beauté. L'infini des perspectives, la variété des détails fondus dans une harmonieuse unité, tels sont peut-être les éléments essentiels de ce beau dans la nature qui force toutes les admirations. Certes c'est l'homme encore qui le projette sur le monde extérieur, mais cette fois ce n'est plus l'âme individuelle dont le pâle reflet s'efface aussitôt, c'est l'âme commune de l'humanité, lentement façonnée pendant des siècles, qui s'est déposée en traits sensibles dans les choses où chacun la retrouve.

Or, ces éléments-là, la vue est peut-être seule à les donner : à l'œil seul appartiennent les horizons sans fin, les plaines illimitées, les montagnes s'étageant à perte de vue, les vallées s'abîmant dans des gouffres vertigineux. La qualité spatiale de ses images a bien aussi parfois pour l'aveugle une valeur affective. Il peut fort bien, par exemple, construire le dessin d'un jardin qui lui est familier et jouir de sa représentation. Au bord de la mer, son imagination peut se dilater et tisser avec ses images spatiales finies une vision indéfinie qui lui donne la sensation de l'infini. Une impression auditive, le bruit de la vague qui vient de loin, favorise singulièrement ce travail de construction toujours compliqué. Mais sans le concours d'une impression auditive l'image spatiale reste le plus souvent inefficace, et quand un bruit l'anime il ne vivifie pas chacun de ses détails.

Les formes les plus élevées du beau dans la nature, les plus communicables, restent donc irrémédiablement fermées à l'aveugle. Il est confiné aux formes les plus subjectives. Les impressions dont elles sont faites n'ont que la valeur émotive qu'il leur confère, valeur qui dépend principalement de sa sensibilité individuelle, souvent même de son état d'âme momentané. En les décrivant le plus souvent, il ne communique que très imparfaitement l'émotion qu'elles lui ont causée.

IV

C'est pour ce motif sans doute que tant de clairvoyants manifestent un étonnement singulier à constater chez nombre d'aveugles un goût marqué pour les voyages. On croirait, à les entendre, que pour l'aveugle tous les lieux se ressemblent, et qu'il ferait sagement, en conséquence, de s'épargner les complications de la route, et de se tenir au repos dans sa chambre. Ils raisonnent comme si l'unique objet de leurs voyages à eux était de visiter des sites magnifiques. Etrange illusion en vérité, et dont le mécanisme est typique : on rapporte tout le plaisir du voyage aux sensations de la vue comme si les autres n'existaient pas ; puis, par une nouvelle simplification, parmi les sensations de la vue, on ne s'attache qu'à celles qui, par leur nature, défient toute suppléance ; et quand on arrive au terme de cette audacieuse abstraction, on juge absurde que l'aveugle songe à changer de place.

Certes, on ne voyage pas seulement pour visiter des musées, ni même pour contempler des paysages.

Je laisse à part les voyages d'utilité. Les lecteurs qui m'ont suivi savent que l'aveugle est capable de participer à l'activité commune sous trop de formes pour que les voyages ne lui soient pas souvent nécessaires. Ils savent encore que, pour beaucoup des fins qu'il peut se proposer (visite d'un établissement, étude d'une organisation sociale, etc.) il se rendra compte de bien des choses par lui-même en faisant usage de ses quatre sens assouplis au rôle de la suppléance de la vue, et qu'être là en personne sera souvent bien plus instructif pour lui que d'écouter les rapports d'un témoin oculaire.

Mais ne parlons que des voyages de pur agrément, et, parmi ceux-là, retenons la catégorie où la vue semble avoir le rôle le plus prépondérant : aux touristes qui visitent chaque année les Alpes supprimez par la pensée tous les plaisirs étrangers à la vue, plaisir d'activité, d'énergie dépensée dans les excursions, de difficulté vaincue dans les ascensions, simples plaisirs du déplacement, d'une rupture dans la monotonie de la vie quotidienne, de l'imitation, des relations nouées et dénouées, que sais-je encore? Condamnez les touristes à n'avoir que des yeux; éliminez tous ceux qui ne sont pas retenus par le seul attrait des sites, et les hôtels suisses seraient peut-être plus accessibles qu'ils ne le deviennent depuis quelques années. Tout cela n'est pas dit (faut-il en faire la remarque?) par un puéril désir de rabaisser les joies de la vue dont l'aveugle, s'il les ignore, ne devine que trop la puissance, mais pour répéter que derrière les plaisirs de la vue, quels que soient leurs prestiges, d'autres plaisirs se dissimulent, cachés par eux, méconnus le plus souvent, et qui pourtant ont une réalité concrète.

Il s'est trouvé des aveugles pour se plaire aux ascensions et j'ai parlé de M. Campbell atteignant le sommet du mont Blanc : j'en fais d'ailleurs un mérite à ses guides plus qu'à lui-même. Hollmann, un autre Anglo-Saxon, un explorateur, ayant perdu la vue dans l'un de ses premiers voyages, continua durant sa vie entière à tourner autour du globe. Il refusait la compagnie d'aucun de ses compatriotes dans ses aventureuses randonnées, et il déclarait que l'habitude lui avait donné la « faculté de se faire des objets une idée aussi exacte par ses seules ressources qu'eût pu le faire la description la plus minutieuse. » Ce sont là des cas d'exception : il y peut entrer de la vanité et un puéril désir d'égaler les voyants. Mais sans esprit d'imitation et sans la moindre tache de vanité, l'aveugle peut aimer parfaitement la campagne, la mer, même ou, si l'on veut, surtout la montagne, et aucun soupçon de psittacisme ou de snobisme ne doit effleurer l'esprit de ceux qui l'entourent lorsque, avec ses raisons à lui, il organise une villégiature de vacances ou marque une préférence pour tel lieu plutôt que pour tel autre.

Le clairvoyant qui retourne chaque année dans un coin de campagne, et dans une campagne souvent dépourvue, aux yeux de tous les autres, de tout intérêt esthétique, n'y va pas pour jouir de spectacles nouveaux et magnifiques. J'entends bien qu'il nous déclare que s'il ne voyait plus ces paysages auxquels il est habitué, rien ne l'attirerait plus vers eux. Mais il déclare encore bien souvent que s'il venait à perdre la vue rien ne saurait plus l'attacher à la vie, et l'aveugle continue de vivre néanmoins. En fait, s'il quitte la ville à époques fixes, c'est pour briser le traintrain de chaque jour, pour se dépayser, pour retrouver des souvenirs qui bercent doucement sa pensée, pour se sentir dans une atmosphère autre d'occupations et de préoccupations, pour se laisser pénétrer par tous ses sens à la fois d'une ambiance inaccoutumée qui infléchisse dans d'autres directions le cours de ses pensées. Il s'imagine que la vue est l'intermédiaire indispensable entre lui et les choses, le moyen nécessaire de cette transformation. Et l'aveugle observe en lui-même une action toute semblable.

En voyage, l'horizon intellectuel est changé aussi bien que l'horizon sensoriel. Les conversations qui s'accrochent aux objets, qui jaillissent aux moindres rencontres, ne sont plus les conversations du coin du feu. Ne dites pas à l'aveugle qu'il connaîtrait mieux le pays qu'il visite en lisant un livre de géographie dans son cabinet : il le connaîtrait plus complètement, peut-être, et vous aussi, par ce procédé, mais d'une manière moins vivante, moins pittoresque, et qui certainement ferait moins d'impression sur son imagination.

La montagne particulièrement est douée d'un pouvoir prestigieux pour dépayser ceux-là mêmes qui n'ont pas tous leurs sens. Je note simplement, aussi objectivement que je le puis, quelques impressions qui s'imposent à l'aveugle le moins imaginatif : l'atmosphère pure, subtile, excitante, assez différente de celle des villes pour avoir une action curative sur l'organisme, affine toutes les sensations, et, en transportant des bruits légers à de grandes distances, élargit dans toutes les directions à la fois l'horizon de l'aveugle. La qualité de l'atmosphère influe vivement sur la plupart des hommes, au moral comme au physique, mais son action reste souvent inconsciente; bien des aveugles en ont une perception fine : on a fréquemment remarqué qu'ils sentent si le ciel est clair ou couvert, si la pluie menace, si l'air est sec ou chargé d'humidité. Dans la montagne l'atmosphère modifie la cénesthésie tout entière. Le contraste des rayons du soleil si ardents dans les altitudes et de la fraîcheur des forêts, l'air piquant et limpide des soirées, les vents porteurs d'aromes légers, les senteurs chaudes des résines qui vivifient le cerveau, les sources qui surprennent l'oreille à chaque pas, les cascades tapageuses qui remplissent les sens de leur fraîcheur et qui bercent la pensée sans l'endormir, les grelots des diligences dont la claire chanson gravit péniblement les lacets du chemin, les clochettes des vaches qui entre-croisent leurs carillons féeriques à perte d'ouïe, parlant toutes à la fois de liberté, de grand air, de frais pâturages; tout cela ne remplace assurément pas les couchers de soleil et les vastes horizons — l'âme surélevée au-dessus d'elle-même n'en aspire même que plus avidement après le paradis perdu — mais tout cela fait un renouveau de vie où le cœur et la pensée, fouettés par la nature, ont la plus belle part. Parfois alors la grande voix du tonnerre s'élève dans le lointain. Aux grondements lourds de menaces succèdent des craquements prolongés comme si le rideau du ciel se déchirait avec fracas, puis c'est un bruit sec, sinistre, assourdissant. L'ouragan souffle.

La pluie crépite avec rage. La terre et le ciel parlent par des milliers de voix à la fois. Les sommets avoisinants se renvoient de l'un à l'autre des hurlements de géant. L'aveugle alors a sa part des magnificences de la nature. Il a la sensation immédiate de l'immensité qui l'enveloppe.

CHAPITRE XV

L'Art.

I

L'art s'adresse aux sens les plus élevés de l'homme, à l'ouïe par la musique, à la vue surtout par la peinture, la sculpture et l'architecture. Même lorsqu'il parle directement au cœur et à l'intelligence par la poésie la vue et l'ouïe restent des instruments essentiels de la jouissance esthétique tant le rythme, la musique des mots, les images évoquées en sont des éléments intégrants. L'homme qui est frappé dans l'un ou l'autre de ces sens subit une déchéance dans ses aptitudes à jouir des beaux-arts. Jusqu'où va cette déchéance? Le toucher peut-il ici encore en quelque manière suppléer la vue dans la jouissance des arts qui ne relèvent que d'elle? Telles sont les questions qui se posent à nous.

La sculpture et l'architecture nous intéressent ici particulièrement. Il est clair que la peinture est hors de cause puisque, art des couleurs, elle restera nécessairement toujours fermée à qui ignore les couleurs. La musique semble l'être elle aussi pour la raison inverse parce qu'elle n'a aucun commerce avec la vue. Elle ne nous retiendra que parce que cent ans d'expérience ont donné des résultats dignes d'être signalés, et sur ce point là encore ont fait justice de diverses légendes.

Aussi longtemps que les aveugles sont restés sans culture, et quelque temps après encore, on était peu enclin à les juger capables d'un développement musical complet. Ceux qui n'avaient pas fréquenté d'aveugles étaient portés à croire que la cécité cause un trouble si profond dans toute la personnalité qu'elle empoisonne les sources mêmes des jouissances esthétiques ; surtout quand l'art de la musique se compliqua, des difficultés d'ordre matériel semblaient devoir barrer la route aux aveugles, en particulier la nécessité de lire rapidement. A l'origine, Valentin Haüy n'enseigna la musique à ses élèves qu'à titre de distraction ; il ne songea pas qu'ils pussent s'en faire un moyen de subsistance. Par un retour des choses, quand nombre de musiciens aveugles se furent répandus dans le public, enseignant et tenant des buffets d'orgue, ils ont donné un grand crédit et comme une apparence de fondement expérimental à l'opinion toute contraire, très ancienne elle aussi, de l'aveugle musicien comme d'instinct, doué par la nature de dispositions qui aplanissent pour lui les difficultés du métier.

Ces deux légendes sont des corollaires de deux préjugés que nous avons déjà rencontrés : la première du préjugé qui avilit l'intelligence de l'aveugle et toute sa personnalité morale, la seconde du préjugé qui lui accorde des sens miraculeusement affinés. Il suffirait de les renvoyer dos à dos : elles se détruisent l'une l'autre.

Sur le premier point, l'expérience a répondu. A l'Institution Nationale des Jeunes Aveugles, à Paris, un enseignement musical très élevé est donné, à la fois théorique et pratique, qui comporte l'étude de l'harmonie, de la fugue, du contrepoint et de la composition, et l'exercice du piano, de l'orgue et d'un instrument d'orchestre. Une proportion vraiment considérable d'élèves se montre capable de le recevoir avec fruit. Depuis vingt-cinq ans, au Conservatoire National de Paris, six premiers prix d'orgue et cinq prix d'harmonie, de fugue ou de contrepoint sont échus aux élèves de cet établissement. Je ne parle ici ni des prix obtenus pour divers instruments d'orchestre, ni de nombreux accessits en tous genres qui portent à cinquante et un le nombre des récompenses décernées à des artistes formés par l'Institution Nationale. Plusieurs des premiers buffets d'orgue de Paris (Notre-Dame, Saint-François-Xavier, Saint-Germain-des-Prés, Saint-Etienne-du-Mont, Saint-Pierre-de-Montrouge, Saint-Médard[1]) sont actuellement tenus par des aveugles. Des artistes comme Louis Vierne, organiste de Notre-Dame, qui a professé au Conservatoire et qui dirige la classe d'orgue à la *Schola Cantorum*, et Albert Mahaut qui interprète avec une si vigoureuse originalité l'œuvre de César Franck, sont si connus du monde musical qu'il ne m'est pas permis de les passer sous silence. Ce sont là des faits qui témoignent non seulement des aptitudes artistiques des aveugles, mais encore de l'excellence de la méthode de Braille.

Quelques sceptiques, je le sais, se retranchent dans une dernière position; j'ai entendu soutenir que l'aveugle ne saurait avoir le génie créateur, qu'une grande œuvre musicale suppose chez qui l'enfante l'intégrité des sens aussi bien que l'intégrité du cœur et de l'intelligence. De pareils postulats me semblent pour le moins hasardeux. Quand je songe que Beethoven était, je ne dis pas aveugle, mais sourd, quand il a composé ses plus admirables chefs-d'œuvre, une grande circonspection me retient au bord de généralités si audacieuses. Sans doute le génie créateur

---

1. Ajoutons : Saint-Nicolas-des-Champs, Saint-Georges, Saint-Éloi, Saint-Hippolyte, Saint-Pierre-du-Gros-Caillou, la chapelle des Lazaristes de la rue de Sèvres, Notre-Dame-de-la-Croix.

suppose une âme riche de sensations et d'idées, mais la plénitude de vie intellectuelle et morale à laquelle l'aveugle peut prétendre semble bien y suffire. La musique n'évoque que chez les visualisateurs les plus caractérisés des images visuelles ; elle n'en comporte pas.

Qu'on n'allègue pas contre nous l'expérience. Aucun compositeur aveugle ne s'est encore imposé au public par droit de conquête, je le sais. Mais les compositeurs de génie ne sont pas légion, et parmi les musiciens qui composent, les aveugles constituent une minorité si infime qu'il ne faut pas s'étonner de n'en trouver aucun au premier rang. Dans cette poignée d'artistes aveugles dont le plus ancien ne remonte pas à cent ans combien en est-il dont toutes les pensées n'ont pas été absorbées par le souci tyrannique d'assurer leur subsistance et celle de leurs familles, qui n'ont pas été tenus d'étouffer en eux les belles ambitions, l'inspiration même quand elle les sollicitait. A défaut de grandes œuvres consacrées par de retentissants succès, d'ailleurs, nous devons à des aveugles nombre d'œuvres de grand mérite[1]. Voici quelques années les notabilités du monde musical à Paris étaient conviées à un concert exécuté par des aveugles, dont tous les numéros étaient signés de noms de compositeurs aveugles. Les jugements qu'il provoqua ne justifient aucunement les doutes que je rappelais tout à l'heure.

Ils n'ont pourtant pas établi non plus l'existence d'aptitudes exceptionnelles chez l'aveugle. L'expé-

---

[1]. Je citerai surtout les noms de Mlle Boulay, de MM. Brès, Chavagnat, Marty, Trépart, Vierne. Une partition de Trépart, *Martin et Martine*, a été entendue sur divers théâtres. Parmi les œuvres de Vierne, citons principalement : *Trois Symphonies pour grand orgue, Sonate pour violon et piano, Sonate pour violoncelle et piano, Recueil de mélodies, Messe avec deux orgues*. La spirituelle musique que Victor-Paul a écrite pour diverses fables de La Fontaine n'a malheureusement pas été éditée, aussi n'est-elle connue que d'un public très restreint.

rience ne peut que difficilement nous fixer. Sans doute, si l'on compare cinquante aveugles pris au hasard avec autant de voyants, l'avantage restera aux premiers; mais cela tient peut-être simplement à ce que tout est mis en œuvre dans nos écoles spéciales pour développer les moindres germes d'aptitudes musicales chez les aveugles. Pour qu'une observation fût vraiment décisive il faudrait la faire porter sur des enfants et sur des enfants en grand nombre; il faudrait la prolonger pendant plusieurs années en soumettant pendant ce temps tous les sujets non seulement aux mêmes enseignements, mais encore aux influences de milieux identiques.

Il semble que si la cécité favorisait le développement musical, ceux qu'elle frappe en très bas âge auraient l'avantage sur ceux dont la première éducation s'est faite avec le concours de la vue. Or les faits ne montrent rien de tel. Lors d'une enquête récente que j'ai entreprise à l'Institution Nationale, sur trente ouvriers déclarés incapables de toute culture musicale, vingt-cinq avaient perdu la vue avant six ans, et cinq seulement après cet âge. En interrogeant les trente musiciens les mieux doués sur l'époque de leur cécité, je retrouvai identiquement les mêmes nombres : vingt-cinq frappés avant six ans contre cinq frappés après six ans. Plus un enfant entre tard à l'école spéciale, si d'ailleurs son entourage n'a pas eu soin de lui faire entendre de la musique, moins il a de chances de devenir un bon musicien. Ceux qui entrent après quinze ans absolument incultes sont en général désespérés. Après les dispositions naturelles qui restent enveloppées du plus épais mystère, l'âge auquel l'éducation a commencé semble être le facteur essentiel, et non pas l'âge auquel la cécité est survenue.

Ces constatations corroborent l'impression que j'ai retenue d'un séjour de plusieurs années dans une école spéciale et que j'ai fortifiée de l'autorité de plusieurs musiciens professeurs d'aveugles : il nous faut reconnaître que l'aveugle n'est pas plus doué que le voyant, et qu'il y a autant d'inégalité dans les aptitudes musicales chez les aveugles que chez les voyants.

Un sourd de naissance peut exceller dans les arts qui ne relèvent que de la vue, et pourtant ni l'opinion ni l'expérience ne lui attribuent une notable supériorité dans ces arts. Je me persuade qu'il en est de même de l'aveugle, que, d'une manière générale, la perte d'un sens non seulement n'altère pas en nous le sentiment du beau, mais n'exerce aucune influence fatale sur les jouissances esthétiques des autres sens. Elle ne peut que les rendre plus précieuses et inviter à les cultiver avec une particulière jalousie.

II

C'est que du toucher comme interprète de l'art nous n'avons qu'assez peu de secours à attendre.

Certes, je ne pense pas qu'il soit, non plus qu'aucun de nos sens, complètement et fatalement étranger à toute impression esthétique. Il ne semble pas que, comme le veulent certains philosophes, un fossé infranchissable sépare le beau de l'utile, et que les sens qui sont chargés des fonctions les plus utilitaires ne puissent connaître que l'agréable sans avoir jamais aucune participation au beau. L'émotion esthétique que nous goûtons à l'occasion des sensations visuelles et auditives n'est pas le produit de ces sensations. Elle a sa source plus profondément en nous. Elle monte des racines mêmes de notre être, du fond de notre conscience, et elle est susceptible de nuancer d'une teinte esthétique toute la masse de notre mentalité, et jusqu'à nos impressions les plus simples. Si elle n'acquiert son plein épanouissement que dans les sensations élevées, c'est parce que là seulement l'émotion est suffisamment dégagée de tout élément utilitaire pour s'épurer entièrement des sensations de convoitise, de crainte, etc., qui tiennent en respect l'élément proprement esthétique, et aussi parce que là seulement elle rencontre des synthèses psychiques assez riches, des associations d'idées et de sentiments assez complexes pour fournir la plénitude de conscience dont elle a besoin. Mais elle peut être partout latente si l'âme a cette fécondité intérieure qui transforme toutes choses, le sentiment du beau.

La valeur esthétique d'un mouvement n'est pas du tout inaccessible à l'aveugle. Sans doute c'est dans le mouvement vu qu'elle est sentie presque toujours, et, pour ce motif, le clairvoyant ne la détache pas de la vision. Pourtant la force, l'harmonie, la grâce, tous les éléments qui donnent au mouvement son prix, peuvent venir à la conscience sans que la vue intervienne. Elles peuvent toucher l'aveugle artiste, quelquefois peut-être, dans des conditions particulièrement favorables, lorsqu'il palpe le corps en mouvement, mais plus souvent lorsqu'il reproduit le mouvement. Il le voit ainsi du dedans, en quelque sorte. Par là s'explique que quelques aveugles, en fort petit nombre je le confesse, ont une certaine grâce dans leurs gestes. Tout aveugle réfléchi a eu parfois dans sa vie l'intuition que tel geste qui lui échappait était séant. Cette vision intérieure sans doute est moins précise que la perception externe par l'œil; elle a surtout cette grave infériorité de ne pas s'éduquer par l'exemple d'autrui. Elle est utile cependant pour faire comprendre et sentir à l'aveugle mille particularités de l'art des voyants.

Le sentiment de l'ordre, principe esthétique par excellence, n'est pas non plus l'apanage de la vue.

L'aveugle le connaît fort bien lui aussi. Je ne parle pas ici de l'ordre utilitaire qui n'a que de bien vagues rapports peut-être avec l'ordre esthétique. L'aveugle est le plus ordonné des hommes. Il est ordonné par nécessité, parfois jusqu'à la manie. Il ne retrouve les objets qu'à une condition expresse, à savoir qu'ils ne quittent pas leur place habituelle, et c'est lui jouer un mauvais tour que de déranger constamment ses meubles familiers. Mais s'il est ponctuel à les remettre en ordre, on lui reproche souvent d'être indifférent à leur disposition respective, au dessin qu'ils forment. La critique est généralement fondée. C'est que l'agencement des meubles dans une pièce, intéressant pour l'œil du voyant, l'est beaucoup moins pour l'aveugle qui ne le perçoit pas par le toucher. Sans doute plus son aptitude à se représenter en imagination les milieux se développe, et plus il y devient sensible. Il est possible, souvent de l'y rendre attentif et de lui donner même en ces matières un certain degré de goût. Mais enfin en règle générale ses préoccupations ne vont pas de ce côté-là. Changeons de domaine : passons des objets qui intéressent l'œil à ceux qui concernent la main, à une horloge, à un fauteuil même. L'aveugle sera sensible à la régularité des contours, à la symétrie des pièces qui s'opposent, de même qu'il est sensible dans le discours à la belle ordonnance des parties.

On a remarqué justement que les qualificatifs par lesquels les poètes expriment ce qu'il y a d'esthétique dans leurs sentiments, voire même dans leurs sensations visuelles, se rapportent à des impressions qui leur viennent de tous les sens, des moindres comme des plus nobles. Chaud, suave, pénétrant, doux, frais, sont des mots qui repassent sans cesse sous leur plume. Sully Prudhomme a dressé un tableau de ces qualificatifs qui traduisent à la fois des perceptions des sens et des états de notre sensibilité. Les épithètes du toucher y sont le plus largement représentées. Elles sont au nombre d'une cinquantaine et leur puissance d'expression est grande. Qu'est-ce à dire, sinon que, non seulement par les rapports spatiaux d'ordre et de mouvement qu'il perçoit, mais encore par ses données spécifiques, par le poli, le velouté, le soyeux — qu'il est seul à nous faire connaître, de même que l'œil est seul à nous faire connaître le noir, le rouge, le blanc, — le toucher a une valeur esthétique qui n'est pas négligeable?

Guyau a déjà insisté sur ce point.

Si la couleur manque au toucher, dit-il, il nous fournit en revanche une notion que l'œil seul ne peut nous donner, et qui a une valeur esthétique considérable, celle du doux, du soyeux, du poli. Ce qui caractérise la beauté du velours, c'est sa douceur au toucher non moins que son brillant. Dans l'idée que nous nous faisons de la beauté d'une femme le velouté de sa peau entre comme élément essentiel. Les couleurs mêmes empruntent parfois quelque attrait à des associations d'idées tirées du tact. A l'image d'un gazon bien vert est associée l'idée d'une certaine mollesse sous les pieds : le plaisir que nos membres éprouveraient à s'y étendre augmente celui que l'œil ressent à le regarder. Au brillant des cheveux blonds ou noirs se lie toujours la sensation du soyeux que la main éprouverait en les caressant. Le bleu du ciel lui-même, si impalpable qu'il soit, acquiert parfois une apparence de velouté qui augmente son charme en lui prêtant une douceur indéfinissable.

Marie Heurtin, l'aveugle-sourde de Larnay, au temps de sa sauvagerie, se complaisait à toucher certains objets durant des heures entières. Chez elle, et chez plusieurs autres aveugles-sourdes, avant même que leur intelligence se fût ouverte, on a relevé des mouvements de jalousie violente envers une compagne qui possède un vêtement plus soyeux ou quelque parure tactilement appréciable. L'une de ces infirmes va jusqu'à tremper d'encre le col de sa voisine. N'y a-t-il pas là un germe de plaisir esthétique que l'intelligence et le cœur pourront ensuite féconder?

On a noté souvent que la ligne brisée, aux arabesques de laquelle l'œil se plait, est beaucoup moins recherchée par le doigt que la ligne courbe ou la ligne droite. Diverses explications de ce fait peuvent être proposées : d'abord les angles de la ligne brisée ont peut-être quelque chose de brutal pour le toucher et le froissent, tandis que les coulées rectilignes ou lentement arquées laissent glisser le doigt sans l'arrêter par aucune aspérité; et puis, pour peu que la ligne brisée se complique ou soit irrégulière, le toucher a beaucoup de peine à réaliser la valeur de chaque tronçon et la mesure de chaque angle pour bâtir une représentation synthétique de la figure avec ses justes proportions. Quoi qu'il en soit, l'aveugle en général n'aime pas la ligne brisée.

Ces éléments esthétiques que l'on dégage ainsi dans l'analyse des sensations du toucher sont évidemment susceptibles de prendre une valeur particulière pour ceux qui développent constamment leur toucher, c'est-à-dire (d'après la définition que nous avons donnée du développement d'un sens) qui enrichissent d'associations multiples les données du toucher et par là étendent leur signification intellectuelle et sentimentale. Il est clair qu'on ne saurait songer à en constituer un art propre au toucher, de même que la peinture est l'art propre de la vue : ils restent, malgré tout, d'une pauvreté trop misérable, comparés aux impressions si variées et si riches que fournissent les couleurs et les sons. Cependant, au point de vue de la vie affective de l'aveugle, ces plaisirs du tact devaient être mentionnés. On conçoit un voluptueux qui les cultiverait, qui s'entourerait de contacts délicats, couvrirait sa demeure de tapis chauds au pied comme au regard, ne laisserait à la portée de sa main que des étoffes soyeuses de divers grains et des objets aux lignes douces sous le doigt. Nul ne peut dire dans quelle mesure, à l'aide d'associations de sentiments, il pourrait enrichir ses jouissances sensuelles, et jusqu'où il les approcherait du sentiment esthétique. Sans aller jusqu'à ces raffinements, l'aveugle, pour qui sont perdues presque entièrement les parures dont le voyant embellit sa vie, peut ne pas négliger absolument la qualité tactile des cadres qu'il donne à son activité quotidienne. Il peut surtout demander à son toucher, mieux cultivé en ce sens, l'intelligence de certains arts des voyants, la sculpture et l'architecture, avec en outre, peut-être, un commencement de plaisir esthétique.

III

A en croire certains témoignages, il en aurait une jouissance pleine, égale à celles des voyants. La suppléance du toucher sur ce point serait parfaite. Les déclarations d'Helen Keller qu'on a tant citées, et qui ont répandu des idées si avantageuses sur les facultés esthétiques du toucher, sont singulièrement affirmatives. Elle nous dit, par exemple :

> En suivant les lignes et les formes ondoyantes, mes doigts perçoivent la pensée et l'émotion que l'artiste a voulu rendre. Je découvre sur le visage des dieux et des héros les expressions du courage, de la haine, de l'amour, aussi nettement que sur les figures vivantes lorsqu'il m'est permis de les toucher. Je sens dans la pose de Diane la grâce, la liberté des bois et le charme qui apprivoise le lion de la montagne et qui subjugue les passions les plus sauvages. Mon âme se plaît à contempler l'expression de repos et la grâce des lignes d'une Vénus, et dans les bronzes de Barye se manifestent à moi les mystères de la jungle.

A l'exposition de Chicago, qu'elle visitait à l'âge de treize ans (notons cette circonstance de temps), le pavillon de la sculpture l'aurait particulièrement séduite.

J'aimerais à n'avoir pas de réserves à faire. Malheureusement tant qu'on n'aura pas vérifié par des observations précises les déclarations d'Helen Keller, je me vois contraint de demeurer sceptique. Il faudrait lui faire palper des bustes au caractère net, et la prier d'exprimer les sentiments que l'artiste a voulu traduire. On aurait grand soin de ne pas prononcer devant elle le nom du personnage représenté afin d'éviter qu'elle ne se figure découvrir avec ses doigts tout ce que sa mémoire lui dirait de Mars, de Diane ou de Vénus, tout ce que son imagination si vive sait jeter de vêtements autour d'un simple vocable. Jusque-là nous sommes fondés à croire, je ne dis pas qu'il n'y a rien de réel dans son témoignage, mais que, avec une bonne foi, d'ailleurs, qui n'est mise en doute par personne, elle s'exagère ses propres jouissances esthétiques, et que son émotion est affaire d'autosuggestion plus que de perception.

C'est qu'Helen Keller est, à un degré vraiment singulier chez une personne d'une intelligence aussi vive, constamment la dupe des mots, ou si l'on veut la dupe de ses rêves. Le verbalisme, les émotions factices, et, pour tout dire, la littérature au sens le plus fâcheux du terme, occupent dans ses écrits une place déconcertante. Elle dira, par exemple :

Aux premiers flocons de la neige nous nous précipitâmes dehors; pendant des heures on put les voir descendre majestueusement des hautes régions de l'atmosphère, puis, silencieusement, d'un mouvement très doux, se poser sur la campagne, nivelant la plaine. La nuit tomba sur toute cette blancheur. Le lendemain matin l'aspect du paysage était entièrement modifié; les routes avaient entièrement disparu, ainsi que les bornes qui limitaient les champs; un désert de neige s'étendait jusqu'aux limites de l'horizon; les arbres émergeaient comme de blancs fantômes.

Que dire de tant d'impressions visuelles et auditives qui se pressent dans l'imagination d'une aveugle-sourde, et jusqu'à s'organiser en tableaux? Ailleurs elle écrit encore :

> Quand le sol se joncha des feuilles d'automne rouges et dorées, quand le raisin musqué commença de prendre, au fond du jardin, les tons bruns de la maturité, je me mis à écrire l'histoire de ma vie.

Ce sont donc les nuances des feuilles et des raisins qui datent les souvenirs de sa vie? Dès l'âge de douze ans, dans sa première autobiographie, elle disait déjà : « Comme elles étaient jolies, ces coquilles, avec ces teintes charmantes! » Et, un an plus tard, dans une lettre à un ami où elle contait sa visite à l'exposition de Chicago :

> La journée était claire et brillante, le ciel et l'eau, d'un bleu incomparable, formaient un cadre harmonieux à la cité du rêve couronnée par le dôme étincelant du bâtiment de l'administration. Nous nous dirigeâmes ensuite lentement du côté de la cour d'honneur, nous arrêtant ici et là tandis que miss Sullivan me décrivait les scènes magnifiques qui nous entouraient; les groupes de beaux bâtiments, les lagunes constellées de bateaux qui les parcouraient rapidement, la statue majestueuse de la République, les colonnes cannelées du péristyle, enfin le lac bleu et profond. Comme ce spectacle était beau !

Si j'insiste, ce n'est pas seulement parce que de telles pages, qui déroutent sans cesse les lecteurs avides de pénétrer la pensée intime d'Helen Keller, nous montrent que chez elle les sentiments suggérés par des mots ne se distinguent pas des sentiments inspirés par des sensations, que par suite son témoignage en matière d'émotions esthétiques ne saurait être accepté sans contrôle, c'est encore parce qu'il y a là une particularité qui mérite de retenir l'attention du psychologue. La vanité littéraire a pu contribuer à la développer, mais elle a des causes plus profondes et plus intéressantes. Nous touchons, ici, le point faible de cette merveilleuse éducation d'une belle intelligence.

Songeons que pour Helen Keller le mot a été bien souvent non pas seulement, ce qu'il doit être pour un individu normal, le signe de la sensation, toujours associée à elle et l'évoquant par habitude, mais au sens propre le substitut de la sensation. Il a tenu lieu de la sensation absente et ignorée. Cela est le cas déjà dans une certaine mesure pour l'aveugle-entendant, mais ce l'est bien davantage encore pour l'aveugle-sourd. De plus la mémoire verbale chez Helen Keller était étrangement précise : grand bien assurément, car cette mémoire verbale a prodigieusement hâté son développement où les mots devaient jouer un rôle considérable; mais cet avantage comportait un risque : Helen Keller ne laissait pas à son esprit le temps, nécessairement long chez un sujet qui ne dispose que du toucher, de remplir d'autant d'impressions directes qu'elle en pouvait conquérir ces mots trop facilement assimilés. De là un verbalisme qu'il était difficile de tenir en échec, des phrases entières, jadis lues en Braille ou perçues sur la main de son institutrice, revenaient fréquemment dans sa conversation ou dans ses écrits, et ces phrases elle ne les reconnaissait pas comme phrases empruntées, elle les croyait siennes. Elle ne distinguait pas ce qu'elle tirait du magasin de sa mémoire de ce qu'elle devait à ses impressions personnelles. A douze ans, elle publiait comme d'elle-même, avec la meilleure foi du monde, un petit conte qui n'était guère que la reproduction, en certaines parties textuelle, d'une histoire qu'on lui avait lue quelques années auparavant. Elle avait perdu totalement le souvenir de cette lecture et ne put le retrouver. Son désespoir d'enfant a été grand quand on l'a soupçonnée d'avoir cherché à mystifier son entourage. A vingt-deux ans, elle écrivait : « Même maintenant je ne sais jamais trouver la démarcation entre mes idées propres et celles que j'ai puisées dans les livres... Ce que j'ai lu a fini par devenir la substance même, et, si je puis dire, la contexture de mon esprit. » En effet, c'est par lecture, et non par sensation, que ses idées ont été acquises pour leur majeure partie, et trop souvent ses lectures n'ont pas pu être vivifiées par la sensation.

Ce n'est pas tout : Helen Keller est encore douée d'un merveilleux don de sympathie. Je veux dire qu'elle ressent avec une étrange facilité les émotions des personnes avec lesquelles elle communique. On assure qu'elle aime le théâtre, que son institutrice lui transmet par sa dactylographie non seulement les mots qu'elle entend, mais jusqu'aux émotions que lui inspire le jeu des acteurs. Je veux croire qu'il y a là quelque exagération, mais ce qui est certain c'est que les descriptions visuelles et auditives que lui traduit miss Sullivan, bien qu'elles soient irréalisables pour son imagination, ne laissent pas d'impressionner vivement sa sensibilité. Elle a une mémoire affective étrangement développée. L'accent est perçu et retenu avec le mot : il en fait partie intégrante ; il opère par sympathie, ce que fait ailleurs la puissance émotive de la sensation. De là vient ce fait, attesté par ceux qui l'approchent, que les expressions poétiques, visuelles ou auditives de ses livres, sont celles qu'Helen Keller retient le mieux et retrouve le plus communément dans ses propres écrits. Le conte qu'elle reproduisait inconsciemment à douze ans comportait comme élément essentiel, comme nœud de son intrigue, une description féerique qui semblait ne pouvoir frapper qu'un voyant.

Ainsi les mots et les émotions vont leur chemin sans se soucier des sensations, et donnent à supposer l'existence de sensations qui ne sont pas. Ils fonctionnent à vide. Un travail critique opiniâtre pouvait seul guérir ce psittacisme. Il n'était pas au-dessus des forces d'Helen Keller, et de notables progrès à ce point de vue se remarquent en elle depuis ses premiers écrits. Ils ont été entravés par diverses circonstances : d'abord le désir naturel, commun à tous les infirmes, mais gros d'illusions, de participer à tous les biens des autres hommes ; et puis la publicité qui dès l'âge de dix ans s'est faite autour de sa personne ; cette enfant singulière avait besoin de recueillement pour apprendre à se connaître ; tant d'articles de revues, tant de curieux pressés autour d'elle, l'ont incitée à forcer sa nature. Aussi, de même que sa maîtresse avait pris pour méthode de lui parler comme à une enfant normale, jouissant de l'étonnement qu'elle causait, elle a continué à parler et à écrire comme une personne qui voit et qui entend. Ce psittacisme, qui à des degrés divers menace tous les hommes, et notamment les Méridionaux, natures trop mobiles, rend toujours l'introspection en matière d'émotions esthétiques très délicate. Il faut redouter toujours ses pièges quand nous cherchons à reconnaître dans quelle mesure le toucher peut suppléer la vue dans la jouissance esthétique car l'aveugle dont l'imagination est vive s'y trouve particulièrement exposé. A mon gré, il ôte toute valeur au témoignage d'Helen Keller qu'on a trop prisé.

Elle parle avec cette complaisance des impressions esthétiques que son toucher lui vaut, non seulement dans la sculpture, art de la vue, mais encore dans la musique[1]. Il est exact qu'une marche militaire, que la valse du *Beau Danube bleu* et la *Marche funèbre* de Chopin éveillent en elle des impressions différentes. En posant simplement la main sur le piano, non seulement elle est capable de battre la mesure avec

---

[1]. Sur ce second point, nous sommes renseignés avec beaucoup plus de précision grâce à M. le professeur Stern.

l'autre main, mais son visage exprime, nous assure-t-on, des sentiments qui varient avec le caractère du morceau exécuté et qui s'harmonisent passablement avec lui.

Il faut conclure incontestablement de ces faits qu'Helen Keller a le sentiment du rythme, et cela ne nous surprend pas puisque nous savons que, comme la plupart des aveugles-sourds, elle perçoit par le toucher les vibrations sonores. Le sentiment du rythme, en effet, relève essentiellement du toucher, il est l'un des principes de la danse. Mais on prétend aller au delà. Helen Keller a, par le toucher encore, quelque impression de la hauteur des sons. On a constaté qu'elle distingue deux accords identiques frappés à trois octaves de distance ; et, pour peu qu'on ait pris soin de lui dire, après avoir frappé l'un de ces accords, « celui-ci est le plus haut », elle le reconnaît ensuite comme le plus haut. N'est-ce pas là un élément d'impressions vraiment musicales? En vérité j'en doute fort. Qu'il soit possible d'exploiter ce sentiment qu'elle possède de la hauteur des sons et de combiner des excitations tactiles provenant de vibrations acoustiques plus ou moins nombreuses, de manière à faire éprouver à un aveugle-sourd des impressions plus ou moins agréables, je ne le nie pas, je l'ignore. Mais en vérité cet art-là n'aurait rien de commun avec l'art de la musique. Les combinaisons qui plairaient au toucher pourraient produire à l'oreille l'impression de cacophonie et de charivaris insupportables. Ce n'est pas la musique des entendants, mais une musique particulière et qui n'est pas de la musique, ou qui n'en est que par accident, qu'il faudrait composer pour donner satisfaction à cette faculté de discerner par le toucher la hauteur des sons. La musique est un composé de sensations tactilo-auditives qui constituent le rythme, et de sensations exclusivement auditives. Helen Keller ne perçoit que les premières, et lorsque la valeur émotive du rythme n'est pas trop transformée par la qualité auditive des sons, elle a une impression très appauvrie, mais juste, du morceau qu'on exécute en sa présence. La musique très simple de nombre de peuplades sauvages emprunte presque toute son expression au rythme. Celle-ci est de la musique tactile, presque entièrement accessible à un aveugle-sourd. Mais plus la musique se complique et devient savante, plus l'élément rythmique passe au second plan, au point de ne plus jouer qu'un rôle d'adjuvant et souvent même d'être profondément modifié dans sa valeur esthétique par les combinaisons d'impression auditives qui s'y superposent. Quand Helen Keller définit la *Marche funèbre* de Chopin qu'on vient de lui jouer, par le terme de berceuse (lullaby), on comprend très bien, en isolant le rythme du morceau, et spécialement le rythme de la seconde partie, qu'elle l'ait ainsi sentie, et de son point de vue on approuve sa définition ; mais on voit aussi que l'œuvre de Chopin lui échappe fatalement, et que le toucher ne peut prétendre à suppléer que très pauvrement les autres sens dans leurs fonctions esthétiques.

IV

Dans la sculpture nous pouvons distinguer des éléments de trois sortes : les éléments proprement expressifs, attitudes, gestes, qui sont les signes non conventionnels mais naturels ou si l'on veut les manifestations plus encore que les signes des passions ou des sentiments que l'artiste veut traduire. Certaine crispation du visage exprime la colère et en suggère les émotions parce qu'elle résulte de contractions habituellement provoquées par la colère. En second lieu, des éléments subjectifs, combinaisons de lignes destinées à plaire aux yeux, et qui suggèrent des états d'âme, mais qui n'expriment pas des sentiments. Enfin la ressemblance qui, dans un très grand nombre d'œuvres est, elle aussi, une condition nécessaire de la beauté.

Pour ce qui est des éléments expressifs ils consistent en mouvements dont la valeur esthétique peut, nous l'avons vu, être connue par le toucher. L'aveugle a, comme le clairvoyant, conscience des gestes qu'il fait sous l'empire des émotions. Il hausse les épaules et il lève les bras en l'air quand le dédain ou la stupeur l'y poussent. Les mêmes gestes reconnus dans une statue évoqueront en lui des sentiments conformes. Un enfant aveugle de treize ans, sur la demande de son professeur de modeler en cire un voyageur qui, fatigué d'un long chemin, s'assied sur le bord de la route, imagine de lui-même de le représenter les deux mains posées sur ses genoux. Il obtient ainsi une attitude expressive et montre que les gestes pour lui aussi parlent une langue intelligible, que la sculpture par conséquent pour l'aveugle n'est pas lettre morte. De même l'invention d'une scène dramatique sculpturale pourrait être fort bien l'œuvre d'un aveugle, et il lui est parfaitement possible d'imaginer les gestes expressifs d'un dompteur en présence du lion qu'il maîtrise, ou de donner des attitudes de douleur aux membres d'une famille groupés autour d'un cercueil.

Et pourtant, même pour ces éléments expressifs qui lui sont de beaucoup le plus accessibles, combien sont défavorables les conditions dans lesquelles l'aveugle peut faire son éducation esthétique! D'abord, s'il saisit le geste en gros, les nuances les plus fines risquent de lui échapper. Un demi-millimètre de plus ou de moins dans la hauteur d'une épaule n'est pas une circonstance indifférente pour l'œil, et le doigt ne la perçoit pas. La valeur expressive d'une statue peut en être modifiée cependant.

Mais surtout la gamme des attitudes et des gestes

que l'aveugle interprète spontanément, dont il sent la résonance en lui-même, est en général peu étendue. En effet, l'expression de la physionomie et du geste est nourrie par la vue. Non seulement elle s'enrichit par l'imitation, mais d'ordinaire elle se dégrade lorsqu'elle n'est pas soutenue par le sentiment que nous avons de sa valeur visuelle, et par l'encouragement que lui donne le regard d'autrui. C'est ainsi que l'aveugle, à mesure qu'il s'éloigne de la spontanéité enfantine, se déshabitue peu à peu de toute mimique, même de la plus discrète, et que son visage devient si souvent impassible et inexpressif. Ainsi, tandis que les autres peuvent enrichir par l'imitation leur gesticulation naturelle, lui au contraire l'abdique progressivement faute d'en sentir la valeur, et cela au point que s'il se reprend, dans des circonstances particulières, à mimer sa pensée, ses mouvements deviennent contraints et sonnent faux.

Cette désaccoutumance de ses propres mouvements expressifs ne l'empêcherait pas de comprendre et de goûter la représentation sculpturale des passions s'il était renseigné par la vue sur les mouvements des autres et s'il pouvait substituer à la gamme des impressions perçues du dedans une gamme d'impressions reçues du dehors : un voyant devenu gauche ou emprunté dans ses gestes par l'effet de la timidité peut être néanmoins un excellent sculpteur. Mais il n'est pas possible de toucher constamment les gens qui vous entourent. L'éducation de l'aveugle ne se fait donc pas. Puisque, dans la solitude où il vit, le sens musculaire est sa seule ressource, l'inaction à laquelle ce sens s'abandonne ruine l'espoir qu'il pourrait avoir de goûter profondément la beauté des œuvres sculpturales.

Les deux mêmes motifs, manque d'éducation des gestes et imprécision des données du toucher, ne lui permettent pas d'être plus que médiocrement sensible à la ressemblance. Ici encore bien des détails significatifs pour l'œil échappent au doigt le plus inquisiteur, et, fussent-ils tous perceptibles, il faudrait pour les apprécier une habitude de palper les visages qui est incompatible avec les usages de la vie sociale. Chacun au reste s'avance plus ou moins dans cette voie suivant ses aptitudes et suivant son exercice. Tout aveugle peut fort aisément distinguer les traits caractéristiques du lion, du tigre, du chat, et en général des animaux qu'on distingue d'ordinaire comme espèces plutôt que comme individus. A l'intérieur de chaque espèce, et surtout à l'intérieur de l'espèce humaine, beaucoup d'aveugles peuvent encore connaître plusieurs genres de physionomies, caractérisés par tel ou tel trait distinctif, en nombre d'ailleurs variable. Je n'ai rencontré aucun aveugle qui fût capable de distinguer ce qu'il y a de plus individuel dans un visage sculpté.

Et quant à ce que j'ai appelé l'expression subjective en sculpture, bien entendu elle est grandement entravée elle aussi par les mêmes difficultés : elle a son principe dans des associations multiples qui supposent évidemment une très grande expérience des formes. Mais en outre une difficulté nouvelle s'ajoute à celles-là : ce qui est gracieux pour l'œil n'est pas nécessairement gracieux au doigt. La représentation spatiale, en effet, n'est pas exclusivement en cause : un reflet, le rapport entre la ligne et la couleur de la matière employée par le sculpteur, mille circonstances inanalysables entrent ici en ligne de compte. C'est ce qu'expriment fort bien les aveugles qui ont vu quand ils disent : pour goûter cette œuvre il nous faut la transposer, la transporter en quelque sorte, du domaine tactile dans le domaine visuel.

Des expériences persévérantes, à la fois tenaces et sérieusement contrôlées, n'ont jamais été faites à ma connaissance pour voir jusqu'à quel degré quelques aveugles-nés, bien doués sous le rapport du toucher et de l'intelligence, pourraient s'avancer dans la jouissance des chefs-d'œuvre de la sculpture. Les résultats à espérer sont trop disproportionnés avec l'effort qu'ils nécessiteraient. Mais la pratique du modelage qui a pris une si grande extension dans les écoles allemandes nous permet de vérifier par les faits les déductions du raisonnement. Elle prouve que si les aveugles peuvent se faire une idée assez exacte de ce qu'est la sculpture, et la comprendre, il en est extrêmement peu qui soient capables de la goûter, et à ceux-là mêmes beaucoup d'œuvres doivent rester sinon fermées, du moins incomplètement accessibles. Je suis persuadé qu'un monde d'aveugles n'aurait point de sculpteurs, car ce qui frappe surtout dans un milieu d'aveugles abandonné à sa pente naturelle c'est l'indifférence générale pour les œuvres de la sculpture. On objectera l'exemple de l'animalier aveugle Vidal qui a laissé des œuvres justement appréciées. Mais il convient de ne pas oublier que Vidal ne perdit complètement la vue qu'à l'âge de vingt-huit ans, et que jusqu'alors il avait travaillé dans l'atelier de Barye; il s'est donc toujours aidé de ses représentations visuelles[1]. Ce que son exemple nous enseigne, et ce que nous enseignent avec lui tant d'aveugles qui ont fait leur éducation esthétique avant de perdre la vue et qui continuent dans les

---

1. Le sculpteur Etienne Leroux, ami et voisin d'atelier de Vidal, disait que, à mesure que ses souvenirs visuels perdaient de leur intensité, ses œuvres devenaient moins bonnes. Dans les dernières années, il n'arrivait plus à se satisfaire. Il recommençait sans cesse, attribuant ses échecs à des circonstances accidentelles; Etienne Leroux, dont le témoignage est ici d'une si grande autorité, estimait qu'ils provenaient de l'effacement progressif des souvenirs visuels. Je dois cette information à M. Maurice de la Sizeranne, qui la tient d'Etienne Leroux lui-même.

ténèbres, sinon à exécuter des chefs-d'œuvre, du moins à jouir de ceux des autres, c'est que le toucher apprécie les traits d'une statue avec beaucoup plus de précision que ne le pensent d'ordinaire, je ne dis pas les clairvoyants, mais même la plupart des aveugles qui négligent de faire le moindre effort en ce sens. Il nous montre que l'inexpérience des formes est ici beaucoup plus en cause que l'insuffisance du toucher. Reste encore, je le sais, le cas de Kleinhans. Celui-là, nous dit-on, perdit la vue dès sa cinquième année, et pourtant il est l'auteur de crucifix et de bustes nombreux. Mais Kleinhans nous est mal connu et nous sommes habitués à rencontrer tant de légendes qu'il convient de nous méfier. Qui sait dans quelle mesure il était secondé par un aide clairvoyant? Qui sait si, frappé dès l'âge de quatre ans du mal qui devait lui enlever la vue, il ne conserva pas quelque temps après un point de jour suffisant pour faire son éducation? Ces doutes dûment levés, si vraiment les œuvres de Kleinhans émanent d'un aveugle authentique, il y aurait lieu de les étudier pour préciser les conditions dans lesquelles il pourrait exister une sculpture pour les aveugles. Je suis convaincu que les conclusions de cet examen se rapprocheraient de celles que voici : une sculpture d'aveugles emprunterait presque exclusivement ses effets à l'expression objective; elle choisirait les sujets où la ressemblance est facile à saisir, les sujets par conséquent qui s'individualisent par quelque caractère très tranché; elle négligerait les éléments subjectifs qui intéressent l'œil, et peut-être en élaborerait-elle d'autres en échange qui s'adresseraient au doigt.

V

L'architecture, en ce qu'elle laisse plus de place à la rêverie, est, je le crois, accessible à un plus grand nombre d'aveugles; mais elle l'est moins, en revanche, par ses proportions qui semblent défier la main. Les qualités qu'elle met en œuvre sont fort différentes : la sculpture exigeait une extrême finesse du toucher; l'architecture attend tout de la puissance de l'imagination à synthétiser les représentations spatiales.

C'est un fait d'expérience que, chez les aveugles qui ont développé avec soin en eux cette faculté, des œuvres architecturales, clairement décrites et laborieusement reconstruites par l'esprit, parviennent à faire quelque impression. Les esthéticiens de l'architecture admettent en général qu'il y a un élément de beauté dans l'heureuse adaptation d'un bâtiment à sa fin, d'une bibliothèque par exemple aux exigences des services et aux commodités des lecteurs, d'une Université aux conditions de l'enseignement qui y est donné. C'est là un élément presque intellectuel dont nul ne refusera la jouissance à l'aveugle.

Dans une église il aura encore très bien l'impression de l'immensité, et pour la lui donner son image représentative sera singulièrement secondée par les sensations sonores qui viendront la vivifier: bruits des portes indéfiniment répercutés sous la voûte, bruits des voix qui emportent les imaginations sur leurs ailes dans un lointain que nul écho ne borne, voix des grandes orgues surtout qui dilatent notre sensibilité dans toute l'étendue de la vaste enceinte. L'aveugle peut là-dessus se figurer des colonnes sveltes, des ogives élancées assez concrètes pour se donner avec une certaine intensité le sentiment si prenant de la pesanteur vaincue, de l'élan illimité vers l'infini[1].

On pourrait sans aucun doute poursuivre cette énumération qui est faite surtout d'impressions très

---

[1]. Un aveugle italien, M. Romagnoli, a publié un fort intéressant article sur les impressions qu'il a éprouvées en visitant l'église Saint-Pierre de Rome.

individuelles, d'impressions que le sujet crée presque plus qu'il ne les reçoit. Elles ont ce trait commun, en effet, de ne pas nécessiter une représentation parfaitement précise, de demander à l'œuvre seulement une excitation, une secousse initiale. Passer de ces émotions quelquefois fortes, mais un peu flottantes, à des émotions plus particulières, propres à chaque œuvre architecturale, est chose difficile. D'abord dans les combinaisons de lignes architecturales elles-mêmes, surtout lorsqu'elles s'enrichissent d'ornementations sculpturales, il y a sans aucun doute des éléments de plaisir esthétique qui ne concernent que l'œil, que le toucher le plus parfait ne pourrait connaître, qui échapperaient même à une main grande comme une église et dont la sensibilité tactile serait, sur toute sa superficie, égale à la sensibilité de la pulpe des doigts. Mais même à ne considérer que les rapports purement spatiaux qui sont de beaucoup l'essentiel, le travail qu'il faut faire pour bâtir la représentation de l'édifice fatigue l'esprit et émousse la sensibilité. De plus, figurer avec précision dans l'ensemble chacune des ornementations architecturales, donner à chaque détail sa juste proportion, sont des tâches qui présentent des difficultés dans bien des cas presque insurmontables. Sans doute, le voyant lui non plus ne perçoit pas tous les détails simultanément dans une égale lumière de la concience ; il opère une sélection ; mais cette sélection même, qui est commandée par des goûts esthétiques et qui varie avec ces goûts, suppose la possibilité d'embrasser un vaste ensemble ; et sa liberté croit à mesure que croit l'ensemble embrassé. Dans cette faculté chez l'aveugle de réaliser des ensembles, il n'y a d'ailleurs nulle part un point d'arrêt fixe et tout effort peut espérer sa récompense. Théoriquement du moins de grands progrès sont possibles puisque, ici comme dans la sculpture, l'obstacle vient beaucoup moins de l'insuffisance des moyens de perception (toucher et imagination spatiale), que d'une expérience trop pauvre des formes, par conséquent, d'une absence d'éducation. Un aveugle qui ferait des représentations architecturales son étude particulière arriverait peut-être à s'assurer, je ne dis pas une grande érudition ce qui est relativement aisé, mais peut-être aussi un goût assez délicat et passablement d'accord avec celui du voyant.

En pratique du moins on s'explique que si peu d'aveugles s'intéressent vraiment aux choses de l'architecture, que, je ne dis pas la masse, mais l'élite, même en général, s'y montre aussi indifférente qu'aux choses de la sculpture. Leur incurie habituelle, à ce point de vue, est fondée en raison. Elle doit être corrigée dans la mesure où elle a pour effet une choquante ignorance. Au delà, je ne pense pas qu'il y ait lieu de faire des efforts très considérables pour la combattre. Un aveugle doit se rendre capable de comprendre un clairvoyant qui parle des arts de la vue, de deviner ses sentiments d'après une description commentée. Quelques-uns peuvent davantage peut-être, mais ils restent très loin derrière les clairvoyants. Ils doivent se défendre de la prétention commune à les égaler, du travail d'autosuggestion qu'il occasionne trop souvent et qui adultère si fort les pures jouissances du sentiment esthétique.

VI

Ces réserves (on a pu le deviner déjà et il importe d'y insister) ne concernent que les aveugles-nés ou ceux qui sont assimilables aux aveugles-nés. Chez ceux qui ont perdu la vue après être sortis de l'enfance, qui souvent restent voyants quelques heures par jour dans leurs rêves, la persistance de l'imagination visuelle est parfois telle qu'ils continuent à jouir de la nature, ainsi que des chefs-d'œuvre de la sculpture et de l'architecture à la manière des voyants. Naturellement plus leur sentiment esthétique était éduqué quand les ténèbres les ont enveloppés, plus il a de chances d'être vivace : tel aveugle, frappé dans sa neuvième année, qui a vécu son enfance dans un atelier de sculpteur, est mieux armé peut-être pour animer des statues que tel autre qui a joui de ses yeux jusqu'à vingt ans et n'a reçu aucune préparation artistique. Mais, à quelque degré qu'il subsiste, le souvenir de la vision est précieux pour colorer les paysages, pour faciliter les synthèses architecturales, pour donner plus de vie aux physionomies des bronzes. Surtout la vue a donné à l'esprit cette expérience des formes qui une fois acquise ne se perd plus, et qui est si nécessaire pour cultiver le sentiment esthétique.

On s'étonne de constater quelle intensité conservent parfois les souvenirs visuels, voire après bien des années. Une aveugle écrit :

J'ai perdu la vue à sept ans. M. le Dr Dufour nous disait que toute personne devenue aveugle dans sa première jeunesse perd peu à peu le souvenir des choses visuelles et finit presque infailliblement par les oublier tout à fait. Je ne veux pas discuter les assertions de notre grand oculiste, mais je crois qu'il me faudra vivre un bien grand nombre d'années encore pour oublier les images que mes yeux ont imprimées dans ma mémoire. Je conviens que certains traits se sont affaiblis, certaines perspectives sont devenues un peu vagues, quelques physionomies se sont effacées; mais toutes les choses qui m'ont frappée, toutes celles auxquelles j'ai pris quelque intérêt me sont restées là si distinctes, si vraies, que je suis persuadée que j'éprouverais peu de surprise à les revoir s'il m'était tout à coup donné de les regarder de nouveau. En qualité de campagnarde, c'est des choses de la nature que j'ai composé ma petite collection d'images, trésor dont je me plais souvent à faire la revue. L'aspect de la campagne en ses différentes saisons, les champs couverts de neige où les petits traîneaux s'élancent, les prés à peine verts où se montrent les violettes, les blés qui ondulent, l'eau qui court, les papillons qui voltigent, l'hirondelle qui vole, le ciel où les étoiles s'allument... Ces choses-là peuvent-elles vraiment s'oublier?

M. Campbell, bien qu'il ait perdu la vue à l'âge de trois ans et demi, nous assure qu'il a des visions très vives de la nature. Quand il veut connaître un paysage, il se le fait décrire par plusieurs personnes. C'est de cette façon qu'il a *vu*, nous dit-il, le Niagara, les Montagnes Blanches et les Alpes.

Je sais un aveugle, frappé vers la trentaine d'un décollement complet de la rétine, qui continue à vivre par l'imagination une vie de voyant : il choisit lui-même la couleur de ses tentures, le dessin de ses papiers, l'étoffe et la teinte de ses fauteuils, le style de ses armoires, de ses tables, de ses chaises; il dispose chaque partie de son ameublement en vue d'un effet total; il voit chacune des pièces de sa maison qu'il a ainsi meublées et jouit intérieurement du spectacle qu'il ménage à ses visiteurs. Il revoit à volonté les paysages qui lui étaient familiers, et il en construit aisément de nouveaux. Il a conservé très nets dans son esprit les portraits de tous ses amis[1] et il assure qu'à passer seulement la main sur le visage d'un nouveau venu, il construit immédiatement sa physionomie. Sa profession de masseur l'aide peut-être à entretenir cette précieuse forme d'imagination, comme elle l'aide aussi à entretenir son goût très vif pour les œuvres sculpturales. Il aime à s'en entourer; on les voit sur sa table, sur sa cheminée : elles peuplent vraiment sa solitude.

1. Le besoin de se représenter les physionomies des personnes auxquelles il a affaire est souvent très vif chez l'aveugle qui a joui de la vue. Tel aveugle qui a été frappé de cécité à neuf ans construit le visage du visiteur qu'il écoute d'après les intonations de sa voix et d'après le cours de sa conversation. Il se constitue ainsi une galerie de portraits, souvent bien fantaisistes sans doute, qu'il enrichit à son gré.

CHAPITRE XVI

La poésie.

I

Si nous passons des beaux-arts proprement dits à la poésie, un problème tout autre se pose à nous : nous avions à expliquer pourquoi si peu d'aveugles s'intéressent aux arts plastiques; nous nous demandons s'il n'est pas étrange qu'ils marquent un goût si vif pour la poésie. Les images visuelles, en effet, y tiennent bien souvent une place considérable. Elles y sont non pas un ornement accessoire, mais un moyen d'expression et comme la langue propre du sentiment poétique, l'intermédiaire qui fait passer l'émotion de l'âme du poète dans celle du lecteur. Et d'ailleurs on a tendance à juger que l'imagination manque à l'aveugle, à penser qu'elle se glisse en nous par les yeux avec tout le mouvement et la variété du monde extérieur, et que l'aveugle en est fatalement moins doué que de raison ou de bon sens.

Sur ce dernier point je crois bien que les mots nous trompent : les mots sont responsables de bien des idées fausses qui ont cours de par le monde. Le terme d'imagination recouvre deux idées bien différentes, que la conversation, faute de vocables distincts, ne sépare pas suffisamment : l'imagination des formes, celle qui conserve, reproduit et crée des images concrètes, est en moyenne beaucoup moins développée chez l'aveugle que chez le clairvoyant ; mais l'autre imagination, celle qui s'intéresse aux combinaisons d'événements et de caractères réagissant les uns sur les autres, celle qui bâtit des vies humaines ou qui jouit de leur spectacle, celle-là n'attend rien de la vue. Elle est faite de sensibilité, de fine intelligence, de mobilité dans la pensée, de souplesse à revêtir toutes les conditions humaines, d'expérience, de curiosité à tout comprendre et à tout goûter, d'aspirations vers l'idéal et le merveilleux ou de passion pour le réel : elle est le lot de l'aveugle tout autant que du clairvoyant.

Il suffit d'avoir fréquenté une école d'aveugles pour savoir que, parmi les lectures qui leur sont faites, celles-là sont particulièrement goûtées des élèves qui parlent le plus à l'imagination. Ils sont en cela semblables aux jeunes gens de leur âge. Le cas d'Helen Keller est ici encore très instructif. Puisqu'elle a bâti sa vie intellectuelle avec un si petit nombre de données sensibles, on serait tenté de croire que, bien plus encore qu'un aveugle-entendant, elle ne manie que des abstractions, que son esprit ne procède que par déductions logiques. Or Helen Keller s'est montrée rebelle à l'étude des mathématiques, non qu'elle soit incapable d'y faire quelques progrès, mais, dans ce que M. son appelait le globe intellectuel, ses goûts la portent aux antipodes des sciences abstraites. Les études littéraires, qui ont fait d'elle ce qu'elle est, l'ont toujours enchantée, et les grands chefs-d'œuvre de l'esprit humain, où l'imagination a une part dominante, ceux des Shakespeare, des Gœthe, des Schiller, lui ont fourni l'aliment quotidien de son cerveau. Elle y a puisé des joies profondes. Sa pensée est toute faite d'imagination et d'enthousiasme. En entrant à l'Université de Harvard, sa déception a été grande. Elle s'est sentie de prime abord rebutée par les méthodes précises au moyen desquelles on cherche aujourd'hui à mieux comprendre les œuvres du passé, la critique des textes, les commentaires philologiques et historiques, tout cet appareil scientifique qui risque de briser l'émotion et qui fait passer au premier plan l'élément intellectuel. Tout ce labeur lui a paru glacial et vain. Avec beaucoup de naïveté, mais avec une véhémence significative, elle nous assure que pour une grande œuvre le meilleur des commentateurs est une sensibilité vive et pénétrante. Elle lit avec son imagination et sa sensibilité plus qu'avec sa raison, ou plutôt, si l'on veut, sa raison est tout imprégnée d'imagination.

La prédilection que, parmi toutes les œuvres d'imagination, elle manifeste pour la poésie, a sans doute le même fondement. Evidemment c'est par sa substance que la poésie la séduit, beaucoup plus que par les qualités sensibles qui distinguent le vers : à laisser de côté les éléments visuels sur lesquels nous reviendrons, la musique du vers n'a dû lui être que difficilement et très incomplètement accessible, dans la mesure seulement où le toucher peut en saisir le rythme.

II

L'aveugle-entendant a sur Helen Keller, qui goûte déjà si vivement la poésie, l'avantage incomparable de jouir pleinement des éléments musicaux du vers et de la strophe. On sait quelle en est la prodigieuse puissance d'expression pour une oreille sensible. La musique et la poésie n'ont qu'un seul dieu, disait Shakespeare.

On a érigé l'aveugle en juge particulièrement averti de la forme poétique. On a allégué, à l'appui de cette thèse, le cas d'aveugles de langue allemande découvrant avec une remarquable sûreté des vers qui se dissimulent dans un morceau de prose, ou s'entretenant parfois durant un assez long temps en quinquennaires ïambiques ou en quarternaires trochaïques d'une forme irréprochable. L'idée d'une supériorité de l'aveugle à ce point de vue me trouve sceptique, je l'avoue, comme d'ailleurs l'idée de toute supériorité musicale quelle qu'elle soit. Peut-être cependant est-ce la séduction du rythme qui, chez les aveugles dont les aptitudes musicales sont en général cultivées, nous a valu un si grand nombre de versificateurs.

Car parmi eux la manie de rimer sévit rageusement, plus, certainement, à culture égale, que chez les voyants. Comme chez les voyants, d'ailleurs, elle nous vaut une masse d'œuvres d'une lamentable médiocrité. Mais l'imitation et le psittacisme produisent ici des effets exceptionnellement choquants : les vides de l'inspiration se manifestent trop souvent par un amas d'épithètes visuelles qui sonnent faux. Sous une forme plus raffinée, on retrouve la même indigence chez des versificateurs qui, comprenant le défaut qu'on leur reproche, se donnent pour tâche à grand effort de travail d'éviter les épithètes visuelles ou de les regratter lorsqu'elles leur échappent, et pensent avoir fait œuvre poétique s'ils réussissent ce petit exercice de patience.

Mais tous ne sont pas de cette espèce. Des recueils lyriques de quelques-uns il serait possible d'extraire une petite anthologie où l'on placerait de préférence les pièces qui nous disent les amertumes de la cécité, ses déceptions, ou encore les joies et les espoirs qui la consolent, qui permettent à ses victimes de se reprendre au désir de vivre. On aurait de la sorte une œuvre d'un intérêt psychologique réel, où ne feraient pas défaut des vers d'un sentiment sincère et d'une expression délicate. Voici la plus frappante sinon la meilleure des pièces de Mme Galeron de Calonne, la poétesse sourde-aveugle bien connue :

QU'IMPORTE ?

Je ne te vois plus, soleil qui flamboies,
Pourtant des jours gris je sens la pâleur ;
J'en ai la tristesse : il me faut tes joies.
Je ne te vois plus, soleil qui flamboies,
    Mais j'ai ta chaleur.

Je ne la vois plus, la splendeur des roses,
Mais le ciel a fait la part de chacun :
Qu'importe l'éclat ? J'ai l'âme des choses.
Je ne la vois plus, la splendeur des roses,
    Mais j'ai leur parfum.

Je ne le vois pas, ton regard qui m'aime,
Lorsque je le sens sur moi se poser.
Qu'importe ? Un regret serait un blasphème :
Je ne le vois pas ton regard qui m'aime,
    Mais j'ai ton baiser.

Mes yeux sont fermés, mais qu'importe l'ombre ?
J'ai trop de rayons et j'ai trop de jour
Pour qu'il puisse faire en moi jamais sombre.
Mes yeux sont fermés mais qu'importe l'ombre,
    Puisque j'ai l'amour ?

L'œuvre du poète anglais Blacklock n'est que médiocrement originale, et ne tranche pas cette question souvent débattue : peut-il exister un grand poète aveugle ? Je ne me hasarde pas à parler du poète Aboul Ola, aveugle lui aussi, dont les Arabes font, paraît-il, grand cas. Qu'il apporte ou non un témoignage décisif, bien que les moyens d'expression de l'aveugle soient relativement limités, ma réponse sera affirmative : quand on songe à certaines pièces de Lamartine, à ces pièces dont l'orchestration est si puissante, dont le sentiment et la musique font tout le prix, où la vue n'est pour ainsi dire pas intéressée, on se persuade aisément qu'un poète aveugle pourrait fort bien surgir quelque jour et réaliser la merveille que durant tant de siècles l'humanité a attribuée au vieil Homère. Il ne tiendrait pas à sa cécité, nous l'avons vu, qu'il ne fût richement doué de sensibilité et d'imagination.

C'est s'illusionner étrangement que de croire, comme on le fait souvent, que le style de l'aveugle, en vers ou en prose, est fatalement abstrait. Lisez la page de Flaubert, déjà citée par Guyau : elle est d'une richesse sensorielle, je dirais volontiers d'un coloris remarquable, et pourtant vous n'y trouverez pas une impression visuelle, rien qu'un aveugle-né n'ait pu éprouver et écrire.

Elle sortit. Les murs tremblaient, le plafond l'écrasait ; et elle repassa par la longue allée en trébuchant contre les tas de feuilles mortes que le vent dispersait... Elle n'avait plus conscience d'elle-même que par le battement de ses artères, qu'elle croyait entendre s'échapper comme une assourdissante musique qui emplissait la campagne. Le sol sous ses pieds était plus mou qu'une onde... Elle ne se rappelait point la cause de son horrible état, c'est-à-dire la question d'argent. Elle ne souffrait que de son amour et sentait son âme l'abandonner par ce souvenir, comme les blessés, en agonisant, sentent l'existence qui s'en va par leur plaie qui saigne.

III

Mais, qu'un voyant goûte sans effort la poésie d'un aveugle, on le conçoit sans peine : avec ses cinq sens il ne laissera rien échapper des impressions fournies par quatre sens ; au plus risque-t-il de les trouver un peu maigres à la longue. Mais la réciproque est-elle vraie ? Avec ses quatre sens l'aveugle réalisera-t-il toute la somme d'impressions que le voyant a déposées dans son poème, qu'il y a inscrites en une langue formée des données de cinq sens ? Et le déchet pour lui ne sera-t-il pas d'autant plus grand que le sens qui lui manque joue souvent le rôle principal dans l'expression poétique ? On a maintenu que, pour un aveugle, seule la poésie d'un aveugle possède toute sa puissance d'évocation.

Une simple constatation de fait servira de réplique : j'ai observé que Victor Hugo, le grand visuel, est très goûté des aveugles, j'oserais presque dire plus goûté même que Lamartine.

Un poème n'est pas une somme définie d'impressions déterminées, qui se transmet, toujours égale à elle-même, de lecteur à lecteur, et dans laquelle les données de chaque sens sont représentées par une fraction fixe. S'il en était ainsi, la puissance émotive d'une pièce de Hugo serait pour un aveugle réduite dans la mesure précise où le poète aurait traduit son émotion en images visuelles. Un poème est un excitant de nos facultés de sensibilité et d'imagination. C'est un canevas que chacun de nous remplit de broderies selon son goût. Nous le sentons avec notre imagination, avec notre sensibilité, non avec l'imagination et la sensibilité du poète. En lisant, nous sommes créateurs autant que spectateurs. L'aveugle substitue ainsi, je ne dis pas à toutes les images visuelles, mais à une bonne partie d'entre elles, des équivalents qui lui permettent de n'en pas perdre le fruit.

Et d'abord, lorsqu'il s'agit simplement d'une évocation de formes, quelques remarques nous suffiront à montrer que, contrairement à ce qui se produit pour la sculpture et pour l'architecture, les représentations spatiales issues du toucher et les images musculaires suffisent à cette substitution.

Les images spatiales qui, nous l'avons vu, chez beaucoup d'aveugles jaillissent avec une extrême fertilité, ont, sans doute, beaucoup de peine à acquérir la complexité et la précision auxquelles l'image peut prétendre quelquefois ; mais ici ce défaut n'est pas de grave conséquence car les images visuelles qu'évoquent les poètes sont en général chargées de peu de détails. A la différence du peintre, du sculpteur, de l'architecte, dont les œuvres sont embrassées d'un seul coup d'œil, le poète, en effet, parce que les mots décrivent les objets pièce à pièce, est réduit à analyser sa perception précisément comme le toucher analyse les représentations spatiales pour la conscience de l'aveugle. Il ne peut donc qu'exceptionnellement imposer à son lecteur un travail de construction qui serait long et pénible. Il se contente par suite des représentations communes évoquées d'un mot et dans lesquelles il fait saillir seulement un ou deux traits particuliers. Hugo lui-même, comme M. Huguet l'a bien montré, Hugo, le puissant visualisateur, simplifie la forme des objets et ramène les lignes à certains types géométriques très nets.

Ainsi, pour peu qu'il ait su acquérir par une éducation appropriée une connaissance suffisante du monde extérieur, l'aveugle se représente fort bien tous les objets auxquels le poète demande des métaphores. Il en recueille toute la poésie, non seulement lorsqu'elles ont une valeur presque exclusivement symbolique et en quelque sorte intellectuelle (cas fréquent même chez les plus grands écrivains), mais même lorsque, valant par elles-mêmes, par les multiples associations qu'elles suscitent, par la masse d'impressions confuses que leur image éveille de toutes parts dans la conscience, elles demandent à être imaginées fortement dans leur ensemble. Prenez tout le recueil de métaphores dressé par M. Huguet pour étudier le sens de la forme chez Victor Hugo, je ne vois rien là ou à peu près qui échappe à un aveugle. Ne concluons pas de ce que nous avons dit des difficultés que présente l'architecture que les métaphores architecturales, si goûtées de Hugo, sont perdues pour lui : quand Hugo compare une forêt à une église il est clair qu'il ne demande pas à son lecteur de dresser dans son imagination une image précise d'une église déterminée ; il évoque les colonnes que figurent les arbres, la voûte que les feuillages entre-croisés forment au-dessus de nos têtes, le mystère religieux que le silence nous rend sensible ; mais il n'invite pas à finir dans tous ses détails l'image ainsi estompée. Il fait appel à toutes les puissances de rêverie que porte en soi le dessin architectural, aux éléments précisément qui, dans l'art de l'architecture, sont le plus accessibles à l'aveugle. J'en dirai autant des paysages : chez Hugo, s'ils ne comportaient pas la couleur et la lumière, s'ils n'étaient définis que par leur forme, l'aveugle les réaliserait très complètement.

Sans cesse, autour des vastes pensées qu'il agite, Hugo ouvre soudain d'immenses horizons où plonge avec saisissement l'œil de son lecteur. Il élargit constamment ou restreint l'espace concret dans lequel nous baignons, et ces échappées de lumière, ces effets d'étendue, si l'on peut ainsi s'exprimer, sont l'un des procédés habituels par lesquels il donne à son style l'allure épique. Ils ne sont pas perdus pour l'aveugle. C'est là encore une espèce d'images que l'espace tactile permet de réaliser sous une forme assez concrète dans leur imprécision pour agir fortement sur la sensibilité. L'aveugle a parfois le sentiment de cieux éperdument ouverts ; il en sent aussi d'autres voilés et étouffants au-dessus de sa tête ; il imagine des horizons indéfiniment reculés autour de lui, et il en imagine d'autres tout proches, limités de nuages qui resserrent la pensée sur elle-même. Il est dilaté par les uns, comprimé par les autres.

Les termes mêmes qui se présentent à nous pour traduire ces impressions indiquent que probablement des images musculaires se joignent en elles aux pures représentations spatiales. Il est au reste toute une classe d'images visuelles, en poésie, auxquelles les images musculaires servent de substitut naturel : ce sont celles qui figurent des mouvements, spécialement des gestes et des attitudes du corps. Elles tiennent dans la poésie comme dans les arts une place considérable. Mais, tandis que la sculpture les arrête en un point déterminé, la poésie se contente de les suggérer; elle les esquisse et laisse à l'imagination la liberté de les achever à sa guise. On conçoit de combien ils en sont plus prenants pour l'imagination de l'aveugle toujours médiocrement plastique et qui sent les mouvements par le dedans plutôt que par le dehors. Non seulement tous les mouvements du corps humain, mais encore ceux des animaux et ceux de tous les objets que la poésie anime de sa baguette enchantée, ont en quelque sorte deux faces et sont susceptibles d'une double interprétation. Je lis par exemple les jolis vers de Jean Aicard que voici :

> Sois un abri sûr à mon rêve,
> Un nid doux et tiède, où mes vers
> Attendront, non loin de la grève,
> Que leur aile au vent se soulève
> Pour s'en aller par l'univers.

Ce coup d'aile si gracieux des vers qui prennent leur vol à travers l'espace peut être perçu de deux manières. Pour les uns il s'estompe sous forme d'image visuelle; pour les autres il est senti comme une impression musculaire. Le voyant choisit d'ordinaire la première interprétation et donne au tableau d'ailleurs plus ou moins de relief selon la puissance de son imagination visuelle; l'aveugle est porté vers la seconde.

Elles ne sont pas d'ailleurs en opposition l'une avec l'autre et l'émotion du geste peut être sentie aussi vivement dans les deux cas. La valeur d'une image visuelle est conditionnée par les impressions de tout genre qu'elle synthétise, par les expériences gustatives, olfactives, tactiles, etc., dont le souvenir la pénètre, la colore et qu'elle résume en quelque sorte. Dans le cas qui nous occupe les impressions musculaires en constituent d'ordinaire l'essentiel ; elles en font le suc, et généralement les impressions du voyant et de l'aveugle, bien que produites par des processus différents, ont de grandes chances d'être moins éloignées les unes des autres qu'on ne serait d'abord tenté de le croire.

Pour être mieux compris j'ai choisi à dessein un exemple dans lequel l'image visuelle est peu précise et cède facilement la place à une image musculaire ; mais je crois que chez l'aveugle, en règle générale, ce genre de substitution s'étend très loin. Il s'étend même aux choses que le poète n'anime pas à proprement parler, mais dont un anthropomorphisme inconscient permet d'assimiler les mouvements à nos propres mouvements, je dirais presque qu'il s'étend à toutes les choses qui bougent. Des impressions musculaires confuses me semblent rendre aussi sensibles, pourquoi ne pas dire aussi pittoresques, pour un aveugle-né que pour un voyant, des vers comme ceux-ci :

> Et, souple au gré des vents
> Sa robe sur son corps se moule en plis vivants.

IV

Tout cela revient à dire que l'aveugle goûte la poésie du voyant avec sa propre expérience, et que la réalité telle qu'il la perçoit peut être, comme la réalité du voyant, tout imprégnée de poésie. Les mots correspondent à des synthèses sensorielles qui varient avec les individus : comme tous les lecteurs, l'aveugle substitue ses propres synthèses à celles du poète ; sans doute elles sont infléchies, modifiées par le poète qui fait saillir tel ou tel caractère, elles ne sont pas transformées.

Quand le caractère de l'objet qui est mis en relief et dont jaillit la poésie est un caractère purement visuel, dans le cas, par exemple, d'une métaphore dont la force réside non plus dans sa forme, mais soit dans sa couleur, soit dans la lumière où elle baigne, il est clair que la lacune ne pourra jamais être comblée. Elle donne lieu toutefois à un travail psychologique qu'il est curieux d'observer.

L'imagination de l'aveugle ne laisse pas de s'attaquer à ces objets mystérieux. Elle les bat de sa curiosité tenace jusqu'à ce qu'elle leur ait enlevé quelque chose de leur secret. L'aveugle surprend parfois si fort le clairvoyant par la justesse et la précision avec lesquelles il lui arrive de parler des choses de la vision, qu'on s'est quelque fois demandé si les notions de couleur et de lumière ne nous sont pas innées, transmises par l'hérédité comme un patrimoine acquis. Sans nous arrêter à cette hypothèse, notons la force intuitive de l'intelligence humaine, et comme elle sait parfois s'aider de subtiles et ingénieuses analogies pour approcher le but qu'elle ne saurait atteindre.

De fait, il arrive souvent que les impressions visuelles ne sont pas complètement perdues pour l'aveugle. Jamais sans doute il n'en goûte la moindre parcelle en sa pureté, mais au moyen d'équivalents il les approche d'assez près pour en cueillir en partie l'émotion. Ce sont celles surtout, je crois, qui impliquent la perception moins des sensations elles-mêmes, que d'un rapport entre ces sensations. Un rapport analogue, perçu entre des sensations autres que celles de la vue, entre des sensations acoustiques, par exemple, qui par leur complexité se rapprochent le plus de celles de la vue, pourra souvent tant bien que mal en tenir lieu. Les notions d'éclat, de demi-jour, de couleurs graduées, toutes notions que les poètes expriment parfois eux-mêmes par des termes empruntés aux langages des sens autres que la vue, ont ainsi une valeur poétique pour lui comme pour le voyant. Ne dit-on pas : un éclat tapageur? une gamme de nuances? l'épaisseur des ténèbres? Ne parle-t-on pas des ruissellements de lumière?

L'aveugle-né a autre chose que des mots dans la conscience quand il lit ces vers de Hugo :

> Comme brillent sur l'eau des nocturnes nacelles
> Ou comme, de fenêtre en fenêtre, on peut voir
> Des lumières courir dans les maisons le soir.

ou encore :

> Et mon camp éblouissant à voir
> Qui, la nuit, allumait tant de feux qu'à leur nombre
> On eût dit que le ciel, sur la colline sombre,
> Laissait ses étoiles pleuvoir.

Il éprouve une impression qui est susceptible d'atteindre à une réelle intensité. C'est que tout se ramène ici à des contrastes de lumière et d'ombre. On sait si, surtout à partir des *Contemplations*, ils se feront violents et constants chez Hugo. Ils parlent un langage intelligible à l'aveugle peut-être parce qu'à son insu il les compare à des contrastes de silence et de grand bruit.

La brutalité de l'éclair a, elle aussi, ses équivalents acoustiques, et j'en dirai autant d'un jaillissement d'étincelles dont la fréquence et l'éclat peuvent se traduire musicalement. L'épithète obscure qui s'accole si fréquemment aux forêts n'est pas seulement susceptible d'une transposition dans le langage acoustique, elle semble même pouvoir être transportée dans le domaine tactile : les impressions de la peau sont tout autres sous la tenture fraîche des feuillages et dans l'atmosphère ensoleillée des jours clairs. Le rayonnement de la chaleur donne une idée très nette de ce que peut-être le rayonnement de la lumière, et, joint à des notions qu'il est facile d'acquérir, permet à l'aveugle de se figurer assez exactement ce qu'est le champ de la vision.

Ces matériaux acoustiques et tactiles qui ne sont que des moyens d'interprétation n'affleurent pas dans l'imagination. Par eux-mêmes ils sont indifférents. Ils constituent seulement le substratum inconscient, si accessoire qu'il est difficilement analysable, d'émotions qui, seules intéressantes, se montrent seules sur la scène de la conscience.

Ne dirait-on pas que la page que voici est d'un visuel? Je la traduis d'un ouvrage de M. Oskar Baum, romancier allemand de grand talent qui a perdu la vue à l'âge de trois ans, et qui, de sa première enfance, n'a gardé aucun souvenir de vision. Elle nous montrera jusqu'où va quelquefois chez l'aveugle l'imagination des choses de la vue[1].

Les heures du jour que Friede aimait par-dessus toutes les autres c'étaient, vers la fin du printemps, les heures de cinq à sept, quand le soleil allait disparaître. Alors, en quelque lieu qu'il fût, chez lui ou chez des amis, immobile il regardait, les yeux fixes, une tache de soleil sur le sol ou sur un mur. La danse des poussières d'or étincelantes, qui n'aveuglaient plus déjà et qui progressivement devenaient plus pâles, blafardes, comme voilées, un tissu d'or très subtil agité d'un mouvement tremblotant, voilà ce qu'il aimait. Et quand le scintillement diminuait sur la tache

---

1. Oskar Baum, *Das Leben im Dunkeln*, Berlin, Urel Juncker, 1909, p. 7. On excusera les imperfections d'une traduction que j'avais le devoir de faire aussi littérale que possible. Il est à propos d'avertir le lecteur que Friede, le héros du roman, est en train de perdre la vue.

jaune, lentement il levait les paupières et faisait glisser ses regards le long des rayons du soleil pour y trouver toujours de plus en plus d'or, une danse de plus en plus rapide. Toujours plus vaste et plus houleuse la mer de lumière s'enflait, traversée par instants de corpuscules argentés; qui brillaient d'un éclat de plus en plus vif à mesure que l'œil s'aventurait plus haut. Le flot de lumière vive n'était pour ainsi dire plus supportable. Alors il allait tout contre la fenêtre. Dans une dernière tension de son être il rabattait ses lunettes et fixait ses prunelles pendant un imperceptible instant en plein dans le flot de lumière.

V

Même lorsque l'aveugle ne peut pas avoir recours à l'analogie pour capter la force émotive des sensations visuelles, son esprit ne demeure pas passif et elles ne sont pas pour lui comme si elles n'étaient pas.

Les termes rouge, clair, blanc, qui n'ont qu'une signification visuelle, ne se réduisent pas pour lui à de simples sons. Peu à peu, à la faveur de l'expérience et d'une ample lecture, des associations d'idées se sont formées autour d'eux qui ont fini par leur donner un contenu. Si vous prononcez en présence d'un aveugle ces mots « une robe claire », même sans les accompagner d'aucun contexte, l'impression produite en lui n'est pas du tout identique à celle que produiraient ces autres mots : « une robe noire ». Les rayons du soleil, les chants joyeux des jours de fête, l'allégresse légère des soirs de bal ont fini par pénétrer et par imprégner l'idée de la robe claire; les larmes des jours de deuil ont assombri la robe noire. Je sais un enfant aveugle de onze ans qui, le jour de sa première communion, était ému dans tout son être, à la pensée, je dirai presque à la sensation, que tant de petites filles dont il longeait les rangs, étaient toutes, des pieds à la tête, vêtues de blanc : tant le mot blanc avait emprunté une vertu magique aux idées, toutes-puissantes ce jour-là, de candeur, de pureté, d'innocence.

Ces associations qui donnent un contenu émotif aux termes visuels nous expliquent, sans le justifier le moins du monde d'ailleurs, que les poètes aveugles fassent un usage parfois si étendu de mots qui ne peuvent avoir de sens que pour les voyants. Ils n'en seraient pas tentés si ces mots n'avaient pour eux aucune valeur sentimentale. A force d'entendre dire que les raisins brunissent, Helen Keller a fini par enfermer dans le mot brunir toute la saveur du raisin parvenu à son plus haut degré de maturité. Elle y retrouve tout ce qu'elle y a déposé de sensations olfactives, gustatives ou tactiles, tout ce qu'elle a pu y déposer aussi de sentiments.

Ce travail d'association est singulièrement favorisé par la poésie. Dans la poésie, en effet, l'image visuelle est rarement indifférente; elle s'accompagne, en général, d'images sensorielles d'un autre ordre, et surtout d'un cortège de sentiments qui la commentent, qui l'éclairent, qui la rendent significative même pour l'aveugle. Guyau a fort bien dit : « Pour que la représentation par le poète d'une sensation visuelle, indifférente en elle-même, produise tout son effet sur l'esprit du lecteur, il faut alors que celle-ci soit environnée de sensations moins passives, et mêlée à des sentiments moraux. » Ces sensations moins passives et ces sentiments moraux illuminent pour l'aveugle l'image visuelle. Lisez une phrase comme celle-ci ; elle est de Flaubert :

> Ils ne se parlaient pas, trop perdus qu'ils étaient dans l'envahissement de leur rêverie. La tendresse des anciens jours leur revenait au cœur, abondante et silencieuse comme la rivière qui coulait, avec autant de mollesse qu'en apportait le parfum des seringas, et projetait dans leur souvenir des ombres plus démesurées et mélancoliques que celles des saules immobiles qui s'allongeaient sur l'herbe.

Chaque sensation est ici comme la forme matérielle d'un sentiment et le sentiment semble l'exprimer au retour, tant la coïncidence est parfaite de l'un et de l'autre; il semble en doubler l'intensité pour qui perçoit les deux termes à la fois, et la traduire pour qui n'en perçoit qu'un des deux.

D'ailleurs, telle métaphore qui repose surtout sur la couleur se poursuit souvent par d'autres qualités sensibles. Quand Hugo appelle les fleurs du pommier « la neige du printemps », sans doute c'est la blancheur de la floraison qui fait surgir la neige dans son imagination; mais comme la neige encore, les fleurs revêtent l'arbre tout entier, et elles ont la légèreté des flocons. Tous ces rapports secondaires, pleinement perçus par l'aveugle, l'aident, non certes à réaliser la blancheur des pommiers, mais à évoquer à l'occasion des pommiers les associations de sentiments qu'il a pu grouper autour de la blancheur de la neige.

A tout prendre, les métaphores qu'affectionnait la poésie classique n'avaient point une autre valeur. On ne disait pas un bras blanc, mais un bras d'albâtre, un bras de neige, un bras d'ivoire, un bras de marbre. On disait de même un front de lis, des cheveux d'ébène, des blés d'or, des lèvres de corail, des dents de perles. On cherchait non à peindre des objets mais à susciter des associations de sentiments dont ils s'auréolaient. Suivant le contexte, d'ailleurs, ces associations pouvaient varier : un front de lis pouvait être un front éclatant de blancheur, mais ce pouvait être aussi un front d'une pâleur maladive. L'aveugle, autant qu'il le peut, étend cette méthode d'interprétation aux mots propres qui, dans l'intention du poète représentent les qualités sensibles des choses : jaune, blanc, rouge. Hugo, comme il simplifie la forme, néglige encore la variété des nuances qu'il laisse à distinguer aux peintres; il réduit leur infinité à un petit nombre de couleurs bien tranchées. La tâche en sera d'autant facilitée.

Ainsi le mot, s'il ne dépose aucune image dans la mémoire sensorielle, en grave une dans la mémoire affective. Son contenu est fait des impressions purement subjectives qu'il suscite. Sans doute nous sommes ici dans un domaine si individuel qu'aucune analyse ne peut aspirer à une valeur universelle. On peut dire pourtant que bien souvent le mot n'est pas l'unique support de ces faisceaux d'émotion. Ils sont liés fréquemment en outre par des rudiments de représentations empruntés à d'autres sens. C'est un fait bien connu que chez nombre d'aveugles les noms des couleurs évoquent des impressions acoustiques, de même que chez certains voyants les sons se doublent de couleurs déterminées. N'a-t-on pas été jusqu'à proposer, pour renforcer leur effet, d'accompagner les orchestres avec des jeux de couleurs? Chez tel aveugle le mot rouge évoque des sonorités de trompette, sans doute parce que l'épithète éclatant s'applique à la fois au rouge et au son de la trompette. Un autre déclare que le bleu lui suggère des sonorités de violon, et le blanc des sonorités de petite flûte. Tel autre entend dans le mot rose un accord de septième de dominante.

Aussi bien que des sentiments ou des impressions de l'ouïe les éléments associés peuvent être des impressions du toucher, et chez les tactiles ce sont elles que nous rencontrerons surtout. Une aveugle qui a perdu la vue à l'âge de trois ans, nous conte qu'ayant eu affaire dans son enfance à quelques objets à la fois bleus et mous, et notamment à une robe de poupée qui présentait ces deux qualités, elle a depuis toujours lié l'idée du bleu à l'idée de quelque chose de mou. Le vert foncé a au contraire pour elle quelque chose d'irritant, sans doute parce que vers l'âge de quatre ans elle

a été contrainte de porter un garde-vue vert contre
lequel elle se débattait des pieds et des mains.
Ailleurs le contenu est à la fois tactile et auditif :
le blanc lui suggère, dit-elle, à la fois la froideur
d'une voix qui formule un refus ou l'impression
d'un contact froid et uni, celui de certains papiers
ou de certaines étoffes. Le jaune s'assimile dans les
deux domaines à quelque chose d'agréablement aigu;
le brun à quelque chose d'indifférent et d'indistinct.

Ces associations, qui varient avec les genres
d'imagination, semblent être chez les intellectuels
très faiblement développées. On a essayé de faire des
enquêtes méthodiques sur ce point, de dresser des
tableaux où, pour chaque couleur, on indique les
diverses interprétations proposées. Il va de soi que
la plus grande diversité se remarque dans les
témoignages et que ces enquêtes ne conduisent à
aucun résultat. Elles montrent seulement l'extrême
variété avec laquelle les esprits remplissent de substance les mots vides que l'expérience leur fournit.
Ces notions-là, en effet, ne représentent aucun enrichissement pour le cerveau; il les bâtit de ses
propres matériaux : matériaux indifférents d'ailleurs,
et qui, eux non plus, n'affleurent pas dans la conscience au moment où l'aveugle lit les mots rouge,
blanc, noir.

VI

J'ai eu l'occasion de constater que la lecture d'ouvrages écrits par des aveugles de talent évoque
parfois chez le lecteur voyant des images visuelles
assez précises. C'est le cas pour les ouvrages de
M. Oskar Baum, par exemple. Il ne s'ensuit pas que
M. Baum possède des images visuelles. Les substitutions de tout genre que nous venons de passer en
revue, substitutions de représentations spatiales,
d'images musculaires, d'idées et de sentiments

associés, enfin de rapports empruntés à d'autres domaines sensoriels, suffisent à nous expliquer ce mystère. De même que M. Baum traduit en images musculaires les images visuelles de ses auteurs voyants, de même, les images qui lui apparaissent à lui comme des images musculaires peuvent se montrer à son lecteur sous les aspects d'images visuelles. Chacun des deux perçoit une face différente de la même réalité.

Mais surtout nous comprenons que, grâce à ces substitutions, l'aveugle-né parvienne bien souvent à se mettre à l'unisson des sentiments du poète voyant. Il goûte des vers, je ne dirai pas entièrement visuels, mais d'où les images visuelles ne sont aucunement bannies. Les symboles, qui ont pour objet de donner une forme concrète aux pensées et aux sentiments, ont pour lui autant de valeur que pour un voyant. Il goûte pleinement non seulement un symbole comme le *Vase brisé*, dans lequel le support matériel nous intéresse moins par ses qualités formelles que par les accidents dramatiques dont il est le théâtre, mais même un symbole aussi riche, aussi sculptural que la célèbre *Vache* de Victor Hugo, par exemple, qui exprime par toute son attitude comme par le petit tableau dont elle est le centre, cette fécondité puissante et impassible de la nature que le poète la charge de traduire à nos sens. Il est indispensable de la percevoir fortement pour sentir couler en soi toute la poésie de la pièce. Expliquée et comme illuminée par l'idée qu'elle doit illustrer, elle se dresse dans l'imagination avec un relief d'une grande netteté. Ne croyez pas que pour l'aveugle elle reste nécessairement au second plan, derrière l'idée à laquelle elle emprunte la vigueur de ses traits, et sans lui renvoyer en échange aucune clarté. Enrichi par l'idée, le symbole l'enrichit à son tour et lui rend, au centuple, ce qu'il a reçu d'elle.

Je crois que l'aveugle réalise aussi pleinement que le voyant la poésie de vers comme ceux que voici dans lesquels nous retrouvons tous les genres de substitutions précédemment mentionnés :

> Quand le vent du malheur ébranlait leur vertu,
> Qui de nous n'a pas vu de ces femmes brisées
> S'y cramponner longtemps de leurs mains épuisées,
> Comme au bout d'une branche on voit étinceler
> Une goutte de pluie où le ciel vient briller,
> Qu'on secoue avec l'arbre et qui tremble et qui lutte,
> Perle avant de tomber et fange dans la chute.

Il n'a même pas besoin d'être soutenu par un symbole. Voici un vers qu'on jugera tout visuel et qui, je l'affirme, ne lui échappe pas néanmoins.

> Tes yeux, tes grands yeux aux longs cils qui tremblent[1],
> Ils éclaireront pour moi le chemin.

Si ces transpositions se font si aisément et avec une telle abondance c'est parce que la poésie, en raison de sa nature même, n'exploite, en règle générale, qu'avec une grande réserve dans l'image visuelle ce qu'il y a de proprement visuel. Elle ne saurait, comme la peinture et la sculpture, attendre ses effets de la variété et de la délicatesse des nuances, de la complexité du dessin, du fini des poses et des gestes, qu'à la condition de compter chez le lecteur sur la collaboration d'une vigoureuse imagination visuelle. La poésie, et en général la littérature, exploite dans l'image visuelle de préférence toutes les puissances émotives extravisuelles qu'elle contient, qu'elle synthétise et de la substance desquelles elle s'enrichit plutôt qu'elle ne se confond avec elles. Ce sont précisément ces impressions musculaires et ces idées associées, dépo-

---

1. Il n'est pas sans intérêt d'ajouter qu'il est d'une aveugle, de Mme Galeron. Toutefois, Mme Galeron ayant des souvenirs de vision, le fait n'est qu'à demi significatif.

sées par l'expérience humaine dans l'image visuelle, que nous avons vu l'aveugle y reprendre pour les mettre en valeur. L'aveugle fait en quelque sorte la monnaie de l'image visuelle. Ce qu'on appelle la couleur en littérature ne réside pas principalement dans les visions que le poète fait passer devant les yeux; elle est faite le plus souvent d'impressions de toute nature que la description a pour mission de suggérer, impressions qui montent du sens musculaire, du sens vital, de tous les sens à la fois, de tous les sentiments du cœur aussi. Des termes généraux tels que « fleur, bouquet », dont les poètes font un si large usage, ne peignent pas à proprement parler, ils font jaillir des impressions agréables, mais indécises.

> Je vois ses bras, son front, sa lourde chevelure,
> Son petit cou d'oiseau, les fleurs à sa ceinture[1].

Voilà un portrait en deux vers que l'aveugle réalise fort bien.

Il est évident que quand, cédant à des modes passagères, la littérature se pique de rivaliser avec la peinture et la sculpture, de leur dérober leurs procédés, elle devient d'autant plus inaccessible à l'aveugle qu'elle réussit moins mal cette gageure. Les œuvres de Théophile Gautier et de Théodore de Banville le déroutent souvent, moins constamment d'ailleurs et moins complètement que ne l'eussent supposé ces auteurs eux-mêmes qui échappaient à leurs propres formules. L'art parnassien serait souvent antipathique à qui ne voit pas, n'était la majestueuse musique de son vers qui le réhabilite. La mode des descriptions interminables qui, au siècle dernier, a longuement sévi dans le roman déconcerte encore l'aveugle; mais, depuis que le vent a tourné, combien de clairvoyants partagent son sentiment sur ce point!

1. ALBERT SAMAIN, *Polyphème*.

Quand la littérature ne s'écarte pas de la grande voie qui est la sienne, la faculté d'en jouir dépend de qualités autres bien plus que de l'acuité des sens. Elle dépend de notre personnalité que les sens secondent dans son développement mais qu'ils ne font pas. Sans doute son infirmité n'est pas sans action sur les préférences poétiques de l'aveugle et sur le choix de ses lectures; elle ne lui en laisse pas moins une grande liberté dans ses goûts. La poésie délicieusement descriptive de M. Jean Aicard, par exemple, comporte certainement plus de termes morts pour l'aveugle que celle de Hugo. Pourtant ne vous hâtez pas d'interdire la lecture de M. Jean Aicard aux aveugles; ses paysages chauds et sonores parlent à tous les sens à la fois; ses poésies ont mérité d'être transcrites pour la Bibliothèque Braille et elles y ont reçu un excellent accueil.

VII

Ceux qui savent de quelle puissance est parfois le sentiment du beau pour réveiller et pour féconder nos énergies psychiques, pour épurer nos sentiments, pour activer en nous le rythme vital et nous inspirer de généreuses volontés, ceux-là comprendront quel rôle la poésie et la musique peuvent tenir dans la vie de l'aveugle. Plus le commerce direct avec la nature lui est rendu difficile et incomplet, plus il a besoin de l'art qui interprète la nature, qui, avec son merveilleux pouvoir de suggestion, lui en rend accessibles les beautés et qui étend en tous sens son expérience affective.

L'art, sous les deux formes où il se laisse goûter pleinement par lui, est encore pour l'aveugle un consolateur et un soutien précieux. La cécité qui survient jette souvent l'homme dans une prostration qui semble désespérée. Pour les âmes les plus délicates, les plus cultivées et les mieux trempées, parmi les planches de salut qui peuvent alors s'offrir, l'art est peut-être l'une des moins fragiles. Qui dira tout le réconfort qu'y ont puisé des hommes comme Milton, comme Augustin Thierry qui se dévouait au beau non moins qu'au vrai. J'en sais beaucoup de moindres qu'il a secourus avec autant d'efficacité. Mme Galeron nous a fait savoir toute la lumière que la poésie de Hugo avait apportée dans ses ténèbres :

> Oh jadis, que de fois, maudissant mon malheur,
> M'enivrant du calice amer de la souffrance
> Et chassant loin de moi tout, même l'espérance,
> Que de fois, révoltée et pliant sous le sort,
> Désolée, insensée, ai-je appelé la mort !
> Vous avez retiré mon âme de cette ombre !
> Vous en avez banni l'idée étroite et sombre.
> Quand je compris vos vers, ô poète, ô sauveur !
> Une nouvelle vie a fait battre mon cœur.
> Telle une fleur éclose au sein de la tempête,
> Tremblante et n'osant pas même lever la tête,
> Inclinant par degrés son calice vermeil,
> Meurt d'ombre : tout à coup un éclatant soleil
> Vient ranimer sa vie à son rayon de flamme...
> Et le rayon, c'est vous ! et la fleur, c'est mon âme.

CINQUIÈME PARTIE

PSYCHOLOGIE DE L'AVEUGLE EN SOCIÉTÉ

CHAPITRE XVII

Conditions de l'adaptation au milieu social. La grande douleur de la cécité.

I

La psychologie individuelle des aveugles nous a révélé qu'ils ne constituent pas une classe, comme les voyants le pensent en général, qu'ils présentent même, aux différents points de vue que nous avons examinés, intelligence, activité physique, imagination spatiale, vie affective, une grande variété psychologique et qu'ils sont par conséquent susceptibles de vivre de la vie sociale des voyants.

Notre étude, en effet, nous a apporté quelques précisions sur la question si longuement controversée des rapports entre les sens et l'intelligence. *Nihil est in intellectu quod non ante fuerit in sensu*, disait Locke. Leibniz corrigeait cette formule en ajoutant : *nisi intellectus ipse*. Nous voyons mieux combien Leibniz avait raison de faire cette réserve, combien apparaît grande cette puissance interne qu'est l'intellect chez une Helen Keller ou chez une Marie Heurtin qui, privées des neuf dixièmes de nos sensations, parviennent néanmoins à un complet développement. La nécessité de l'excitation externe est rendue manifeste par leur exemple, puisque l'éveil de leur personnalité a été retardé jusqu'au jour où a pu venir cette excitation; en revanche, il montre que les résultats ne sont aucunement en rapport avec la somme de ces excitations et que le facteur essentiel est ici le facteur interne.

C'est que la vie psychique consiste essentiellement en un choix fait parmi tous les éléments trop multiples qui parviennent à la conscience. Le rôle de l'attention est de retenir certains d'entre eux pour les mettre en pleine valeur. Elle suppose la distraction qui est la faculté inverse, la faculté de négliger ou de rendre moins conscients les éléments sur lesquels l'attention ne se porte pas. Dans les déchets que néglige ainsi le voyant l'attention de l'aveugle trouve encore à glaner de quoi se construire une vie moins riche sans doute mais encore d'un magnifique développement, de même que dans ses déchets à lui, aveugle-entendant, l'aveugle-sourd découvre encore de précieux éléments de vie psychique.

Bien plus, les lecteurs qui m'ont suivi ont compris que les ressources qui s'offrent ainsi au choix de son attention sont encore d'une telle abondance qu'elle peut opter entre des formes de vie très diverses et qu'elle n'est nullement déterminée par leur prétendue pénurie. Plus limité que le voyant sans doute dans le domaine de l'activité physique, dont beaucoup de modes lui sont inaccessibles, l'aveugle n'a pas moins de liberté dans le domaine des réactions intellectuelles et affectives. On ne saurait trop insister sur cette vérité qui est contredite constamment, non pas peut-être par des opinions bien élaborées, mais par les démarches spontanées de la pensée. On entend répéter sans cesse : l'aveugle a tel ou tel caractère ; il est doué d'une force d'attention exceptionnelle, il est musicien, il est défiant ; que sais-je encore ? On déduit de sa cécité, par des raisonnements irréfutables, tout son être moral. La généralisation hâtive est un des vices les plus communs de l'esprit humain. Combien de gens, ayant rencontré un seul aveugle, bâtissent, sans s'en douter, tous les autres d'après celui-là ! Si celui-là était intelligent et actif, les aveugles seront intelligents et actifs ; s'il était fainéant et incapable, tant pis pour les autres. Ceux qui s'occupent d'assister les aveugles par le travail savent jusqu'à quelles extravagances va souvent cette disposition instinctive : ne nous entendons-nous pas fréquemment refuser le placement d'un organiste, je ne dis même pas parce que tel aveugle, connu dans la région, est médiocre organiste, mais tout simplement parce qu'il a mauvais caractère, ou parce qu'il a volé. Cette solidarité forcée qu'on crée bien gratuitement entre eux, coûte cher aux aveugles. Elle provient de ce que nous attachons une importance excessive au facteur des sens dans la formation de la personnalité humaine au détriment du facteur interne. La cécité semble être de telle conséquence que l'âme tout entière doit être déterminée par elle. Et pourtant, si Helen Keller, dans ses ouvrages, nous apparaît comme un être essentiellement libre, si nous sentons que, dans des circonstances différentes, elle pouvait être tout autre qu'elle n'est, combien cela doit-il être plus vrai encore de celui qui, outre les ressources d'Helen Keller, dispose des sensations acoustiques, les plus variées et les plus synthétiques après celles de la vue.

On conçoit que chez l'aveugle, comme chez le clairvoyant, les formes de l'activité, de l'imagination, de la sensibilité, même de la pensée doivent nécessairement varier suivant que chez lui telle ou telle fonction est prédominante : la fonction auditive, ou la fonction motrice, ou encore la fonction tactile. J'emprunte d'un psychologue russe les descriptions que voici :

Le garçon aveugle Kodia vit principalement par l'ouïe. Le matin, étant encore dans son lit, il prête l'oreille aux bruits qui lui arrivent de la rue et juge d'après eux qu'il est l'heure de se lever. « Enfants, levez-vous ! » crie-t-il à ses camarades, « les fiacres arrivent déjà à leur station. » En entrant au lavabo, Kodia sait, d'un seul coup, d'après le bruit des robinets, quelles sont les places occupées et quelles sont les libres ; ayant visé une place libre, il l'occupe brusquement et commence à se laver. Ses mouvements sont tellement assurés et exacts qu'il semble à l'entourage qu'il s'oriente à l'aide de la vue, tandis que ses yeux sont complètement inactifs. Le long des corridors et des escaliers, il va librement et ne se heurte jamais contre ses camarades, parce que son oreille reçoit avec précision et localise exactement chaque frôlement, ce qui lui donne la complète possibilité de diriger correctement et sûrement ses pas et d'éviter les obstacles. Dans le jardin, souvent, après s'être isolé, Kodia aime à prêter l'oreille au bruissement des arbres ; il a étudié avec finesse, comment chuchotent les feuilles de l'acacia, du peuplier, de l'olivier sauvage et, d'après le bruissement des feuilles, il peut nommer les arbres qui croissent dans le jardin. Il aime beaucoup l'orage, le gémissement et le sifflement du vent. Dans le choix des jouets, il donne la préférence à ceux qui rendent un son quelconque ; le métal, le bruissement de la toupie d'Allemagne, une boîte à musique le mettent dans le ravissement. Il apprend facilement les leçons en entendant les autres ; un récit logique suivi et sonore d'un maître s'imprime pour toujours dans sa mémoire. Il apprend toujours les vers par cœur à haute voix ; il n'aime pas à lire lui-même parce que la lecture personnelle ne lui profite guère. Kodia a de bonnes aptitudes musicales : il ne joue pas mal du violon et chante avec succès dans le chœur. Ayant assisté une fois à un opéra russe, à la demande s'il s'était plu au théâtre, Kodia écrivit : « Mais j'aime le théâtre par-dessus tout »... Les travaux de Kodia à l'atelier de vannerie marchent mal : il s'approprie à grand'peine la forme des objets ; avec cela, le travail lui-même ne lui plait pas : il lui parait excessivement monotone et ennuyeux.

Le garçon Kocia (un tactile) peu remuant, aime à rester longtemps assis à la même place; sa marche est incertaine, craintive, branlante; sa colonne vertébrale est un peu courbée et légèrement inclinée en avant; ses mains sont longues, maladroites; ses doigts minces, mobiles comme les antennes d'un insecte. Lorsque Kocia tombe sur quelque objet nouveau, il le saisit rapidement de ses longues mains et, avec une attention soutenue, il se met à le « visiter » en glissant vivement dessus ses petits doigts minces et crochus; pendant ce temps-là, son visage change rapidement : il est tantôt sérieux, pensif, tantôt il s'illumine tout à coup d'un sourire clair qui témoigne d'impressions reçues intelligibles et agréables. Kocia divise tous les objets accessibles au toucher en désagréables et en agréables; naturellement il repousse loin de lui les premiers, il les jette; quand aux seconds, il aspire à les garder, à se les approprier, et, lorsque ces objets aimés sont sa propriété, il les cache dans son armoire, sous clé, comme de rares joyaux, et ensuite, dans ses moments de liberté, il les en tire et les admire dûment, en tâtant soigneusement leurs bords de ses doigts effilés, opération qui lui procure un singulier plaisir. Pour Kocia, il y a aussi des objets jolis et des laids; il détermine également ces qualités par le toucher; cependant il ne peut indiquer d'après quels principes un objet est reçu par lui comme joli, et un autre comme laid. Par exemple, contemplant à l'aide du toucher les bustes des écrivains Pouchkine et Gorky, il dit en montrant le buste de Pouchkine : « Celui-ci est plus beau », mais à la question : « Pourquoi ? », il répondit : « Je ne sais pas, cela me parait comme cela. » L'ouïe chez Kocia est émoussée... Dans les dictées, il fait des fautes grossières : souvent il laisse échapper des lettres et des syllabes entières, il mutile presque toujours la fin des mots; c'est principalement dans la dictée orale qu'il lui arrive beaucoup de fautes; mais dans les copies de mots et de phrases avec un livre, après la lecture du texte par le toucher, le nombre de fautes est notablement diminué. Il est très difficile de donner à Kocia la représentation d'un objet quelconque au moyen de descriptions et d'explications orales les plus précises : la plupart des mots restent pour lui un son vide qui ne laisse dans son esprit aucune trace. Il ne peut s'expliquer et se représenter un objet qu'après qu'il l'a tâté soigneusement de tous les côtés; aucune représentation claire ne peut surgir en lui sans réceptions tactiles. Kocia aime beaucoup à étudier les objets réels. Il a le dégoût des notions abstraites. Il apprend mal les leçons orales du maître; il se rappelle d'une manière satisfaisante une lecture par le toucher et, lorsqu'il raconte une leçon apprise dans un livre, il se représente exactement la page et même les lignes qu'il a lues: son récit n'est autre chose que la reproduction de la lecture à l'aide de la mémoire tactile. Il se rappelle longtemps et bien ce qu'il a appris; les idées compliquées sont chez lui très durables; les jugements clairs, explicites et logiques; les convictions ordinairement fermes et persévérantes. Le dissuader ou le persuader de quelque chose par des paroles est très difficile. C'est un véritable Thomas l'incrédule qui ne croit que quand il a touché de son doigt. Le caractère de Kocia est aussi ferme et persévérant; ses inclinations sexuelles très développées. Ses actions sont égoïstes, et leur but presque toujours intéressé.

Le garçon Kipa (qui appartient au type moteur) est très mobile, agile et pétulant. Il a douze ans; il a perdu la vue à sept ans... Sauts, trépignements des pieds, claquements des mains, jeux, cris, tout cela constitue pour lui un véritable besoin. En général, les mouvements provoquent chez Kipa des sensations agréables, mais étouffent la paix. Il se représente absolument tous les objets comme se mouvant; le chien, dans son imagination, se dessine sautant, le cheval galopant, le corbeau volant et croassant. Forcez Kipa d'écrire dix mots donnant le nom d'objets quelconques, et vous verrez que sur dix mots qu'il aura écrits, huit indiqueront des objets animés. Toute la vie s'exprime chez lui en mouvements; il personnifie et représente même les objets immobiles comme en mouvement; pour lui les pierres sautent, les couleurs jouent et rient, les arbres se battent, gémissent, pleurent. Quoique Kipa n'ait pas appris la cosmographie et ne sache absolument rien des mouvements des corps célestes, cependant, quand on lui a posé la question : « Le soleil et la lune se meuvent-ils? », il a répondu affirmativement, sans hésitation : « Sans doute ils se meuvent. » —

Il aspire immédiatement à donner une figure à chaque représentation reçue, à la reproduire en mouvements au moyen d'un dessin, d'un modelage ou à l'aide d'une représentation théâtrale. Ainsi, après une leçon de géographie, il reproduit sur du sable avec le doigt des îles, des presqu'îles, des rivières, des lacs, des mers; avec de l'argile il modèle, par exemple, un bec d'aigle, une patte d'ours, etc... Une fois après une leçon d'histoire de Russie qui avait pour sujet Ivan le Terrible, Kipa représenta au naturel, sous une forme dramatique, le jugement d'Ivan contre les boyards coupables. Généralement, chez lui, chaque parole passe immédiatement en action. Ordinairement Kipa apprend ses leçons à haute voix, en prononçant bien et exactement chaque mot. Les organes de la parole sont chez lui très mobiles; ses mâchoires se meuvent en même temps que les autres parlent. Il se rappelle mieux ce qu'il a transcrit lui-même. Une lecture en son particulier est pour lui fatigante, désagréable et presque inutile, attendu qu'il ne lui en reste presque rien dans la tête. Kipa est d'un caractère vif et inconstant. Ses démarches et ses actions sont provoquées de préférence par des entraînements impulsifs; il n'a pas de principes arrêtés. Son imagination est très développée... Il refait les formes poétiques à son intelligence. Ainsi, familiarisant une fois mes élèves avec le poème de Pouchkine, *Poltava*, je lisais ces lignes :

> Sur un brancard, pâle, immobile,
> Souffrant de sa blessure, Charles apparut.

Kipa se leva un peu et dit : « Il me semble à moi que Charles s'agitait, brandissait son sabre et tâchait de sauter hors du brancard... » Ce garçon est porté au bien, aide volontiers ses camarades et défend la vérité de toutes ses forces[1].

Il s'en faut que les aveugles se laissent docilement classer dans l'une des trois catégories qui viennent

1. *Sliepiètz*, n° 4, 1908. Je dois cette traduction à une obligeante collaboratrice de l'Association Valentin Haüy. Les trois types ici décrits n'ont pas été, je crois, observés par l'auteur, mais ils ont été construits à l'aide d'observations de détail rigoureusement exactes.

d'être décrites. Les trois caractères qui les fondent respectivement se retrouvent à des degrés très divers en chaque individu, et de leur combinaison résultent des composés très variables de forme et en nombre illimité. Et puis, l'attention voit peut-être son rôle grandir à mesure que l'organisation sensorielle est moins parfaite et qu'elle doit davantage la suppléer.

Son importance est telle qu'à mon gré, au point de vue intellectuel et moral, il y a peut-être plus de différence d'un aveugle à un autre aveugle que d'un voyant à un autre voyant. Nous avons vu combien, faute de la puissance unificatrice de la vue, la construction du monde extérieur présente de formes diverses chez les aveugles. C'est par l'attention que le contenu de la conscience est élaboré et mis en valeur. Pour une Helen Keller qui brise en un instant l'enveloppe où elle étouffait et qui prend soudainement un magnifique essor dans le monde des intelligences, combien de sourds-aveugles qu'on peut à peine dégrossir !

L'attention qui passe de la forme instinctive à la forme réfléchie devient volonté. On entend tour à tour affirmer que l'aveugle en est privé et qu'il en est exceptionnellement doué. Je crois que l'un et l'autre sont exacts : les obstacles que la cécité dresse sur la route de l'homme peuvent, comme les difficultés de toute autre nature d'ailleurs, ou stimuler son ardeur ou l'abattre. Ils trempent les forts et brisent les faibles. Quiconque a fréquenté une école d'aveugles sait très bien qu'une formule comme celle-ci : « La volonté est plus développée chez l'aveugle que chez le voyant » ne soutient pas l'examen. Mais quand j'entends inversement des psychologues affirmer que l'énergie psychique est raréfiée chez l'aveugle parce que la principale source où elle se puise leur est interdite, comment ne pas songer à tant d'aveugles qui ont lutté pied à pied pour se faire leur place auprès des voyants et chez lesquels l'intensité du vouloir n'a d'égale que sa persévérance? Un psychologue allemand n'a-t-il pas été jusqu'à écrire qu'à la volonté d'Helen Keller, seule, au XIXe siècle, la volonté de Napoléon pouvait être comparée?

J'en dirai autant de la réflexion personnelle qui n'est autre chose que la volonté attachée aux choses de la pensée : plus l'aveugle a de mal à connaître le monde qui l'entoure, plus le désir de se l'assimiler doit le pousser à suppléer par le raisonnement aux informations sensorielles qui lui manquent; mais si l'effort requis excède ses facultés et surpasse sa curiosité, il pourra la décourager et l'énerver. Pour la pensée comme pour l'action la cécité peut donc être un stupéfiant aussi bien qu'un excitant.

II

Ces considérations, et beaucoup d'autres, nous expliquent que tous les caractères, tous les sentiments, tous les goûts de l'humanité ou à peu près se retrouvent chez les aveugles. Pour peu qu'on leur donne une éducation appropriée, ils sont donc appelés, non à se séquestrer à part, mais, au contraire, à se mêler intimement à la vie sociale des voyants, à s'adapter aux milieux les plus divers.

L'aveugle est d'ailleurs, en général, sociable parce que ce n'est pas la vue, c'est l'ouïe et la parole qui, jetant un pont d'intelligence à intelligence, constituent le véritable lien entre les hommes. Il l'est encore parce que c'est en conquérant sa place au milieu des autres hommes qu'il se relève à ses propres yeux de sa déchéance physique. C'est en se mêlant à ses semblables, en s'essayant à vivre avec eux et à lutter contre eux qu'il s'arrache à l'humiliation de son infirmité, qu'il prend ou qu'il assure le sentiment de sa propre dignité d'homme.

Il est des aveugles dont la compagnie est très recherchée. Des amitiés intimes, profondes unissent des voyants à des aveugles. Le mariage entre une femme clairvoyante et un homme aveugle, qui paraissait jadis une chose singulière et comme monstrueuse, est devenu un fait normal, même banal. Je parle bien entendu du mariage absolument libre, qui repose non sur des intérêts contre-balancés, mais sur une inclination partagée. Qu'on puisse aimer d'amour sans voir, et d'un amour désespéré, c'est ce qui ne fait pas question ; les crises qu'on est convenu d'appeler crises de la vingtième année et qui sont de tous les âges, sont courantes dans le monde des aveugles, et d'autant plus douloureuses que les obstacles sont ici souvent plus insurmontables. Quant à l'inclination en retour qui pousse une jeune fille, à l'apogée de ses charmes et parfois au milieu de toutes les espérances que peuvent donner la fortune et une situation sociale en vue, à consacrer sa vie à un aveugle, quelle part y tiennent, souvent inconsciemment, le besoin de se dévouer et la compassion, c'est ce que je ne tenterai pas de démêler. Je dirai seulement que ces sentiments, quand rien ne les fortifie, constituent un écueil redoutable, car ils sont de leur nature fragiles et l'habitude les use promptement. Ils créent l'illusion d'amour, vite dissipée, trop tard hélas ! Les dangers dont ils le menacent imposent à l'aveugle le devoir de différer longuement sa décision. Le dévouement et la compassion ne sont, en général, durables que lorsqu'ils reposent sur une sympathie profonde et sur la communauté des goûts et des vues. Heureusement les âmes se cherchent par d'autres voies que les regards. Ne m'a-t-on pas parlé d'une femme qui vint se tuer près d'un aveugle parce qu'il la refusait ? Sans nous arrêter à des faits d'exception, tant de mariages nous apprennent qu'il n'y a pas de fossé, ainsi qu'on l'imagine, entre la mentalité de l'aveugle et celle du voyant. Pour qui ne le connaît pas, l'aveugle est un être étrange, qu'on n'aborde qu'avec déplaisir et comme avec une sorte d'appréhension ; quand on le connaît, il est non plus l'aveugle au sens où l'on entend ce mot d'ordinaire avec tout son cortège de tares indélébiles, mais un homme qui ne voit pas.

III

Si pourtant il veut vivre de la vie commune en société, la loi du travail s'impose à lui : il n'y a pas de place dans la société pour qui ne participe pas à la tâche commune. Haüy a compris qu'il ne suffisait pas d'élever par l'éducation les aveugles au niveau des autres hommes, qu'il fallait les mettre en mesure de gagner leur vie autant que possible par leur travail.

Là est la principale difficulté, car, si au point de vue intellectuel et artistique l'aveugle est l'égal du voyant, nous avons constaté qu'il n'en est pas de même au point de vue de l'action. Au rebours de sa pensée, son activité physique nous est apparue comme contrainte en tout sens, limitée par des obstacles de tout genre. Comme ouvrier, elle ne lui donne accès qu'à un fort petit nombre des emplois qui ont été déterminés par la division du travail social. Plusieurs des métiers dont il pourrait assumer les fonctions lui sont, comme nous l'avons vu pour le métier d'électricien, rendus impraticables par la nécessité de s'adapter à des milieux sans cesse changeants. Ceux qui lui restent, ce sont souvent ceux qui exigent le moins d'adresse, partant ceux où la concurrence est le plus terrible et les salaires les moins élevés. Sa lenteur habituelle réduit encore sa rémunération. Comme en outre dans de nombreuses circonstances, il lui faut salarier un guide, l'équilibre de son budget est un problème presque insoluble. L'expérience a démontré que, sauf le cas de circonstances particulières, un chaisier, un vannier, un brossier aveugle ne peuvent pas gagner entièrement leur vie.

Mais, plus dans un métier l'activité intellectuelle est importante, plus diminue l'infériorité de l'aveugle. Du même coup la rémunération augmente, en général, avec le capital des connaissances requises, et lui permet de faire plus aisément face à ses dépenses spéciales. On doit donc autant qu'il est possible diriger les aveugles vers les professions qui comportent l'exercice des facultés intellectuelles et artistiques. Et voilà une raison de plus de fortifier leur instruction. Pour interpréter une sonate de Beethoven, pour donner une consultation juridique, pour discuter et voter une loi, l'aveugle ne le cède en rien à son concurrent clairvoyant. Malheureusement la division du travail est ainsi faite que le plus souvent l'occupation intellectuelle se complète par des formes d'activité qui demandent la vue : un professeur, en outre de son enseignement, est chargé de la discipline; un magistrat est tenu de lire de ses yeux certaines pièces déterminées. Que dans bien des cas cette dépendance des deux fonctions soit contingente et puisse être supprimée, c'est ce dont je ne doute pas; mais la société n'est pas faite pour les aveugles. Aussi, même parmi les professions libérales, il n'en est que peu qui leur soient accessibles. Théoriquement, toutes choses égales d'ailleurs, elles sont pour eux les plus recommandables.

Mais si j'ai dit que la cécité n'entrave pas le développement de l'intelligence je n'ai pas dit qu'elle crée l'intelligence. Tous ne peuvent pas aspirer à ces occupations où les yeux sont le moins nécessaires. On peut se faire une loi de cultiver autant que possible les facultés que chaque aveugle détient pour sa part de la nature; on ne peut songer à faire de tous des artistes ou des écrivains. Comme chez les voyants tous les degrés de l'intelligence humaine sont représentés chez les aveugles, et, à chaque degré, bien peu nombreux sont les emplois accessibles.

Il est donc clair qu'ils ne pourront pas évoluer du bas au haut de l'échelle sociale avec la même agilité que les voyants. Ils seront fatalement parqués dans un petit nombre de métiers. Encore dans l'exercice de ces métiers auront-ils bien souvent à compter avec de grandes difficultés. En théorie pourtant le problème peut être considéré comme résolu : nombreux sont déjà les aveugles qui parviennent à se suffire et à élever une famille; ceux-là mêmes qui sont dans les conditions les plus désavantageuses (je ne parle que de ceux dont la santé est intacte), s'ils ne peuvent guère ne devoir qu'à eux-mêmes leur subsistance, sont du moins en état d'en gagner une bonne partie par leur travail. Au point de vue moral en particulier c'est là déjà un résultat très appréciable. Depuis cent ans, les aveugles jadis confinés dans les bas-fonds de la société où la mendicité coudoie l'immoralité et où se pressent tous les malheureux qui sont incapables de s'adapter à la vie sociale, se sont infiltrés peu à peu dans toutes les classes de la société où ils enseignent que l'humanité en eux est entière.

IV

Si dans la pratique les résultats sont encore tellement au-dessous je ne dis pas de nos désirs mais de nos espérances légitimes, c'est que, à cet obstacle qui tient à la psychologie de l'aveugle, d'autres viennent s'ajouter qui dépendent de causes extérieures.

C'est d'abord l'insuffisance de notre organisation scolaire. Nous avons constaté combien l'éducation de l'aveugle est chose compliquée. Or presque toujours elle a été abandonnée au hasard des circonstances et au caprice des incompétences.

Si elle est bien comprise, d'une manière générale,

à l'Institution Nationale de Paris, combien de nos écoles de province laissent beaucoup à désirer.

C'est ensuite l'extrême lenteur avec laquelle recule le préjugé de la cécité. Les idées marchent moins vite que les faits ; elles viennent clopin-clopant très loin derrière eux. La révolution opérée par Valentin Haüy n'a pas encore pénétré la mentalité publique. Le préjugé, que nous avons vu se présenter à nous sous tant de formes, a des attaches trop profondes dans le cerveau du voyant pour que cent vingt-cinq années aient suffi à le déraciner. Tant de mendiants qui en vivent, et dont toute l'industrie est de paraître pitoyables, ont d'ailleurs eu grand soin de l'entretenir. Il eût fallu que les aveugles travailleurs fussent en grand nombre pour faire triompher leur cause. Au recensement de 1901, on comptait 27.000 aveugles en France, soit un aveugle pour 1.433 habitants. Sur ce nombre plus des deux tiers sont des vieillards qui, pour la très grande majorité tard venus à la cécité, ne comptent pas au point de vue de la propagande en faveur des aveugles. Si je défalque en outre ceux dont la santé est délabrée et qu'on classe comme aveugles parce que la cécité est la plus apparente de leurs infirmités, ceux aussi qui n'ont pas été à même de recevoir l'instruction, ou qui n'en ont reçu qu'une notoirement insignifiante, ceux enfin qui, vivant retirés dans des couvents ou dans des pensionnats, ne peuvent avoir sur l'opinion qu'une influence négligeable, je suis certainement au-dessus de la vérité en évaluant à 500 le nombre des aveugles qui actuellement en France sont en âge et en mesure de servir efficacement par l'exemple la cause de leurs congénères. Les aveugles travailleurs sont en conséquence trop rares : ils sont victimes de leur petit nombre.

Les progrès de la prophylaxie, qui, nous l'avons vu, tendent à abaisser le niveau moyen de l'intelligence chez les aveugles, empêchent cette proportion de devenir plus forte. Tandis qu'en 1901 on comptait 70 aveugles sur 100.000 habitants, on en comptait 105 en 1851, soit 50 % davantage, et encore le recensement de 1851 était-il à ce point de vue probablement plus incomplet que celui de 1901. De recensement en recensement, on voit décroître la proportion à mesure que l'hygiène progresse, que des spécialistes oculistes se forment, que des cliniques ophtalmologiques sont fondées dans les grands centres. Depuis 1901 les progrès ont sans nul doute été beaucoup plus sensibles encore, en particulier en ce qui concerne la lutte contre l'ophtalmie des nouveau-nés [1]. Ils apportent assurément le seul remède vraiment efficace aux maux que nous combattons, et ils n'ont point pour les propager d'apôtres plus ardents que les groupements d'aveugles eux-mêmes. Aux incurables il faut remarquer qu'ils portent un préjudice : ils leur enlèvent des champions de leur cause et les champions les mieux armés, ceux dont la santé générale est solide et chez lesquels l'œil seul est atteint puisque ce sont ceux-là que guérissent les oculistes.

Quelque résistance qu'ils offrent, le préjugé de la cécité et l'insuffisance de notre éducation spéciale sont à tout prendre des vices contingents. Nous sommes en droit d'espérer que le temps en triomphera. Le soulagement pour l'aveugle sera inappréciable. Toujours cependant, je crois, c'est dans les difficultés de son adaptation au milieu social que résidera pour lui la grande douleur de la cécité.

V

La douleur de la cécité n'est pas inhérente au cœur de l'aveugle. Il n'est pas fatalement obsédé et torturé,

[1]. Je me permets de renvoyer sur ce sujet à mon article paru dans la *Revue Bleue* du 27 mai 1911 : *Nouveaux efforts contre la cécité*.

comme on le suppose, du désir de voir la lumière. La joie visite son âme ou l'habite autant que l'âme du voyant. On a tort de le présenter comme constamment opprimé par une pensée trop lourde. D'où lui viendrait cette soif d'un bien qu'il n'a pas connu ? Le commerce des voyants lui enseigne sans doute combien la vue est utile, mais rien ne saurait lui faire sentir combien elle est douce, ni lui en faire soupçonner le goût. Les suicides d'aveugles sont rares. Le romancier russe Korolenko a donné à son *Musicien aveugle* des aspirations ataviques profondément douloureuses vers la lumière et la couleur ; il a même bâti sur elles la psychologie tout entière de son héros. C'est là une fantaisie d'écrivain qui n'a aucun fondement dans la réalité. Quand apparaissent de semblables aspirations, elles sont le fruit non de l'instinct, mais d'une réflexion raffinée, et elles n'ont pas ces pointes acérées que leur prête presque malgré elle l'imagination du voyant. « Je regrette la vue, disait un aveugle, comme on peut envier le don de la divination ou les ailes de l'aigle ».

Une aveugle nous a conté les savantes stratégies dont ses parents avaient circonvenu son enfance pour lui dissimuler le plus longtemps possible son infirmité. Ils y avaient si bien réussi que, quand elle montrait ses poupées aux étrangers, la fillette s'indignait qu'ils ne les *touchassent* point. Peine perdue : la vérité n'eût pas fait souffrir cette enfant ; à entourer cette vérité de mystère, à faire travailler à son sujet une petite curiosité de jour en jour plus inquiète, on lui a donné une gravité qu'elle n'aurait jamais eue. Les parents ne risquent rien à entretenir leur enfant du trésor qui lui manque, jamais il n'en comprendra tout le prix. Et plus la révélation est différée, plus elle risque d'être pénible à l'aveugle-né.

Chez les aveugles tard venus à la cécité il en va sans doute autrement. Ceux-là savent ce qu'ils ont perdu ; ils souffrent parfois amèrement. Pourtant, en général, à mesure qu'il s'éloigne, bien qu'il ne s'efface pas, le souvenir de la vue devient moins cuisant. Après l'inévitable crise on se reprend à la vie, et, pour peu qu'on se soit fait une activité satisfaisante, on ne sent plus que par intermittences la blessure qui progressivement s'est cicatrisée. J'en sais beaucoup, et de tous les âges qui, comme Augustin Thierry, ont « fait amitié avec les ténèbres ». C'est le cas ordinaire pour tous ceux dont la vie active n'était pas commencée, pour lesquels tout un monde d'espérances n'a pas sombré dans la catastrophe.

On se tromperait en croyant qu'un lourd manteau de tristesse est étendu sur nos écoles spéciales. On y joue, on y est gai, turbulent, espiègle comme dans les écoles de clairvoyants. J'ai fréquenté les unes et les autres : je ne saurais dire dans lesquelles nos maîtres avaient de nous meilleur compte. Rien ne rappelle dans nos Institutions à l'attention de chacun une infirmité que tout le monde partage. Elle n'est pas sentie parce qu'elle ne crée une infériorité pour personne. Une société d'aveugles ne se soucierait aucunement de la vue. Wells nous assure qu'elle traiterait ceux qui s'en prétendraient doués comme nous traitons les prétendus interprètes de l'archange Gabriel.

Le seuil de l'école à peine franchi, les amertumes commencent. « Je souffre, disait un aveugle dans une enquête dont nous reparlerons, je souffre, moi qui n'ai que quatre sens, de vivre au milieu de gens qui en ont cinq. » La privation d'un sens n'est pas ce qui le tourmente, mais bien l'infériorité où elle le place vis-à-vis des autres. Il a un mal extrême à marquer sa place dans une société qui est faite par des voyants et pour des voyants. Si le voyant échoue dans une entreprise, il a toujours ses yeux et ses bras pour en recommencer une autre. L'aveugle, qui, à grand'peine, s'est assuré un mode d'activité, est dans l'obligation de triompher. Sur l'échiquier social, il n'y a pour lui qu'une case; il lui faut vaincre où il est, ou bien c'est la torture morale de se sentir une charge pour sa famille. Bien plus que cette difficulté sa dépendance, une dépendance de tous les instants, lui pèse lourdement : en outre des services courants que les hommes en société se doivent les uns aux autres, l'aveugle en attend un grand nombre qui lui sont particuliers. Même pour s'acquitter de sa tâche il a sans cesse besoin d'autrui : un secrétaire lui lit les lettres de ses clients; pour se rendre à ses leçons, pour se faire dicter un morceau de musique qui n'existe pas en Braille, pour faire une démarche quelconque, partout il lui faut un aide, et une négligence ou un simple retard de son aide peuvent être pour lui de grave conséquence. Constamment ce sont de petites indulgences, de petites complaisances sur lesquelles il lui faut compter de la part de son entourage. Il se sent comme enchaîné. Par-dessus tout il est le jouet du préjugé : autour de lui il ne sent que méfiance, qu'incrédulité en ses talents, chez ceux qui devraient l'employer. Du moins s'ils le connaissaient! s'ils lui donnaient le moyen de montrer ce qu'il est et ce qu'il peut! Mais non, ils ont sur lui une idée arrêtée d'avance. Quoi qu'il sache faire, il est aveugle. « Quand on les a convaincus sur un point, écrit un de ces travailleurs découragés, vite on s'aperçoit que les méfiances renaissent sur un autre. » C'est toujours à recommencer.

Ces obstacles, qui arrêtent l'aveugle à chaque pas, qui l'empêchent de mettre en valeur son savoir et son talent, voilà pour les natures volontaires la forme la plus aiguë que prend la douleur de la cécité. Elle est tout autre chose que le découragement rongeur ou la révolte qui saisissent, au fond de leur cabinet où ils attendent en vain, le médecin sans clients ou l'avocat sans cause : chacun de ces déboires, en effet, est senti comme une déchéance; ils enfoncent peu à peu dans le cœur ce sentiment poignant que la cécité est une infirmité dégradante, une infirmité qui ravale au-dessous des autres, qui fait sa victime incapable de s'acquitter des devoirs d'un homme, incapable, par suite, d'aspirer aux joies de l'homme, aux consolations du foyer dont pourtant elle a plus besoin que tout autre.

Dans une nature où la sensibilité l'emporte sur la volonté, l'humiliation sera bien encore le principe de la détresse morale; elle se manifestera toutefois principalement non plus dans les déceptions de l'activité professionnelle, mais dans les rapports sociaux de la vie journalière. Les petits services attendus des uns et des autres pour celui-là ne sont pas seulement une légère entrave; ils le travaillent d'une inquiétude qui peut aller jusqu'au supplice, l'inquiétude d'être importun à son entourage, ils représentent aussi de multiples dettes de reconnaissance, parfois sans doute très douces, mais aussi, suivant les personnes, souvent pesantes. Sa liberté d'agir et de parler en est comme garrottée. La servitude du guide n'est pas seulement une lourde gêne, elle remue en lui d'intimes pudeurs : un étranger est de moitié dans sa correspondance, s'associe à nombre de ses actes, à ceux-là mêmes qui ne veulent pas de témoins; à ne supposer même de sa part aucune de ces incorrections ou de ces légèretés qu'une imagination ombrageuse est toujours prête à grossir, sa seule présence est une offense. Pour un épiderme sensible, plus pénibles encore sont les blessures du préjugé dans nombre de milieux où chaque mot, chaque geste semblent dénoncer à l'aveugle qu'on le confond avec un impotent ou avec un faible d'esprit. Je suis très loin de dire, comme on le croit souvent, qu'il faut éviter la moindre allusion à sa cécité; on peut fort bien lui en parler, mais il faut le faire avec naturel, avec justesse, avec un sentiment exact des incapacités qu'elle comporte. Ce qui le choque ce sont les apitoiements sans pudeur, les étalages d'une admiration qui n'est pas moins pénible parce qu'elle procède de la même ignorance insultante, les offres de service sans mesure pour la moindre chaise à transporter ou pour le moindre livre à remettre en place. Sur la porte d'une institution d'aveugles on a gravé : « Défense aux visiteurs de laisser échapper des expressions de pitié. » Le directeur de cette école était un psychologue. Par réaction contre toutes ces exagérations bien intentionnées, l'aveugle devient parfois d'une hyperesthésie maladive ; il exagère en retour ce que j'appellerais volontiers son préjugé à rebours. Car il y a, avouons-le, un préjugé à rebours : toute l'ambition de l'aveugle, toutes les aspirations intimes de sa sensibilité vont à égaler le voyant, ou tout au moins à l'approcher autant qu'il le peut, à faire oublier sa tare. De là à méconnaître parfois les limites du possible et de l'impossible, à perdre de vue ses incapacités réelles, à vouloir plus que ses forces, il n'y a souvent qu'un pas. Entre deux états d'esprit aussi contraires, dont l'un tend à considérer la cécité comme un accident sans importance, et l'autre ne va à rien moins qu'à en faire le plus grand des malheurs qui menacent la vie humaine, les heurts ne peuvent manquer d'être perpétuels. De là cette timidité, fréquente chez l'aveugle, qui n'est qu'un produit de son amour-propre blessé et surexcité : s'il lui arrive de se heurter devant des étrangers, de manquer à reconnaître une voix, de commettre quelqu'une de ces petites maladresses qui sont la rançon de son état, il les grossit en imagination parce qu'il sent que les spectateurs y trouvent à tort une confirmation de leur préjugé. Même les petits accidents qui sont inévitables pour tous, briser un verre, répandre quelques gouttes d'eau, tous ces riens auxquels nul n'attache d'importance, lui deviennent parfois douloureux à lui, comme s'ils lui étaient moins permis qu'à tout autre. Cette préoccupation de l'opinion, exaspérée par le préjugé, peut aller jusqu'à l'angoisse. La crainte de l'humiliation paralyse ses mouvements et les regards qui le fixent semblent se matérialiser et tomber lourds sur son visage et sur ses membres.

Ce n'est pas qu'en revanche il ne rencontre des natures d'élite dont la présence seule, comme par une vertu magique, apaise ces troubles de la timidité, avec lesquels l'aveugle se sent de plain-pied, parce qu'ils sont de plain-pied avec lui. Une intuition mystérieuse leur révèle ce qu'est la cécité. Ils savent avant qu'on le leur ait dit qu'obliger l'aveugle, ce n'est pas agir en toute occasion à sa place, c'est sans affectation, l'aider à prendre aussi large que possible sa part de l'action commune, de manière à lui laisser la satisfaction d'agir avec les autres et comme les autres, même pour les autres à son tour. Leur attention, quoique vigilante, ne pèse pas, tant elle est naturelle, tant elle a aussi de pudeur discrète. Ils soupçonnent d'instinct ce qui est difficulté pour l'aveugle, ils l'en déchargent sans en parler, presque sans y penser. Ils ont immédiatement compris que, pour le guider, il faut non le prévenir des accidents du chemin, mais les lui faire deviner à leurs mouvements. Ils lui offrent tout le concours nécessaire et rien que le concours nécessaire. Ils l'entretiennent de tout, même de la cécité, sans le plus léger embarras. Ils ont cet art merveilleux de divination qu'on appelle le tact, mélange mystérieux fait de la plus fine intelligence et du cœur le plus délicat. Oh! les fleurs exquises de la bonté humaine dont il est parfois donné à l'aveugle de savourer le parfum!

Elles ont une puissance souveraine pour adoucir ses plaies. On a dit que l'aveugle est pessimiste environ de la quinzième année à la trentième. C'est là un jugement trop sommaire sans doute : beaucoup passent insouciants dans la vie. Il en est qui exploitent le préjugé, loin d'en souffrir. Il est vrai pourtant que souvent l'aveugle qui se heurte à de grosses difficultés dans son métier, ou encore celui qui, réussissant dans ses entreprises, est doué d'une sensibilité aiguë, tombe souvent vers l'adolescence dans une sorte de pessimisme dont la durée est très variable aussi bien que la profondeur. Puis il s'habitue à son sort, il endurcit ses nerfs, et l'équilibre revient.

J'ai lu récemment une courte nouvelle dont le héros, un aveugle de famille riche, nous est présenté au moment où il sort de l'école. Son enfance, au milieu de camarades aveugles comme lui, a été ensoleillée de bonheur et d'insouciance. Le premier hiver qui suit sa libération est encore tout à la joie : l'animation de la grande ville ne lui permet pas de se replier sur lui-même. Théâtre, concerts, cafés-chantants, soirées, danses, relations variées étendent de tous côtés son horizon borné, éveillent à la fois toutes les sensations dans cette âme de collégien. C'est un enivrement délicieux. Les amies de sa sœur fréquentent la maison ; les camarades de ses frères lui apportent des livres, viennent parler devant lui de femmes, de philosophie, d'art. Mais bientôt il se sent comme étranger dans cette vie : on le traite en infirme. Il ne s'en était point aperçu d'abord. Les jeunes filles ont avec lui des familiarités qu'elles ne se permettent pas avec d'autres jeunes hommes de son âge. Elles lui apportent des fleurs : avec un aveugle cela ne tire pas à conséquence. Les amies de sa mère chuchotent à voix basse en le regardant. Quand il a dû céder à leurs prières et jouer un morceau de piano devant elles, qu'il ait choisi une valse ou une marche funèbre, toujours en le complimentant elles ont des larmes dans la voix. C'est que tous travaillent autour de lui ; lui seul est inactif. Il étouffe dans cette vie factice où tout le blesse. Un jour il se décide à quitter ses parents pour vivre la vraie vie, une vie de travail. Personne autour de lui ne le comprend : que lui manque-t-il donc à la maison? Devient-il fou? Sa mère se désespère; sa sœur assure qu'il aime une de ses amies et se reproche de n'avoir pas prévenu une inclination aussi déraisonnable; le père hausse les épaules: « Qu'il s'amuse à donner quelques leçons, si cela lui fait plaisir, tout en restant parmi nous »; les frères ricanent : « Laissez-le donc essayer, ce ne sera pas long, et il n'en goûtera que mieux ensuite les avantages de la maison. » Il part, presque maudit, s'installer avec un camarade, un accordeur aveugle qui travaille du matin au soir. Là encore l'inintelligente sollicitude de ses parents le suivra : pour l'amener plus vite à résipiscence on charge sa propriétaire de lui rendre la vie impossible, d'écarter ses clients, de payer son guide pour lui manquer de parole. Ils achètent à beaux deniers comptants le malheur de leur enfant. Ils n'ont pas compris que l'unique remède au contraire était de lui faciliter sa tâche, que le travail surtout quand une main bienveillante en a supprimé les aspérités trop rudes et quand il est couronné de succès, offre à l'aveugle son plus sûr refuge parce qu'il diminue sa dépendance et parce que seul il peut faire taire le préjugé.

VI

Le contact de la société des voyants ne réserve pas seulement des souffrances à l'aveugle; il risque encore de le corrompre.

Entouré d'aveugles comme lui, non plus que par aucune douleur incurable, il ne se distingue des autres hommes par aucune défaillance morale particulière. Ceux qui l'accusent d'avoir un caractère ombrageux sont trompés par leurs déductions logiques; ceux qui s'étonnent de lui trouver une humeur aussi facile et enjouée sont encore les dupes de la même illusion : ils s'exagèrent ces qualités en lui, parce qu'ils s'attendent à rencontrer les défauts contraires.

Mais dans la société des voyants la cécité est une cause d'inégalité. Or toutes les causes d'inégalités profondes parmi les hommes engendrent des vices. En raison de ses infériorités, l'aveugle est souvent porté à se dispenser de certains devoirs et à s'arroger des droits particuliers. D'instinct il regarde les autres comme tenus à lui rendre des services, et soi-même comme déchargé d'obligations envers autrui. Ce sont des compensations qui lui sont dues; et plus le préjugé grossit ses infériorités, plus il grossit du même coup les compensations. Si, théoriquement, quand il est contenu dans de justes limites, c'est là un principe soutenable, on devine dans la pratique à quels abus il peut conduire. Il est un dangereux ferment pour l'égoïsme qui sommeille en chacun de nous. Cette tendance à abuser d'autrui est souvent fortifiée dès le plus bas âge chez l'aveugle par les opinions fausses de son entourage. Nombre de parents en gâtant leur petit infirme sous prétexte de lui faire oublier son mal, en faisant tout pour lui parce qu'ils le pensent incapable d'agir par soi-même, l'habituent à tout attendre des autres, à tout exiger, et lui préparent un caractère insociable.

Si une éducation vigoureuse n'y met ordre, ils risquent d'en être les premières victimes, car l'ingratitude est la conséquence inévitable de l'égoïsme. Pour des services dus, il n'y a pas de reconnaissance. Leurs enfants en souffriront bien plus encore, d'abord et surtout parce qu'ils tariront autour d'eux les sympathies dont l'aveugle a tant besoin, ensuite parce que, réclamant des autres beaucoup plus qu'ils ne recevront, ils s'exposeront à de perpétuels déboires.

L'égoïsme a pour effet encore de fausser les jugements que nous portons sur nous-mêmes. La vanité — faut-il dire l'orgueil? — est un défaut fréquent parmi les aveugles. Tout contribue à la nourrir dans leurs relations sociales. Imaginez dans son école un enfant aveugle de dix à douze ans : il apprend à lire, à écrire, à compter, à rempailler des chaises, à jouer un peu de piano. Au milieu de ses camarades qui travaillent comme lui il sait qu'il ne fait rien là que de très ordinaire, et tant qu'il ne causera qu'avec eux sa modestie ne court aucun risque particulier. Mais voici des étrangers qui visitent l'établissement : on fait venir le petit élève, on l'interroge, on s'extasie : Est-il donc possible qu'un aveugle parvienne à de semblables résultats! Sans doute quand les visiteurs ont tourné les talons, le petit prodige fait avec ses camarades des gorges chaudes de tant de naïveté; le poison n'en pénètre pas moins lentement dans son cœur. Et cette petite scène se renouvelle souvent, tous les huit jours peut-être. Viennent les vacances : le théâtre change, mais la scène reste la même. Le petit aveugle part pour son pays natal. Les parents, les amis sont conviés à venir constater les progrès : ils sont émerveillés. Ils avaient dit adieu au bambin en hochant la tête : à quoi bon l'envoyer au loin, lui faire de la peine? il ne peut rien apprendre, il est aveugle. Et le voilà qui revient savant comme un maître d'école. La surprise et l'admiration délient les langues. Notre petit prodige finit par se prendre au sérieux : ses camarades d'ailleurs ne sont plus là. Peut-être même les tentations sont-elles venues plus jeune encore. Dans sa famille peut-être chaque fois qu'il acquérait un petit talent, qu'il apprenait à nouer ses cordons de souliers ou à plier sa serviette, ses parents émus criaient au miracle. Il faudrait une forte tête pour résister à tant d'encens.

De fait, j'avoue avoir rencontré bien des aveugles déplaisants par une puérile vanité, et les mêmes bien souvent étaient accusés d'ingratitude et d'égoïsme. En général j'ai eu le sentiment très net que leur milieu les avait gâtés, que, placés dans des circonstances différentes, ils n'eussent pas contracté cette déviation morale, qu'à tout prendre la cécité en avait été pour eux l'occasion plutôt que la cause directe. Aussi n'est-elle en aucune façon une conséquence nécessaire de la cécité. Un peu de vie intérieure suffit pour remettre les choses au point et balayer tout péril; or on sait que la vie intérieure n'est pas rare chez les aveugles. Beaucoup d'entre eux se distinguent par une grande délicatesse de sentiments, et n'ont pas même été effleurés par ces défauts ou par ces vices qu'on a parfois appelés les vices de l'aveugle. Certes n'allons pas inversement avec quelques optimistes, que M. Heller reprend à juste titre, accorder à l'aveugle une supériorité morale, nous imaginer qu'il est nécessairement doué d'un privilège de juger et d'agir toujours avec bon sens; mais si, pas plus que les vices dont nous parlons, les qualités de pondération et de jugement ne sont aucunement des conséquences fatales de la cécité, comme eux, en revanche, elles sont parfois favorisées par la cécité. Or elles tiennent en échec l'invasion des mauvais sentiments. C'est par elles qu'une élite nombreuse est mise tout à fait à couvert.

Pour la masse, on doit chercher d'autres préservatifs. L'enseignement de la morale, dans nos écoles spéciales, devrait comporter à tout le moins un chapitre de plus que celui des voyants : il serait important d'insister auprès des enfants aveugles (ce qu'on ne fait nulle part à ma connaissance) sur les incapacités de la cécité, sur les limites qu'elle impose fatalement à l'activité, sur les devoirs aussi qu'elle entraîne envers les autres en raison même de la dépendance qu'elle crée. On redoute, en les faisant réfléchir sur ces questions, de briser leur énergie; en ne le faisant pas, on laisse libre cours en eux à une sorte d'irréalisme qui est très préjudiciable aux autres comme à eux-mêmes. Mais un enseignement oral n'est jamais qu'une digue bien fragile. Le remède le moins inefficace peut-être c'est ici encore le travail : en participant à la tâche commune, l'aveugle entre en lutte avec des concurrents ; il apprend, en se comparant avec eux, à connaître sa véritable valeur et il touche du doigt ses infériorités réelles ; il apprend aussi à estimer à son prix le concours qu'il attend d'autrui. La concurrence n'est pas prodigue de flatteries. Elle est une école de réalisme. Celui qui est guérissable sera guéri par elle.

VII

Le souci de sa moralité et de son bonheur commande donc le travail à l'aveugle, autant que le souci de sa dignité. Un exemple va nous montrer que, par le travail, à de certaines conditions, l'adaptation au milieu social se fait d'une manière satisfaisante. Il me sera fourni par notre Institution Nationale des Jeunes Aveugles, l'école même de Valentin Haüy.

Valentin Haüy s'était proposé de faire des aveugles des ouvriers manuels. Il leur enseignait le cannage et le rempaillage des chaises, la vannerie, la corderie, la fabrication des chaussons en lisière, etc. Dans son école on donnait sans doute les notions générales que tout homme doit posséder ; on enseignait aussi un peu de musique, mais l'effort principal était concentré sur les métiers manuels. J'ai dit déjà les raisons pour lesquelles l'ouvrier aveugle ne peut pas, en général, gagner entièrement sa vie. Les obstacles devaient grandir encore pour lui au cours du XIXe siècle par suite des progrès du machinisme. Aujourd'hui l'ouvrier qui ne peut pas conduire les machines, qui n'a pas place à l'usine, doit le plus souvent se contenter d'une rémunération infime.

Aussi, un demi-siècle plus tard, un changement radical s'était produit : la musique, qui d'abord n'avait été admise qu'à titre de distraction, était passée au premier plan et son enseignement se développait de plus en plus au détriment des métiers manuels. Ceux-ci devenaient exclusivement le lot des élèves réfractaires à toute culture musicale. On trouvait, en effet, dans les postes d'organiste et de professeur de musique, des débouchés beaucoup plus lucratifs. L'alphabet en points saillants, inventé précisément dans le même temps par un élève de l'Institution, Louis Braille, permit de développer rapidement et avec beaucoup de succès cet enseignement musical. L'enseignement intellectuel étant également facilité, les jeunes musiciens purent beaucoup plus aisément s'assurer le degré de culture exigé par leur situation nouvelle.

Peu de temps après, un autre élève de l'école, Montal, en dépit des réprimandes de ses maîtres, s'ingéniait à démonter un piano en cachette. Il prouvait que les aveugles peuvent accorder parfaitement, et il enseignait bientôt l'accord à ses camarades de la veille.

Ainsi, sous la pression du besoin, les aveugles de l'Institution Nationale s'étaient ouvert deux chemins vers la lumière. Ils s'étaient acquis deux branches d'action nouvelles, deux branches dans lesquelles l'activité physique était relativement aisée, et qui comportaient en revanche un capital de talents et de connaissances. Une troisième allait bientôt s'y joindre : les plus entreprenants parmi les accordeurs, quand ils disposaient de quelques ressources, devaient être vite tentés d'acquérir un magasin de pianos, et de joindre aux produits de leurs accords ceux d'un petit commerce de lutherie et de musique. Là aussi, pour peu qu'ils pussent se décharger sur une personne de confiance de quelques détails pratiques, ils trouvaient l'emploi de facultés intellectuelles que la cécité n'avait pas entamées. Un autre débouché était encore offert à ces mêmes facultés, alors même qu'elles ne se doublaient pas d'aptitudes musicales ou commerciales, dans les postes de professeurs d'aveugles, car, dès l'origine, la tradition s'était établie de choisir parmi les meilleurs élèves les futurs maîtres de l'école, non seulement pour la musique mais encore pour l'enseignement intellectuel. Ces postes enviés se trouvèrent multipliés vers le milieu du siècle par la création de nombreuses écoles spéciales.

On avait donc été amené à déclasser les élèves : presque tous appartiennent en effet aux milieux les plus indigents où sévissent particulièrement les causes les plus ordinaires de la cécité — accidents, défaut d'hygiène, appel trop longuement différé du spécialiste. On avait senti que, pour qu'ils pussent mener une vie complète, il fallait, par l'instruction, élever tous ceux qui en étaient susceptibles à une classe sociale plus haute.

Enfin une Société de patronage se fondait bientôt à l'Institution, qui avait pour mission de rester en contact perpétuel avec les anciens élèves de la maison, de leur venir en aide au besoin et de leur créer un milieu de sympathie dans les régions où ils étaient placés. Aux trois défauts ordinaires que nous signalions tout à l'heure, on s'efforçait donc de porter remède : on organisait un enseignement professionnel adapté aux besoins des aveugles, on s'efforçait de les seconder dans leurs difficultés particulières, et on engageait autour d'eux la lutte contre le préjugé.

Les résultats furent appréciables et à ce vigoureux effort les élèves de l'Institution Nationale durent une prospérité relative. En 1905 la Société de patronage était en contact avec 264 pupilles, pour ne parler que des hommes[1]. Parmi eux 64, le temps de l'école

1. Voir le rapport de M. Mahaut dans le *Compte rendu de la Société de placement et de secours en faveur des élèves sortis de l'Institution Nationale des Jeunes Aveugles* (1905). En ce qui

achevé, sont rentrés dans leurs familles. Ce sont les
moins vaillants; pour la plupart ils ne se sont pas
senti l'énergie nécessaire pour tenter l'aventure d'une
vie indépendante. Une trentaine sont des malades ou
des incapables; les autres contribuent par leur travail aux dépenses communes de la famille, mais sur
ce nombre sept ou huit seulement seraient en état de
se suffire entièrement. Un second groupe est formé
par 94 célibataires qui se sont constitué une vie
indépendante. En moyenne ils subviennent un peu
juste à leurs besoins, mais ils y subviennent; quelques-uns, en petit nombre, demandent des secours
de temps à autre, mais quelques-uns aussi, en revanche, jouissent d'une petite aisance. Enfin, 106[1], soit
40 %, ont pu assumer la charge de fonder une petite
famille et de conquérir de haute lutte les joies du
foyer avec le sentiment d'une vie pleinement normale. Il est vrai que 16 d'entre eux n'arrivent pas à
boucler leur budget : ils se sont mariés prématurément, ou bien les enfants sont venus trop nombreux.
18 autres font appel de loin en loin aux secours de la
Société; mais 72 vivent indépendants, une trentaine même sont dans une bonne situation. Au total
85 % sont au-dessus de leurs affaires. Tous ou
presque tous ont dû être aidés au début, puis leur
position s'est progressivement améliorée.

L'an dernier une enquête intéressante a été faite
parmi tous ces anciens élèves de l'Institution Nationale, qui vivent isolés les uns des autres, dispersés

---

concerne les femmes, on peut avoir le rapport de Mlle Boulay
dans le *Compte rendu* de la même Société pour l'année 1909.
On y constatera qu'à cette date la Société était en relations avec
134 anciennes élèves. Si l'on supprime de ce nombre 26 malades
ou incapables, 10 retraitées et 2 débutantes non encore pourvues
de postes, on a un reste de 96 femmes aveugles qui toutes
gagnaient intégralement leur vie, à savoir 75 dans des pensionnats et 21 à titre de professeurs privés.

1. Leur nombre est aujourd'hui porté à 120.

à travers la France entière. Il s'agissait de savoir dans quel esprit ils acceptent la cécité. On leur a demandé de dire, en se comparant aux membres voyants de leur famille, comment ils apprécient leur propre situation.

Leurs réponses confirment avec unanimité ce que nous disions tout à l'heure : personne parmi eux ne souffre de ne pas voir la lumière ou les beautés de la nature. Ils se plaignent presque tous des inconvénients qu'entraîne la cécité, non de la cécité elle-même.

Une seconde constatation qu'on y peut faire, c'est qu'en général ils sont satisfaits de leur sort. Je sais bien qu'au fond de leur satisfaction il y a une illusion dont pour la plupart ils sont les dupes : ils se félicitent beaucoup de la culture intellectuelle et artistique qui leur a été donnée, des jouissances qu'ils en retirent, et ils plaignent leurs pères et leurs frères de n'avoir pas reçu la pareille, ils se louent que la cécité leur ait ainsi permis de gravir quelques gradins de l'échelle sociale. Ils ne se disent pas que ces joies du travail intellectuel et artistique dont ils font tant de cas ne manquent pas à leurs pères et à leurs frères qui n'en ont nulle expérience, et qu'inversement leurs pères et leurs frères ont des joies qu'eux-mêmes ne soupçonnent pas. Toute comparaison leur est donc impossible entre ce qu'ils sont et ce qu'ils seraient. Il n'en est pas moins très caractéristique de leur état d'esprit de penser que pour eux un équilibre s'établit entre la perte qu'ils ont faite et le bénéfice qui en est résulté.

Le véritable point de comparaison doit être cherché non chez les parents mais chez les concurrents. Cette éducation, qui les sépare des premiers, est à tout prendre un accident : elle ne supposait pas nécessairement la cécité, et la cécité ne la supposait pas nécessairement; la vue seule les distingue des seconds. C'est donc quand ils se confrontent avec les seconds qu'ils jugent leur cécité. Sur ce terrain certes les plaintes sont plus amères. On souffre parfois durement dans son amour-propre d'aveugle et dans ses espérances déçues de se sentir dépassé par des rivaux qui n'ont sur vous d'autre avantage que celui des yeux. Mais quand le travail est satisfaisant, il est notable que bien vite on oublie la servitude du guide et les injustices de l'opinion, ou tout au moins les souffrances s'émoussent grandement dans le sentiment d'une activité qui réhabilite. Or le travail est souvent satisfaisant dans ce petit monde.

Ma situation, écrit un débutant, s'est développée d'une manière incroyable depuis un an. Parti de très bonne heure je ne rentre chez moi que le soir vers neuf ou dix heures. Je déjeune toujours en courant, là où je suis. J'ai trente-cinq heures de leçons par semaine ici, et quatorze heures à Saint-Jean, en tout une cinquantaine d'heures. Je n'ai plus ni fêtes ni dimanches. Je comble mes rares vides par des accords : j'en fais en moyenne six par semaine; je tiens toujours l'orgue à Notre-Dame; je joue dans les soirées; je m'occupe de la vente et de la réparation des pianos; bref, je n'ai pas une minute à perdre. D'après tout ceci, inutile d'ajouter que la cécité m'a ouvert une carrière beaucoup plus avantageuse que celle que j'étais en droit d'attendre de mon origine.

Un autre nous dira :

J'ai dû commencer ma carrière avec des dettes; aujourd'hui, à part le courant de mes échéances commerciales, je ne dois plus rien à personne. J'ai un mobilier d'une valeur de 10.000 francs, 15 pianos, 1.000 francs de lutherie et 2.000 francs de crédit commercial. J'ai fait, en 1911, à peu près 10.500 francs d'affaires, dont 6.000 francs de travail, et le reste en vente et locations; cela fait 7.500 francs de bénéfice net. Combien je suis envié par mon frère et ma sœur!

Chez ceux qui sont parvenus à ces résultats l'adaptation au milieu social ne comporte plus de heurts en général que de loin en loin. Leur entourage s'habitue à les considérer peu à peu comme des êtres normaux, et là est le remède essentiel aux douleurs comme aux défauts de la cécité. Les entraves inévitables subsistent seules, dont on prend plus aisément son parti et qu'une organisation de jour en jour meilleure s'efforce d'atténuer progressivement. Les mots de « accident heureux » ou de « catastrophe providentielle » parfois échappent, je ne dis pas sans doute aux natures les plus fines, mais aux plus simples, qui nous laissent comprendre ainsi la cure merveilleuse que peuvent effectuer dans une âme d'aveugle une instruction appropriée, féconde en satisfactions intimes comme en résultats matériels, et un patronage intelligent.

VIII

Un succès aussi encourageant indique clairement la voie à suivre.

L'adaptation de l'aveugle au milieu social ne s'est pas faite partout suivant ce type. Souvent, sans doute, on s'est contenté de copier plus ou moins adroitement l'exemple de Paris, mais dans plusieurs pays l'œuvre de Haüy a été marquée d'une empreinte originale. Nous avons vu déjà que l'Allemagne a apporté son esprit de méthode minutieuse dans l'élaboration d'une éducation rationnelle des sens, tandis que l'Angleterre et l'Amérique s'attachaient surtout au développement physique, et que la France concentrait son principal effort sur la culture artistique. Comme dans la pédagogie, la variété des caractères nationaux se retrouve dans les places diverses qui ont été faites aux aveugles parmi les clairvoyants.

L'Allemagne semble s'en être tenue à la conception de Haüy, mais elle a eu le mérite de l'exploiter méthodiquement et d'en tirer un parti inespéré. Là, l'idéal des directeurs d'écoles semble être de faire de tous les aveugles des ouvriers, de les enrégimenter à la prussienne dans des ateliers-asiles, et, à la fois par l'internat et par une majoration artificielle des salaires, de les mettre à l'abri des difficultés de la vie. Plus en Allemagne on étouffe l'initiative individuelle, plus en Amérique et en Angleterre on s'efforce de la stimuler. Les directeurs américains reprochent aux Allemands de former les aveugles à se contenter de leur triste sort plutôt que de les inciter à l'améliorer. Le but pour eux est de développer en chacun ses qualités naturelles, afin de mettre chacun dans les meilleures conditions pour courir la grande aventure de la vie.

Ces diverses méthodes ont leurs mérites et leurs défauts. L'une compte peut-être trop peu sur l'individu, et l'autre trop. Nous rêvons en France d'une assistance qui pourrait suivre l'aveugle de sa naissance à sa mort, et dont les liens d'une extrême souplesse, selon les besoins, se resserreraient ou se détendraient de manière à unir le maximum de liberté au maximum de sécurité. Les méthodes étrangères pourtant, à condition d'en corriger les excès, peuvent nous aider à améliorer la nôtre. A vrai dire, elles ne devraient pas s'exclure les unes les autres, elles se complètent : l'atelier allemand, ou une organisation analogue, comme celle qu'on a introduite depuis une vingtaine d'années à l'école Braille de Saint-Mandé, s'impose peut-être pour les plus maladroits; la témérité anglo-saxonne est peut-être favorable aux plus vaillants, et c'est sans doute par ce que nous avons appelé la méthode française qu'on en conduit le plus grand nombre à réaliser plus ou moins complètement le rêve d'indépendance que tous portent au fond de leur cœur.

Le progrès viendra d'une meilleure appropriation

aux besoins individuels de ces diverses conceptions qui sont issues de l'expérience. J'ai dit ailleurs, et ne puis redire ici sans m'éloigner de mon sujet, comment me semble devoir se poursuivre demain l'adaptation de l'aveugle au milieu social. Les deux tâches essentielles qui s'imposent d'abord sont la réorganisation de notre enseignement spécial des aveugles et le perfectionnement de notre système de patronage. L'État seul peut nous donner cette réorganisation de l'enseignement dont j'ai essayé de marquer les principes. Le patronage est exercé principalement, chez nous, depuis vingt-cinq ans, par une œuvre magnifique, création d'un aveugle, M. Maurice de la Sizeranne, l'*Association Valentin Haüy pour le bien des aveugles*; elle a donné déjà des résultats admirables en développant l'instruction, en subvenant aux besoins individuels, en luttant contre le préjugé, surtout en organisant le petit monde spécial des aveugles pour faire face à leurs besoins matériels et moraux (bibliothèques, construction d'appareils spéciaux de tout genre, publications en points saillants, groupement des aveugles et de typhlophiles en vue d'une action commune, etc.). Aidée d'œuvres similaires qui la secondent, elle poursuivra l'exécution de son large programme; elle viendra, plus efficacement encore que par le passé, en aide aux accordeurs et aux musiciens actuellement en période de crise, aux ouvriers surtout en suscitant la création d'ateliers qui chez nous sont beaucoup moins nombreux et moins bien organisés qu'en Allemagne ou en Angleterre; elle s'efforcera de trouver des débouchés nouveaux à l'activité de l'aveugle et de faire prospérer ceux qui chez nous viennent de s'ouvrir : matelasserie, cordonnerie, enseignement des langues, surtout le massage.

Héritière de la pensée de Valentin Haüy et de Louis Braille, elle n'oubliera pas que seule, pour l'aveugle, l'assistance par le travail est efficace, parce que seul le travail rémunérateur assure son adaptation au milieu social. Le but auquel doivent tendre tous les efforts, aussi bien du patronage que de l'enseignement réorganisé, c'est de permettre au plus grand nombre possible d'aveugles de se suffire par leur travail.

FIN

TABLE DES MATIÈRES

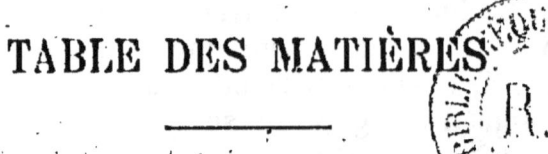

PREMIÈRE PARTIE
L'INTELLIGENCE

	Pages
Chapitre I. — **Les facultés intellectuelles**.	1
I. — *L'intelligence de l'aveugle et l'opinion*.	1
II. — *Les notions inaccessibles à l'aveugle*	5
III. — *L'acquisition des idées*.	7
IV. — *Les enseignements de l'expérience*	13
V. — *Particularités intellectuelles*	16
Chapitre II. — **La culture intellectuelle et l'alphabet Braille**.	23
I. — *La psychologie de la lecture tactile*.	23
II. — *Les avantages de l'alphabet Braille*.	30
III. — *Les conquêtes et les applications de l'alphabet Braille*.	35
IV. — *La mise en valeur de l'alphabet Braille et la bibliothèque des aveugles*.	38
Chapitre III. — **Le travail intellectuel : une expérience**.	43
I. — *Le travail d'érudition est accessible aux aveugles. La préparation*.	44
II. — *L'exécution*.	47

DEUXIÈME PARTIE
LA SUPPLÉANCE DES SENS ET L'ACTIVITÉ DE L'AVEUGLE

Chapitre IV. — **La suppléance des sens. Sa nature et son mécanisme**.	56
I. — *La suppléance et la légende*.	56
II. — *Influence de la perte d'un sens sur les autres sens*.	61
III. — *La suppléance est d'ordre purement psychologique*.	66
IV. — *Rôle de l'attention dans le développement du toucher*.	70

	Pages
V. — *Rôle des associations*.	75
VI. — *Rôle de la mémoire sensorielle*.	78
VII. — *Conclusion*.	80

CHAPITRE V. — **Le sens des obstacles** 84
   I. — *Il ne s'agit pas d'un sixième sens* 84
   II. — *Les sensations d'obstacles sont dues principalement à des impressions auditives*. 86
   III. — *Leur localisation*. 93

CHAPITRE VI. — **La faculté d'orientation** 100
   I. — *Les faits et leur explication* 100
   II. — *Rôle du sens des obstacles* 102
   III. — *Rôle de l'ouïe, de l'odorat et du toucher*. 104
   IV. — *Rôle de la mémoire musculaire*. 106
   V. — *Les difficultés* 110

CHAPITRE VII. — **La gymnastique et les jeux**. 112
   I. — *La gymnastique et son utilité pour l'aveugle* 112
   II. — *Les exercices en plein air et les jeux athlétiques*. 116
   III. — *Importance des années d'enfance*. 123

CHAPITRE VIII. — **Indications sur l'activité physique de l'aveugle**. 128
   I. — *Projet d'une étude méthodique de la suppléance des sens* 128
   II. — *Le matériel de la vie courante* 130
   III. — *L'action dans la maison* 137
   IV. — *L'aveugle en voyage* 143
   V. — *Exemples de formes d'activité exceptionnelles : un aveugle électricien* 145
   VI. — *Un aveugle ébéniste et facteur de pianos*. 149
   VII. — *Conclusion*. 153

TROISIÈME PARTIE

LA SUPPLÉANCE DES IMAGES ET LE MOBILIER DE L'ESPRIT

CHAPITRE IX. — **Les images spatiales issues du toucher**. 156
   I. — *Opinion de Diderot sur les images spatiales de l'aveugle*. 156
   II. — *Les données de l'expérience : comparaison de la sensation tactile et de l'image tactile*. 160
   III. — *La transformation de la sensation analytique en image synthétique* 164

CHAPITRE X. — **L'espace tactile et l'espace visuel** 168
   I. — *Le sens commun n'établit pas de distinction entre l'espace tactile et l'espace visuel*. 168

TABLE DES MATIÈRES

Pages

II. — *Le temps substitut pour l'aveugle de l'espace des voyants : observation de Platiner.* 174
III. — *Théorie de M. Dunan qui accorde à l'aveugle un espace différent de celui des voyants* 176
IV. — *Conclusion.* 182

Chapitre XI. — **Valeur des images spatiales issues du toucher.** 185
  I. — *Dans quelle mesure elles peuvent suppléer les images visuelles* 185
 II. — *Propriétés qui les disposent à ce rôle.* 189
III. — *Utilité pour l'exercice de la pensée.* 192
IV. — *Utilité pour l'action : dans la pratique, à la sensation tactile trop lente à construire se substitue, le plus souvent, un groupe d'images reviviscentes.* 194
 V. — *L'imagination de l'espace concret et son rôle.* . 197

Chapitre XII. — **La conquête des représentations spatiales** 201
   I. — *Difficultés de cette conquête.* 201
  II. — *La main comme organe du toucher.* 204
 III. — *Analyse de la palpation par la main* 206
 IV. — *La psychologie du toucher dans les limites de l'espace manuel* 210
  V. — *La psychologie du toucher et la palpation des objets de grandes dimensions.* 214
 VI. — *Détermination de la position des objets éloignés.* 218
VII. — *Rôle capital de l'audition* 222
VIII. — *Le toucher et la vue.* 226
 IX. — *L'éducation du toucher et de l'ouïe.* 229

QUATRIÈME PARTIE

INDICATIONS SUR LA VIE AFFECTIVE

Chapitre XIII. — **Les personnes et les choses** 233
  I. — *Les qualités affectives des sensations et des images visuelles; leurs substituts dans la conscience de l'aveugle.* 233
 II. — *Sensations et images qui individualisent : la voix, la pression de la main, les parfums.* . . 235
III. — *Valeur affective de ces impressions.* 238
IV. — *Synthèse de ces impressions.* 244
 V. — *Les choses : la maison.* 245

Chapitre XIV. — **La Nature et les voyages.** 248
 I. — *Les sensations et images* 248
II. — *Leur valeur affective.* 252

	Pages
III. — *Le beau objectif dans la nature*.	258
IV. — *Les voyages*	259

Chapitre XV. — **L'art**. 265
   I. — *La musique* 265
   II. — *Le toucher et le sentiment esthétique*. 270
   III. — *La suppléance du toucher dans les arts de la vue et ses limites*. 275
   IV. — *La sculpture*. 282
   V. — *L'architecture* 287
   VI. — *Supériorité des aveugles qui ont conservé des souvenirs visuels*. 290

Chapitre XVI. — **La poésie**. 293
   I. — *Le problème. L'imagination et les aveugles*. . . 293
   II. — *La musique des vers et les poètes aveugles*. . . 295
   III. — *Suppléance des éléments visuels par les images spatiales tactiles et musculaires*. 298
   IV. — *Suppléance par des équivalents* 303
   V. — *Suppléance par des associations de sentiments* . 307
   VI. — *Les résultats*. 311
   VII. — 315

CINQUIÈME PARTIE

PSYCHOLOGIE DE L'AVEUGLE EN SOCIÉTÉ

Chapitre XVII. — **Conditions de l'adaptation au milieu social. La grande douleur de la cécité** 317
   I. — *Les aveugles ne constituent pas une classe (conclusion des quatre parties précédentes)*. . . . 317
   II. — *La sociabilité de l'aveugle*. 325
   III. — *Obstacles qui proviennent de son infériorité dans l'activité physique* 327
   IV. — *Autres obstacles* 329
   V. — *La grande douleur de la cécité réside dans ces difficultés d'adaptation*. 331
   VI. — *Les dangers moraux qu'elles comportent* . . . 339
   VII. — *Une expérience concluante : le rendement de l'Institution Nationale de Paris*. 343
   VIII. — *La tâche de demain*. 349

1633. — Paris. — Imp. Hemmerlé et Cⁱᵉ. (12-13).

PSYCHOLOGIE ET PHILOSOPHIE

AVENEL (Vicomte Georges d'). Le Nivellement des Jouissances.

BALDENSPERGER (F.), Chargé de cours à la Sorbonne. La Littérature.

BERGSON, POINCARÉ, Ch. GIDE, Etc., Le Matérialisme actuel (6e mille).

BINET (A.), directeur de Laboratoire à la Sorbonne. L'Ame et le Corps (9e mille).

BINET (A.). Les Idées modernes sur les enfants (13e mille).

BOHN (Dr G.), La Naissance de l'Intelligence (40 figures) (5e mille).

BOUTROUX (E.), de l'Institut. Science et Religion (14e mille).

COLSON (C.), de l'Institut. Organisme économique et Désordre social.

CRUET (J.), avocat à la cr d'appel. La Vie du Droit et l'impuissance des Lois (5e m.).

DAUZAT (Albert), docteur ès lettres. La Philosophie du Langage.

DROMARD (Dr G.). Le Rêve et l'Action.

GUIGNEBERT (C.), chargé de cours à la Sorbonne. L'Evolution des Dogmes (6e m.).

HACHET-SOUPLET (P.), directeur de l'Institut de Psychologie. La Genèse des Instincts.

HANOTAUX (Gabriel), de l'Académie française. La Démocratie et le Travail.

JAMES (William), de l'Institut. Philosophie de l'Expérience (6e mille).

JAMES (William). Le Pragmatisme (5e m.

JANET (Dr Pierre), professeur au Collège de France. Les Névroses (6e mille).

LE BON (Dr Gustave). Psychologie de l'Éducation (15e mille).

LE BON (Dr Gustave). La Psychologie politique (9e mille).

LE BON (Dr Gustave). Les Opinions et les Croyances (9e mille).

LE DANTEC (Félix). L'Athéisme (12e mille).

LE DANTEC (Félix). Science et Conscience (6e mille).

LE DANTEC (Félix). L'Égoïsme (8e mille).

LE DANTEC (Félix). La Science de la Vie.

LEGRAND (Dr M.-A.). La Longévité.

LOMBROSO. Hypnotisme et Spiritisme (6e mille).

MACH (E.). La Connaissance et l'Erreur (5e mille).

MAXWELL (Dr J.). Le Crime et la Société (5e mille).

PICARD (Edmond). Le Droit pur (6e mille).

PIERON (H.), Mtre de Conférences à l'Ecole des Htes-Etudes. L'Evolution de la Mémoire.

REY (Abel), professeur agrégé de Philosophie. La Philosophie moderne (8e mille).

VASCHIDE (Dr). Le Sommeil et les Rêves.

VILLEY (Pierre). Agrégé de l'Université. Le Monde des Aveugles.

HISTOIRE

ALEXINSKY (Grégoire), ancien député à la Douma. La Russie moderne.

AURIAC (Jules d'). La Nationalité française, sa formation.

AVENEL (Vicomte Georges d'). Découvertes d'Histoire sociale (6e mille).

BIOTTOT (Colonel). Les Grands Inspirés devant la Science. Jeanne d'Arc.

BLOCH (G.), professeur à la Sorbonne. La République romaine.

BORGHÈSE (Prince Giovanni). L'Italie moderne.

BOUCHÉ-LECLERCQ (A.), de l'Institut. L'Intolérance religieuse et la politique.

BRUYSSEL (E. van), consul général de Belgique. La Vie sociale (6e mille).

CAZAMIAN (Louis), mtre de Conférences à la Sorbonne. L'Angleterre moderne (5e m.).

CHARRIAUT (H.). La Belgique moderne (6e mille).

COLIN (J.), Lt-Colonel. Les Transformations de la Guerre (6e mille).

CROISET (A.), membre de l'Institut. Les Démocraties antiques (7e mille).

GARCIA-CALDERÓN (F.). Les Démocraties latines de l'Amérique (5e mille).

GENNEP. La Formation des Légendes (5e mille).

HARMAND (J.), ambassadeur. Domination et Colonisation.

HILL, ancien ambassadeur. L'Etat moderne.

LE BON (Dr Gustave). La Révolution Française (9e mille).

LICHTENBERGER (H.), professeur adjoint à la Sorbonne. L'Allemagne moderne (11e m.).

MEYNIER (Commandant O.), professeur à l'École militaire de Saint-Cyr. L'Afrique noire.

NAUDEAU (Ludovic). Le Japon moderne, son Evolution (8e mille).

OLLIVIER (E.), de l'Académie française. Philosophie d'une Guerre (1870) (6e mille).

OSTWALD (W.), professeur à l'Université de Leipzig. Les Grands Hommes.

PIRENNE (H.), professeur à l'Université de Gand. Les Anciennes Démocraties des Pays-Bas.

ROZ (Firmin). L'Energie américaine (5e mille).

Bibliothèque de Philosophie scientifique
DIRIGÉE PAR LE Dr GUSTAVE LE BON

SCIENCES PHYSIQUES ET NATURELLES

BERGET (A.), professeur à l'Institut océanographique. **La Vie et la Mort du Globe** (6e m.).

BERTIN (L.-E.), de l'Institut. **La Marine moderne** (54 figures).

BIGOURDAN, de l'Institut. **L'Astronomie** (50 figures) (5e mille).

CLARINGHEM (L.). **Les Transformations brusques des êtres vivants** (49 figures).

DOINET (Dr), prof. de Clinique médicale. **Les doctrines médicales** (6e mille).

BONNIER (Gaston), de l'Institut. **Le Monde végétal** (230 figures) (8e mille).

BOUTY (E.), de l'Institut, prof. à la Sorbonne. **La Vérité scientifique, sa poursuite** (2e mille).

BRUNHES (B.), professeur de physique. **La Dégradation de l'Énergie** (7e mille).

BURNET (Dr Etienne), de l'Institut Pasteur. **Microbes et Toxines** (71 fig.) (5e mille).

CAULLERY (Maurice), professeur à la Sorbonne. **Les Problèmes de la Sexualité**.

COLSON (Albert), professeur à l'École Polytechnique. **L'Essor de la Chimie appliquée**.

COMBARIEU (J.), chargé de cours au collège de France. **La Musique** (10e mille).

DASTRE (Dr A.), de l'Institut, professeur à la Sorbonne. **La Vie et la Mort** (13e mille).

DELAGE (Y.), de l'Institut et GOLDSMITH (M.). **Les Théories de l'Évolution** (6e mille).

DELAGE (Y.), de l'Institut et GOLDSMITH (M.). **La Parthénogenèse**.

DELBET (Pierre), Pr à la Faculté de Médecine de Paris. **La Science et la Réalité**.

DEPÉRET (C.), de l'Institut. **Les Transformations du Monde animal** (7e mille).

ENRIQUES (Federigo). **Les Concepts fondamentaux de la Science**.

GUIART (Dr). **Les Parasites inoculateurs de maladies** (107 figures).

HÉRICOURT (Dr J.). **Les Frontières de la Maladie** (8e mille).

HÉRICOURT (Dr J.). **L'Hygiène moderne** (10e mille).

HOUSSAY (F.), professeur à la Sorbonne. **Nature et Sciences naturelles** (6e mille).

JOUBIN (Dr L.), professeur au Muséum. **La Vie dans les Océans** (45 figures) (5e mille).

LAUNAY (L. de), de l'Institut. **L'Histoire de la Terre** (10e mille).

LAUNAY (L. de). **La Conquête minérale**.

LE BON (Dr Gustave). **L'Évolution de la Matière**, avec 63 figures (24e mille).

LE BON (Dr Gustave). **L'Évolution des Forces** (42 figures) (13e mille).

LECLERC DU SABLON (M.). **Les Incertitudes de la Biologie** (21 figures).

LE DANTEC (F.). **Les Influences Ancestrales** (12e mille).

LE DANTEC (F.). **La Lutte universelle** (10e m.)

LE DANTEC (F.). **De l'Homme à la Science** (8e mille).

MARTEL, directeur de *La Nature*. **L'Évolution souterraine** (80 figures) (6e mille).

MEUNIER (S.), professeur au Muséum. **Les Convulsions de la Terre**. (35 fig.) (5e m.).

OSTWALD (W.). **L'Évolution d'une Science, la Chimie** (7e mille).

PICARD (Émile), de l'Institut, professeur à la Sorbonne. **La Science moderne** (11e mille).

POINCARÉ (H.), de l'Institut, prof. à la Sorbonne. **La Science et l'Hypothèse** (22e mille).

POINCARÉ (H.). **La Valeur de la Science** (18e mille).

POINCARÉ (H.). **Science et Méthode** (11e m.).

POINCARÉ (H.). **Dernières Pensées** (8e mil.)

POINCARÉ (Lucien), dr au Mre de l'Instruction publique. **La Physique moderne** (15e m.).

POINCARÉ (Lucien). **L'Électricité** (11e mille).

RENARD (Ct). **L'Aéronautique** (68 figures) (6e mille).

RENARD (Ct). **Le Vol mécanique. Les Aéroplanes** (121 figures).

ZOLLA (Daniel), professeur à l'École de Grignon. **L'Agriculture moderne**.

PSYCHOLOGIE, PHILOSOPHIE ET HISTOIRE

Voir la liste des ouvrages page 3 de la couverture.

www.ingramcontent.com/pod-product-compliance
Lightning Source LLC
Chambersburg PA
CBHW070446170426
43201CB00010B/1232